古川孝順
社会福祉学著作選集

第3巻

社会福祉学序説

中央法規

第3巻　はしがき

本書、著作選集第3巻のはしがきを執筆しようとして、原本のはしがきを読み返してみた。そこに記されていることの基本的な部分は、こんにちの状況にそのままあてはまる。まず、そのことに驚くとともに、学問をめぐる状況はたかだか四半世紀でさほど進展するものではないという思いも一層強まっている。

『社会福祉学序説』を準備し、執筆した時期とこんにちにおいて変わるところがないと思えることの一つは、背景となる社会福祉学研究の状況である。四半世紀前、筆者は社会福祉学にモノグラフ的な個別研究が増加しつつあること、そしてそのことが社会福祉学の発展を意味することを評価する一方において、社会福祉学の全体像に迫るような、かつて第二次世界大戦直後の一〇年余にみられた社会福祉の本質、社会福祉学の基本的な性格を問うような研究が退潮しつつあることを懸念している。『社会福祉学序説』の執筆、刊行は、そのような社会福祉学の研究状況に一石を投じようと意気込んだものであったように思える。

『社会福祉学序説』の刊行がそのような一石としての意味をもちえたかどうかは、刊行当時以来の読者、そして此度の著作選集の読者の判断に委ねる外ないが、こんにちの社会福祉学の研究状況は四半世紀以前と変わるところがない。変わるところがない以上に、むしろ後退しているというべきかもしれない。書店に並ぶ社会福祉学関係の書物のほとんどは国家試験のテキストや試験問題集である。一時期、社会福祉士国家試験委員会の委員長の職にあった者として忸怩たるところがあり、その責を避けるつもりはない。しかし、それにしても社会福祉の、そして社会福祉学の健全な発展のためには、一定の比率で社会福祉の全体を問うような研究、社会福祉学を問うような研究があってもいい、否あるべきではないかと思うがいかがなものであろうか。

加えて、近年、社会福祉学の範囲をソーシャルワークに限定するかのような言説もあるように思える。しかも、ソーシャルワークの射程については、国際ソーシャルワーカー連盟によるソーシャルワークの定義を引用し、社会の変革や開発にかかる問題を含むようになったという主張がなされつつも、現実のソーシャルワーク研究はむしろ細部に入り込み、一部においては社会福祉の全体はおろかソーシャルワークの全体にたいする関心すら度外視したところで展開されているように思える。筆者は、社会福祉学は学際科学による研究を土台にしつつ、しかも研究者一箇のなかで学際研究を実施し、その成果の複合化、統合化、さらには融合化をめざす科学、比喩的にいってしまえば、いわば「一人学際科学」であると考えている。同様の性格は、ソーシャルワーク研究にも妥当するかと思える。しかし、近年、ソーシャルワークの研究は、学際的であり、その動向によって研究関心が変化してきたかつての歴史を離れ、すでにできあがった科学の領域とみなされているように思えるところがある。仄聞するところ、ソーシャルワークの文献、研究にしか関心をもたない若手研究者も多いようである。

もとより、筆者の社会福祉学の研究の到達点がどのレベルであるか、その判断は読者諸氏に委ねるべきことである。あるいは、見当違いの方向にあるという指摘もありうるかもしれない。しかし、こんにちにおいても、筆者は、社会福祉の研究は、ソーシャルワークやケアワークに代表されるような援助過程、援助のために必要とされる知識や技術の研究に限定されるべきではないと考えている。社会福祉の研究は、ソーシャルワークやケアワークに焦点化する場合にも、常に、それらが実施され、展開される場や枠組、専門職の資格や配置、そのための財源の提供について一定の方向性をもたせようとする政策や制度との関連を考慮に入れつつ、行われるべきものと考えている。そして、逆もまた真であると考えている。

さて、原本のはしがきには、書名を『社会福祉学序説』とした理由について、社会福祉学をすでにそこにあるものとして記述する状況には及ばず、社会福祉学の研究方法を吟味するレベルにとどまっているからだとしている。筆者は、原本を執筆して以後、一〇年弱を経過した段階で、『社会福祉学』(誠信書房、二〇〇二年)並びに『社会福祉原論』(誠信書房、二〇〇三年)を刊行している。いずれもこの著作選集に収録しているが、はたして『社会福祉学序説』を超えるものになっているかどうか、続けてお読みいただければ幸いである。

いま少しだけ、つけ加えておきたい。筆者は、原本において努力したことは、大河内一男、孝橋正一、岡村重夫、仲村優一、一番ヶ瀬康子、真田是、三浦文夫などの社会福祉の全体像の解明を意図した先行研究者たちが設定した視点や枠組から、いかにして抜けだすかということであった。先行研究から抜けだすための視点であり、枠組となるものが、三相構造社会アプローチである。ちなみに、原本では文化の問題にも言及しており、そこに『社会福祉原論』において基本的な枠組とした四相構造社会アプローチの萌芽をみてとることができる。

本書『社会福祉学序説』をそのような角度からご一読、ご批判いただければ、筆者として幸いこのうえもない。

本書の刊行においても、多数の人びとにお世話になった。なかでも、校正については西田恵子(立教大学教授)氏と門美由紀(東洋大学非常勤講師)氏にご協力をいただいた。貴重な時間と相当のエネルギーを投入していただき、いまは感謝の意を表する外はない。校閲その他煩瑣な事務については、ご多忙を極めるなか、中央法規出版編集部の照井言彦氏と須貝牧子氏のご尽力を頂戴した。あわせ記して感謝の意を表したい。

二〇一九年一月

古川　孝順　記す

目次

初出

社会福祉学序説

発行日：1994 年 3 月 25 日
発行所：有斐閣
判　型：A5 判
頁　数：338 頁

はしがき

最近、社会福祉に関する図書の刊行がふたたび増加してきているように思われる。

かつて、わが国社会福祉の拡大期にあたる一九六〇年代後半から七〇年代はじめにかけて社会福祉関係書の刊行が相次いだことがあった。しかし、このときのブームは、その後の「バラマキ福祉」批判、「福祉見直し」時代の到来とともに急速に退潮してしまった。この四、五年における社会福祉関係書の増加ぶりはどこかそれ以来のブームの再現を思わせるものがある。このような社会福祉関係書の刊行の増加は、多分に現代社会における社会福祉の位置づけの変化、高齢者福祉を中心とするその領域の多様な拡大、さらにはいわゆる在宅福祉サービスの三本柱といわれるホームヘルプ・サービス、ショートステイ・サービス、デイ・サービスなど、六〇年代後半や七〇年代のはじめにはまだ萌芽的にしか存在していなかった新しい福祉サービスにたいする社会的な、また研究的な関心の著しい拡大を反映するものであろう。また、そこにはわが国社会福祉はじまって以来の国家資格である社会福祉士制度・介護福祉士制度が成立したことの影響もあるように思われる。

いずれにしても社会福祉関係書の増加はそれ自体として喜ばしいことである。しかし、そこにいささか気掛かりな点がないわけではない。それは、そうした刊行図書の増加が必ずしも社会福祉にたいする研究的関心の拡大を意味するものとばかりはいえそうにないことである。一方では、社会福祉の諸施策・諸制度についての、あるいは直接的援助過程や援助技術についての個別実証的な研究が進展し、その成果を問う書籍の刊行も相次いでいる。それは、これまでにない社会福祉研究の裾野の広がりと蓄積の増大を物語るものといえよう。他方、社会福祉の理論研究についてはどうであろうか。なかでも、かつてわが国の社会福祉研究を特徴づけていたような社会福祉の全体像の解明を課題とするような研究領域についてはどうであろうか。

明らかに、近年における社会福祉研究は、かつてのような社会福祉の全体像の解明というよりは、個々のサービスメニューの細部にわたる実証的な分析にその主要な関心を移行させてきている。こうした研究関心の移動は、そのこと自体としては社会福祉研究の深化を意味するものであり、歓迎されてよいことである。けれども、社会福祉の全体像の解明を視野にいれるような研究、あるいはそうした視座を基本とするような研究方法の退潮は必ずしも座視されてよいことではない。よく知られているように、近年における社会福祉の動向のなかには、社会福祉供給主体の多元化のように、社会福祉の範囲やその基本的な性格についての理解にかかわるような深刻な変化が含まれている。社会福祉の全体像を照射するような研究の必要性はむしろ増大してきているのである。もとより、個々のサービスメニューについての実証的な研究の必要性と重要性はあらためて指摘するまでもないことである。従来、こうした研究領域と研究の方法にたいする関心の不足していたことが社会福祉研究の無用の混乱や不毛性をもたらしてきた事実はこれを否定しがたいからである。けれども、逆に今日の実証的研究のなかには、研究手続きの科学性の追求にのみ関心が注がれ、それらの研究が社会福祉研究の全体のなかでどこに位置づくことになるのか、いささか理解に苦しむような趣旨のものも少なくない。実証的研究やそこにおける科学的手続きの重要性はもとより言を待たない。たしかに、神々の世界から天降るような演繹的な社会福祉研究の手法に限界のあることは明らかである。けれども、実証的研究のみを重視し、その成果を評価するというのでは、そこにおのずから限界も生まれてこよう。社会福祉研究の全体が実りあるものとして発展していくためには、一方において実証的研究が推進されるとともに、他方において社会福祉の全体像に関心をもつ理論的研究もまた強力に推進されなければならない。

最近の社会福祉関係書の刊行にみられる百花繚乱的な状況とは裏腹に、わが国の社会福祉研究は理論的にはむしろある種の閉塞状況、袋小路的状況に陥っているようにすら思われる。そのような理論状況が生み出されてきた背景には、何よりも近年における社会福祉研究がそのエネルギーのほとんどを福祉改革の潮流のなかでそれを方向づけ、支持し、促進する方向での研究や、逆にそれらを批判する方向での研究に投入してきたという事実がある。すなわち、今日の社会福祉研究の袋小路的状況は、八〇年代福祉改革を推進し、具体化し、発展させようとする過程のなかで形成されてきた理論体系に内在する限界によって、そしてまたその福祉改革を批判し、これと厳しく対峙してきた理論体系のなかに内在する限界によって、もたらされてきている。今日における社会福祉研究の袋小路的状況は、わが国の八〇年代以降の社会福祉の展開のなかから生まれるべくして生まれてきたのである。

わが国の社会福祉研究を多少とも前進させるためには、このような袋小路的な状況にたいして新しい息吹が送り込まれなければならない。戦後五〇年に及ぶわが国の社会福祉研究の蓄積のなかから、継承すべきはこれを継承し、しかも新しい社会福祉の展開に対応しうるようなかたちで、そのことがなされなければならないのである。

本書は、右のような近年のわが国における社会福祉研究についての著者なりの状況認識と問題意識にもとづいて、書き下ろしの論稿を中心に幾つかの関連する既存の論稿を配して一冊にとりまとめたものである。社会福祉研究にかかわるこれまでの著者の仕事は歴史分析や現状分析に属するものが多かった。そうしたなかでは、本書は理論研究の範疇に属するものといってもよいであろう。本書の主題は、戦後日本における社会福祉研究の系譜を批判的に吟味、継承し、かつ近年における社会福祉の新しい展開を踏まえつつ、これからの社会福祉研究のあり方について展望を試みるということにある。

標題に「序説」を付したのは、このように、本書の主題が社会福祉学の体系を明らかにするというよりむしろその前提としての研究方法の吟味に向けられているからである。すでに「社会福祉学」がそこに完成してあるわけではない。本書は、それを構築し体系化するための基礎的作業であるにすぎない。いずれ時機いたれば「序説」の域を超え、「社会福祉学」に直接的に取り組んでみたいという願望がないわけではない。しかしながら、その願望が現実のものとなるためには、旧に倍する準備とそのための時間が必要であろう。

もとより、本書にしても著者として意を尽くしきれていないところは多い。行論の過程においては先行研究にたいする思わざる誤解やそれにもとづいた見当違いの批判を展開しているような場面もあろうかと恐れている。そうした部分については、今後同学の諸兄姉や関連領域を専攻する方々の忌憚のないご批判やご教示を得ながら補正を加え、本書をよりいっそう内容のあるものに練り上げていくことができるならば、望外これにまさる喜びはない。

本書を構成する論稿の主要な部分は、先にも述べたように、本書のために書き下ろしたものである。それ以外の論稿についても改題とかなりの加筆訂正を試みているが、以下初出の標題と場所を明らかにし、あわせて快く収録を許可していただいた関係者に感謝の意を表しておきたい。第1章の「社会福祉学の方法と課題」、第3章の「社会福祉の社会像」、第4章の「社会福祉の人間像」、そして第5章の「社会福祉の争点」はいずれも書き下ろしたものである。第2章の「戦後社会福祉理論の批判と継承」は、本書に収録することを前提に、一九九三年の三月に「批判的社会福祉の方法」として『社会学部紀要（第三〇―一）』（東洋大学社会学部）に発表した論文の第Ⅰ、Ⅲ、Ⅳ節がその基礎となっている。第6章の「社会福祉政策史分析の基準」の基礎となっている論稿は、「社会福祉展開史分析基準再論ノート――生活保障システムの歴史的展望――」（日本社会事業大学『社会事業の諸問題』三一集、一九八五年）である。第7章の「国際比較の意義と方法」の基礎となっている論稿は、「比較社会福祉の視点――予備的考察――」（日本社会事業大学『社会事業の諸問題』三三集、一九八七年）である。第8章の「現状分析の視座と枠組」の基礎となっている論稿は、前掲「批判的社会福祉の方法」の第Ⅱ節および拙編『社会福祉供給システムのパラダイム転換』（誠信書房、一九九二年）の第1章「福祉改革――その歴史的位置と性格――」である。

最後になるが、本書の刊行については、有斐閣編集部の野村修氏、千葉美代子氏、池　一氏にお世話になった。庄司洋子教授、定藤丈弘教授との共著『社会福祉論』（有斐閣、一九九三年）に引き続き、刊行の直接のきっかけを恵与されたのは千葉美代子氏である。木目細かに面倒な編集の過程を担われたのは池　一氏である。野村修氏にはことの発端から刊行にいたるまで全般的な配慮をいただいた。索引の項目選択については小松理佐子氏（東洋大学大学院社会学研究科社会福祉学専攻）の協力を得た。これらの人びとによるあたたかな配慮と援助がなければこれほど短期間のあいだに本書の刊行が可能になることはなかったであろう。感謝の意を表して尽くしえないものがある。

1994年1月25日

著　者

第1章

社会福祉学の方法と課題

はじめに

社会福祉学とは何か。社会福祉学はどのような方法によって可能なのか。そもそも、社会福祉学という学的体系が固有に成立しうるのであろうか。

これらの設問は、周知のように、社会福祉の世界でこれまで再三再四問い続けられてきた設問である。社会福祉学にたいして隣接領域から投げかけられる疑問も、この社会福祉学の根底に横たわる設問に集中している。しかも、われわれは、いまだにこれらの設問や疑問にたいして満足すべき解答をなしえないでいる。これらの設問や疑問に関する従来の議論を顧みるとき、今後早急にそのような解答を見出しうるのかどうか、そのこと自体も疑わしく思えてくる。しかし、いたずらに逡巡していてもことははじまらない。以下、これらの設問や疑問をめぐって多様に展開されてきた議論を念頭におきながら、結論としてではなく、これから社会福祉学を構想する、そのための端緒として、社会福祉学にたいして一定の輪郭を与えることから、われわれの長い旅路をはじめたいと思う。(1)

一　社会福祉学の性格

まず、社会福祉学の基本的な課題について確認しておきたい。社会福祉学の課題は、第一には、社会福祉とよばれる特有の社会的方策とそこに包摂される特有の活動とがいかにして存在し、いかなる状況と論理のもとに展開（運動）しているかを説明し、記述することにある。そして、第二の課題は、そのような社会的方策や活動を担う人びとにたいして、一定の指針となりうるような知識ならびに技術を開発し、提供することにある。もとより、これら二通りの課題は相互に分かちがたく結びついており、いずれかの一方だけでは社会福祉学は十全なかたちでは成立しえない。かりに二通りの課題を切り離すことができたとしても、それでは、社会福祉学はその成立の基盤となる社会的な要請にたいして十分に応えるだけの条件を整えることはできないであろう。

さて、社会福祉学の特質の第一は、それが基本的には社会科学の一環に位置するものとして構想されてきたということである。戦後のわが国の社会福祉学研究のメインストリームは、一貫して社会福祉学を社会科学として位置づけ、その学的体系化を模索してきたといって過言ではないであろう。孝橋正一の社会科学的社会事業論にはじまる社会福祉政策論の系譜はいうまでもなく、三浦文夫の社会福祉経営論にしても、社会科学という用語に託された含意の違いはあるにしても、基本的には社会福祉の研究を社会科学として構想しようと試みてきたということでは土俵を同じくしているのである。もとより、社会福祉の実際的・日常的な政策の企画立案・運用の過程や専門的援助活動の過程においては、法律学、政治学、行政学、経済学、社会学などの社会科学のみならず、哲学、心理学、宗教学などの人文科学、さらには医学、看護学、人間工学、住居学などの自然科学の知識や技術を動員し、それらを援用しながら多面的な活動が展開されている。社会福祉のそうした側面を重視する立場からは、社会福祉学を社会福祉に関わりをもつ社会科学、人文科学、自然科学を糾合する総合科学として構想するような見解も示されている。しかしながら、社会福祉学は、社会福祉に関与する諸科学の単なる総体でもなければ、またそれらの諸科学を糾合《きゅうごう》する総合科学でもない。社会福祉の実際的な諸活動が社会、人文、自然にまたがる諸科学によって支えられているとはいえ、その基本的な特質は、それが社会的あるいは社会構造的な方策ならびに援助活動として展開されているところに求められる。そして、そのことのゆえに、社会福祉の解明は基本的には社会科学的な手法にもとづいてなされなければならないのである。

社会福祉学の第二の特質は、課題解決志向型の科学だということにある。一般に、科学は、特定の事象を取り上げ、もっぱらその理論的な解明に専念する法則定立志向型の科学と、理論の解明と同時に具体的な課題の解決を視野に入れる課題解決志向型の科学とに分類することができる。たとえば、歴史学、考古学、人類学などは前者に属し、教育学、医学、工学などは後者に属するといってよいであろう。このような科学の分類を適用していえば、社会福祉学はいうまでもなく後者の課題解決志向型の科学に属することになる。その意味では、先に指摘しておいた社会福祉学の二通りの課題のうち、最終的に重視されるのは、第二の課題、すなわち直接間接に社会福祉に携わる人びとにたいして課題解決活動の指針となるような一定の知識や技術を提供することである。そして、その場合、第一の課題、すなわち法則定立的な研究は、そのような第二の課題を達成するための必要不可欠の前提的条件という位置関係におかれることになる。

このような社会福祉学の性格、それが課題解決の学であり、実践の学であるということに関して、一部にはそのことはとりもなおさず社会福祉学の科学としての水準ないし価値の低さを示すものとみなすような見解も見受けられる。しかしながら、科学というものはそのいずれもが最終的には課題解決の学であるし、またそうでなければ科学は存在の意味をもちえないはずである。もともと科学というものは、自然科学であれ、あるいは社会科学であれ、人びとや社会が直面する多種多様な課題、困難、障害の解決や緩和を求めて発展させられてきたものである。しかしながら、そのような科学にも、その発展の過程において、基礎研究部門と応用研究部門との分離、理論研究担当者と実践活動担当者との分離などの分業体制が生まれ、そのことにともなって研究の世界にもある種のヒエラルキー意識が形成されてきた。そして、そのようなヒエラルキー意識をもってすれば、社会福祉学は課題解決の場面や過程に密着し、研究も経験則的な議論の域をでないという状況にあり、科学の名に値しないとする評価も生まれてくる。

社会福祉学の現状を率直にみれば、このような評価にもいわれのない誤解とばかりはいいきれない側面が含まれている。社会福祉学の研究におけるデータの取扱い方、分析の手法、議論の進め方など、総じていえば抽象の水準は必ずしも高いとはいえないからである。その意味では、この種の批判についても、社会福祉学は謙虚に耳を傾ける必要がある。課題解決の過程における科学的な手続きの成熟度やそれを支える基礎的ならびに応用的な研究の広がりや深さが不十分であるという批判にたいしては、これを謙虚に受けとめなければならない。しかしながら、社会福祉学の関心が、直接的にであれ、最終的にであれ、日常的・実際的な課題の解決に向けられているということ、そのことについて自虐的に振る舞う必要はいささかもないであろう。日常的・実際的に課題解決の場面やその過程に関与しているということ、そのことによって社会福祉学の科学としての水準や価値が規定されるというものではないからである。

社会福祉学の第三の特質は、研究方法の特殊性に求められる。一般に、社会科学の領域においても、個々の科学についてみれば、研究の対象と研究の方法とが一対一の関係において対応していることが多い。たとえば、法律学の、経済学には経済学の、そして社会学には社会学の、固有の対象と方法があり、両者は一対一の関係において対応している。もとより、法律学、経済学、社会学といっても、一歩その内側に踏み込んでみれば、その方法は多種多様であり、決して一本化しているわけではない。それどころか、基本的に相容れないような方法論が、等しなみに経済学や社会学の方法論という名のもとに論じられたりしているのである。しかしながら、それでも、それはいわば窮極的には同一の方向を志向する方法論の内部的な対立、見解の相違とみなすことができる。

社会福祉学の場合には、それとはかなり事情が異なってくる。先に、社会福祉は基本的には社会科学の手法をもって解明される必要があると指摘しておいた。しかしながら、社会福祉学の場合には、法律学や経済学、社会学などの他の社会科学の場合のように、研究の対象と研究の方法とのあいだには一対一の対応関係は存在していない。端的にいえば、社会福祉学には、法律学や経済学、社会学における方法と比肩しうるという意味での固有の方法論は、いまのところ、存在していないからである。もとより、固有の方法論を志向する研究がないわけではない。岡村重夫の「社会福祉固有の視点」は、そのような方向を志向する有力な研究である。[(2)] けれども、その岡村の「社会福祉固有の視点」も社会福祉学の方法論として必ずしも成功しているとばかりはいえないように思われる。「社会福祉固有の視点」の固有性は十分に理解しうるとしても、それにとらわれることがかえって社会福祉学の視野を狭める方向に作用している側面があるように思えるからである。われわれは、法律学や経済学、社会学などの方法論と横並びする固有な研究方法を確立する方向を追求することよりも、むしろ、社会福祉の実際的・日常的な政策の企画立案・運用の過程や専門的援助活動の過程が法律学、政治学、行政学、経済学、社会学などの社会科学のみならず、哲学、心理学、宗教学などの人文科学、さらには医学、看護学、人間工学、住居学などの自然科学の知識や技術を必要としているという現実を重視し、それにふさわしい研究の方法を組織することが必要であるように思われる。

その意味で参考になるのが、教育学の研究方法である。教育学の場合、教育という固有の研究領域はもつものの、教育学固有の、単一の科学方法論があるとは必ずしもいえないように思われる。あるいは、まだ十分に成熟しているとはいえないように思われる。教育学は、一度その内部に入ってみると、教育哲学、教育史学、教授学、教育行政学、教育心理学、教育社会学など多様な領域から構成されている。しかも、それぞれの領域は、各領域を研究する研究方法論の違いを基軸にして構成されているのである。社会福祉学においても、今後はこうした方法論の違いを明確にしたうえでの個別領域ごとの研究を発展させていく必要があろう。ただし、そのような研究方法論の違いによる個別領域ごとの研究の推進が社会福祉学の底上げにつながることはいうまでもないことであるが、しかしその一面において、そのような研究方法の追求がかえって社会福祉学の単一科学としての求心力を弱体化させる危険性を帯びている事実にも十分留意しておかなければならない。社会福祉学は固有の対象をもち、後述するように、それに接近するための独自の社会科学的な切り口を発展させてきている。社会福祉学の当面の課題は、そのような切り口を核にしながら関連諸科学による研究を総合的に組織化していくことにある。

総じていえば、社会福祉学の方法論の現状は多々論点を抱えながら模索が続いているという状況にあるといって過言ではない。その分だけ、関連領域からの批判も厳しいものとなる。そうした批判の多くは建設的なものであるが、なかには疑問を感じさせられるものもないわけではない。たとえば、専門用語の使い方などに関する批判がそうである。社会福祉辞典などをみればすぐ理解しうることであるが、社会福祉学の領域には自前の用語よりも関連領域から借用しているような用語が多い。そして、しばしば、その用語の使い方は、もとの領域における使い方とは多少とも別の使い方になっている。そのことについて、関連領域の研究者は、用語の使い方に厳密性が欠けていると批判し、場合によってはその用語の使用を控えるべきであると提言する。このような批判や提言は、とりあえずは社会福祉学における用語の使用方法に厳密性に欠けるところがあるという指摘であり、その限りでは傾聴に値するものである。しかし、そのような批判のなかには、畢竟《ひっきょう》するところ、社会福祉学の領域においては、その用語がみずからの領域において厳密に規定されているようなかたちで使われていないという事実にたいする懸念を根拠にするような場合が少なくない。端的にいえば、このような批判は、あれこれの用語について、あたかも、みずからの領域において規定されているのとは異なった使い方で用いられるべきではないと主張するかのようにみえる。しかし、もとより、そのような批判は、社会福祉学の側に、用語の使い方に杜撰さがあり、社会福祉学の固有の用い方が、一読してそれと分かるようなかたちで示されていないという事実があってのことである。関連領域に共通する用語を用いる場合には心しなければならないことである。

また、社会福祉学の方法論に関連して、一部には、社会福祉の領域はあれこれの社会科学や人文科学、さらには自然科学の応用動作の範囲で処理しうるものであり、それで十分であるとする議論がある。たとえば、社会科学の範囲でいえば、社会福祉学を社会学の応用分野であるとする理解は一般的であり、実際、大学の専門教育課程の世界では社会福祉学部や社会福祉学科は社会学の系列で扱われる習わしになっている。もとより、社会学や社会福祉学の発祥の時代に遡及すれば両者は淵源をともにする関係にあり、社会福祉学を社会学の系列に位置づけることにはそれなりの理由のあることである。他方、社会福祉学は、社会政策学、さらにいえば経済学の応用範囲として取り扱われることも少なくない。そして、社会政策の対象である労働問題と社会福祉の対象である生活問題の類縁関係からいえば、これまた理由のないことではないのである。

しかしながら、社会福祉は、それに関連する諸科学の応用動作という範囲で十全に解明がなされ、さらにそうした研究の結果を実践のための知識や技術として動員しうるかということになれば、事柄はそれほど簡単ではない。関連諸科学が社会福祉の研究を試みるということになれば、当然のことに、それは個々の科学の固有の方法論の及ぶ範囲で実施されることにならざるをえない。法律学は法律学の、経済学は経済学の、社会学は社会学の方法論の及ぶ限りにおいて、社会福祉の解明を進めることにならざるをえないが、方法論が違えばそこには個々の科学相互間の限界が補われるという側面と、いずれの科学の方法にも適合せずに研究の網の目から取り残されてしまう側面と、その両面が生まれてこざるをえない。さらにまた、個別科学による研究の成果が提示されたとしても、それらの個別研究の結果を総合し、社会福祉を理論的に再構築する過程を担当する科学が存在しなければ、個別研究の成果をより十分なかたちで課題解決のために役立てることも困難であろう。

すなわち、社会福祉学の重要な役割の一つは、社会福祉についてみずから研究を推進するとともに、社会福祉に関連する諸科学の成果を統合し、同時にそこから課題解決のための教訓や指針を引き出すことにある。社会福祉学がそのような課題をこなしていくにあたっての拠り処は、それが人びとの生活と、そこにおける生活問題という独自の論理をもつ問題に関心をよせ、人びとの自立的生活の回復、維持、向上に関わる社会的な方策施設や援助活動に焦点をあててきたということ、そのことである。社会福祉学の方法論は、したがって法律学や経済学、社会学、さらには心理学や医学、看護学の方法論と横並びの方法論ではない。社会福祉学の方法論の固有性は、取りも直さず、人びとの社会的な営みとしての生活とそこに生まれてくる多様な生活問題、さらには、そのような生活問題を解決緩和して人びとの自立的生活の回復、維持、向上を図ることを課題とする社会的な方策施設や援助活動のあり方に着目し、それを基軸としながら、みずからその解明にあたるとともに、社会福祉に関する関連諸科学の成果をそこに加味総合しながら、社会福祉を理論的に再構成し、そこから社会福祉実践の指針となるような一定の知識と技術の体系を引き出していく、その過程にあるといえよう。

社会福祉学は、社会福祉に関連する諸科学の単なる総体や総合科学ではない。それは、人びとの社会的生活とそこに関わる社会的方策施設や援助活動に焦点をあてながら、その維持向上のために、関連諸科学の成果をも含めてさまざまの知的資源を動員し、それらを科学的に分析し、調整し、統合しようとするところに成立するのである。

二　「批判的」社会福祉学の視座と方法

われわれは、われわれの社会福祉研究にたいする独自の問題関心のあり方、研究の視座や方法を総称して批判的社会福祉学とよぶことにしたい。われわれが、社会福祉研究の端緒において、その基本的な立場を「批判的」社会福祉学と称することのなかには、いくつかの意味が込められている。

まず第一に、「批判的」ということの意味は、われわれの社会福祉研究を戦後社会福祉研究の系譜のなかでどのように位置づけるかという問題に関わっている。われわれは、戦後社会福祉研究の系譜について、これをおよそ三通りに大別することができると考えている。一つには、孝橋正一の社会福祉政策論から一番ヶ瀬康子、真田是、高島進らによる社会福祉運動論へと受け継がれてきた系譜である。二つには、岡村重夫の社会福祉固有論の系譜である。この系譜のなかには、事実上、社会福祉政策論と対峙し本質論争を展開した竹内愛二の社会福祉技術論の系譜が継承されている。そして、三つには、三浦文夫にはじまる社会福祉経営論の系譜である。[3] われわれは、これらの先行する社会福祉研究の成果を批判的に検討しながら、それぞれの系譜からわれわれにとって意味のある研究の方法とそれにもとづく知見を継承し、それらを土台にわれわれ自身の、独自の社会福祉学を創造していきたいものと考えている。

われわれが社会福祉政策論と社会福祉運動論の系譜から継承したいと考えているのは、社会福祉を近代社会が資本主義的社会であるということとの関係において把握するという社会福祉把握の方法である。また、社会福祉が基本的には国家の政策によって規定されていること、それが社会権的生存権を保障するための方策の一つであること、その対象が社会問題の一類型としての生活問題であること、さらには政策策定の過程において社会福祉運動が重要な規定要因の一つになっていることなど、われわれは社会福祉政策論および社会福祉運動論によるこうした研究の成果を大筋において受け入れる。しかしながら、われわれは、それと同時に、近代社会が市民社会であり、また何よりも共同体社会であることに留意したい。社会福祉が国家の政策でありながら時に地方自治体の政策もそこに関与していること、さらには近年における民間社会福祉供給組織の登場や当事者や地域住民たちによるインフォーマル部門の形成などにも十分に留意すべきだと考えている。

われわれは、社会福祉固有論の、社会福祉をその内部にあって内側から規定している論理を基軸に据えて分析すべきであるとする視点を尊重したい。また、社会的関係の捉え方、生活やその特性についての考え方、援助方法の位置づけ方など、参考にすべき成果は多い。さらに、社会福祉を国の政策制度としての「法律による社会福祉」と社会の共同体制に基礎をもつ「自発的社会福祉」とに分類し、後者にイニシアティブを認める考え方にも触発されるところが多い。しかしながら、社会福祉固有論は、みずからの役割を社会福祉の内部構造化を分析し、論理化することに限定し、その外部環境との関係に留意しようとしない。社会福祉が「限定」されて以後については、社会福祉固有論は没社会構造的・没歴史的な世界に沈潜してしまっている。われわれは、そのような社会福祉の把握方法については疑問を呈さざるをえない。

社会福祉経営論は、まず社会福祉を政策の過程と援助の過程に分離したうえで、その関心を前者の過程に集中させた。次に、社会福祉経営論は、社会福祉政策の概念を相対化し、技術化することによって、社会福祉の供給体制についての分析を社会福祉研究の主要な領域として位置づけ、社会福祉研究に新しい地平を切り開くことになった。それは、社会福祉に関する議論を伝統的な社会福祉本質論争の桎梏から解放しようとする試みであった。われわれは、このような社会福祉経営論から多くのものを受け継ぐことができる。なかでも、供給体制についての研究は、伝統的な社会福祉政策論や社会福祉運動論が十分に展開しえなかった領域であり、社会福祉経営論のこの側面における功績は大きいといわなければならない。われわれは、この側面については、社会福祉経営論の問題関心を受け継ぎたいと考える。しかしながら、社会福祉経営論は、意図的になのか、あるいは結果としてそうなったのか、いずれにせよ、社会福祉をその外部環境、すなわち全体社会との関係について論じるという試みをほとんど欠落させてしまっている。われわれは、ここでも、そのような没社会構造的な社会福祉の把握方法については疑問を呈さなければならない。また、一度分離した社会福祉の政策過程と援助過程とを再統合するという社会福祉経営論がみずから設定した課題も、まだ達成されていない。

われわれが、先行する社会福祉研究から何を継承し、どこに疑問を抱いているのか、およそのところは以上の通りである。このような社会福祉研究の手続きについて、あるいは折衷論だとする批判もありうるであろう。実際、一部では、社会福祉政策論や社会福祉運動論の系譜と社会福祉固有論や社会福祉経営論の系譜とでは、その基礎とする科学方法論においてあたかも水と油の関係にあるもののように理解され、またそのように主張されている。そのような議論の文脈からいえば、われわれの問題関心のあり方や研究の手続きについての考え方はまさに折衷論ということになろう。けれども、かりに折衷論であるとする批判が寄せられたとしても、われわれはむしろそのような批判を甘受すべきであろう。理論を構成するにあたって、理論体系としての首尾一貫性を確保することよりも、むしろ現実を分析し、理解する道具としての妥当性や有効性を確保することを優先させなければならない場合も少なくないと考えられるからである。しかしながら、それでも、以下の点だけは確認しておくべきであろう。まず、すでに指摘しておいたように、社会福祉学は社会科学の一端に属すべきものと考えられる。次に、社会福祉の研究は、常に、社会福祉とその外部環境との関係についての分析、そして社会福祉の内部における構造や機能についての分析という二通りの側面に留意しつつ、しかも最終的にはそれらの統合を試みるというかたちで推進されなければならないということ、これである。ここに、われわれのいう批判的社会福祉学の基本的な立脚点がある。

さて、「批判的」ということの第二の意味は、科学のいわゆる価値中立性という問題に関わっている。結論からいえば、われわれはM・ウェーバー的な科学主義に与しない。その理由の一つは、言葉の厳密な意味での価値の中立性ということそれ自体がありえないことだからである。われわれは意味の世界に住んでおり、それぞれがそれぞれの価値を前提に構成した準拠枠（フレイム・オブ・レファレンス）によりながら外界を認識し、そのみずからが意味づけ、再構成した世界のなかで行動しているからである。研究活動もそのような行動の一部分である。価値の中立性ということそれ自体が一つの価値の主張であり、そのように主張することで、結果的にはかえって特定の価値に奉仕するというようなことにもなりかねないのである。たとえば、政策目標を設定するのは政府の責任に属し、研究者はその設定された、つまり所与としての政策目標をいかに効果的・効率的に達成するかという課題にみずからの任務を限定すべきだと主張されるような場合である。ここでは、研究者は一見するところ価値中立性を維持しているようにみえて、実は結果的には政策目標に内包されている諸価値に奉仕しているのである。必要なことは、価値中立性という虚構の世界に寄る辺を求めることではない。われわれは本来的に価値志向的な存在なのである。研究者にとって肝要なことは、そのことを十分に認識したうえで、いかにして自制的・価値禁欲的に研究活動を展開するかということである。

われわれが科学主義に与しないもう一つの理由は、社会福祉それ自体が一連の価値の実現を求めて展開されてきた方策であり、活動であるということに関わっている。社会福祉が追求してきたことは、人間の生命の尊厳、最低限度の生活、社会的平等、社会的な公平や公正、生活の質の向上、常態的生活の回復維持（インテグレーションとノーマライゼーション）など、いずれも人間や社会のありように直接的に関わる諸価値を具現化することであった。このため、社会福祉は、一方においては社会的な援助を必要とする人びとにたいして所得や生活資糧、さらには介助、介護、保育、療育・療護、教護、相談指導などの人的サービス（役務）を提供するとともに、他方においては社会の改善や変革を求める独自の社会福祉運動を展開し、また社会改良運動や市民運動などのより広範な社会運動と結びついてきた。社会福祉の実践活動はいうまでもなく、研究活動もまたそのような社会福祉の価値志向的な性格を反映するものとならざるをえない。ただし、ここにおいても、社会福祉の研究には、社会福祉の価値志向的な性格を前提にしつつ、しかも手続き的には自制的・価値禁欲的であることが求められるのである。

「批判的」であるということの第三の意味は、われわれの社会福祉研究の基本的なスタンスに関わっている。すなわち、近年の社会福祉研究のなかには、ややもすれば社会福祉の供給組織にみずからを自己同一化し、供給組織の内側に所属して供給組織のために施策を企画・立案する立場と外側に位置してその施策を分析し、評価校量する立場とが適切に分離されていないものが少なくないように思われる。供給組織の内側に所属している立場と基本的に供給組織の外側にいる研究者の立場とでは、施策にたいするスタンスはおのずと異ならざるをえないものであり、その役割や職分上の境界線はこれを明確にしておく必要があろう。供給組織の内部に所属して施策の企画や運営に関与することを職分とする人びとと参与観察者的な研究者の立場上の違いは明白である。研究者の施策立案・運用過程への参画を否定するものではない。われわれも多少ともそうした機会をもってきた。そうすることは、社会福祉の研究者として社会の期待に応えることであり、同時に一市民としての義務でもあろう。しかしながら、研究者が施策の立案・運用の過程に参画して社会の期待に応えることと、供給組織に自己同一化することとは別のことである。研究者は、供給組織とのあいだにつねにある種の緊張関係をもっていなければならない。それなくして、施策の立案や運用の過程についての科学的で、説得力のある分析や評価を試みることは困難であろう。研究者には、つねに、自己自身もまた価値関与的存在であることを十分に自覚し、しかも研究すべき対象とのあいだに一定の距離を保ち、事柄を批判的に把握、分析するという方法的態度を堅持することが求められるのである。

最後に、「批判的」であることに関連して、社会福祉をもって政策批判の学とする規定の仕方がある。われわれは、上述した意味において、つまり研究の対象にたいして一定の距離を保ち、批判的でなければならない、という意味において、この規定に合意することができる。しかしながら、社会福祉をもって政策批判の学とする規定は、しばしば俗流化されてしまい、政策を批判することをもってそのまま社会福祉の研究とみなすような傾向を生み出すことにもなっている。批判的であることは、社会福祉の研究にとっての必要条件ではあるが、十分条件であるとはいえない。現実の社会福祉、なかでもその政策過程を批判することを重視する議論のなかから、その論者が社会福祉の全体像をどのように把握しているのか、そのことを読み取ることは必ずしも容易ではない。それは、そうした議論の多くは、現実の社会福祉を批判することを通じて、写真の用語を借用していえばいわばネガティブフィルムのかたちで、しかも断片的に、社会福祉を語るにとどまっているからである。しかしながら、いまや時代は地方自治体を主体とする地域福祉型の社会福祉、さらに積極的には、地方主体型、自治型の社会福祉を志向しつつある。そうした状況を前提にしていえば、批判的社会福祉には、現実の社会福祉を批判的に捉えるだけでなく、すなわちネガティブフィルムのかたちにおいて論じるのではなく、もっと積極的に、ポジティブフィルムのかたちで、社会福祉の全体像を論じることが求められているのである。

批判的社会福祉を志向する研究は、ややもすれば問題意識を優先しがちである。しかしながら、問題意識は必要ではあるが、それが社会福祉研究のすべてではない。批判的社会福祉の研究を科学的で説得力にあふれたものにするためには、われわれは、社会福祉の多様な水準と領域において、抽象的な問題は抽象的な水準において、具体的な問題はそれに応じた方法にもとづいて、事実と論理にもとづいた地道な研究を積み上げていかなければならない。また、その前提として、そのような研究を推進する有効な道具になりうるような、強靭かつ繊細な分析の視点と枠組を練りあげていかなければならないのである。

三　社会福祉における理論と実践の問題

周知のように、社会科学の領域では、理論と実践との違い、あるいはそれらの関係はどのようにあるべきかということがよく議論になる。社会福祉学の領域も例外ではない。社会福祉学の領域では他の社会科学の領域以上に、そのことが議論になるというべきかもしれない。そうなる理由の一つは、社会福祉が、最終的あるいは基本的には、課題解決を志向する科学だということにある。課題解決を追求する社会科学においては、つねに、課題の解決をめざして行われる活動にたいして、理論はどのように関わりうるのか、端的にいえば、理論はどのように有用なのかが関心の的になる。そのこと自体は、何も社会福祉学の領域に限ったことではない。しかしながら、社会福祉学の場合には、理論と実践の問題に関する議論はいささか屈折しているように思われる。そのことに留意しながら、理論と実践の問題に関するわれわれの見解を明らかにしておきたい。

社会福祉学の領域においては、理論と実践の問題は、両者の関係のあり方やその前提となるような研究の方法について積極的に論じるというより、理論は実践の役に立たない、実践は理論化になじまない、理論と実践は所詮別のこと、理論よりも実践が大切である、などというように、どちらかといえば消極的な方向で論じられることが多いように思われる。さらに、誤解を恐れずにいえば、理論と実践の問題に関連して、実践の場ではその理論化ないし科学化を回避し、あるいはまた理論的営為やその所産としての知識の体系を敬遠するような風潮すらみられなくはないのである。こうした理論と実践をめぐる議論のなかには正鵠を射るという部分も多々含まれており、そうした批判についでは理論的研究に携わるものとして真摯に耳を傾ける必要がある。しかしながら、同時に、そこに、理論そのものや理論的営為についての不十分な理解や思わざる誤解の含まれていることも事実である。そうした諸問題について、この際、多少とも踏み込んだ議論を試みておきたい。

理論と実践をめぐる議論にしばしばみられるボタンの掛違いは、基本的には理論とその適用についての理解の仕方に関わっている。さらにいえば、それは、理論の構成される過程やそこにおける手続きのあり方についての理解の不十分さに起因している。一般に、理論とよばれるものは、多くの場合、既知の知識の体系として実践家や学生のまえに提示される。すなわち、理論構成の素材となったさまざまの事実や経験、そして理論が構成される過程において採用された手続きについてはほとんど言及されないままに、そこから導出された抽象的な結論だけが既成の、しかも活字化された知識の集積というかたちで提示されることになる。理論とその素材となった事実や経験――社会福祉的現実との関係、つまり社会福祉的現実の抽象化とそこからえられた知見の社会福祉的現実への適用とその結果にもとづく再抽象化という循環的往復作業の環を掘り起こし、理論に生命を吹き込み、有用な実践のための道具――社会福祉的現実に立ち向かう思考、分析、判断のための道具――として再生させる作業は、理論の提示をうけた実践家や学生にほぼ全面的に委ねられることになる。この理論と社会福祉的現実、そして実践とのあいだの隠された環を掘り起こし、既知の知識として提示された理論に生命を吹き込む作業はそれほど容易なことではない。それなりに時間と労力を必要とする。

理論と実践の問題に関して理解の不十分さや要らざる誤解を生み出す原因の一端は、明らかに研究や教育をその中心的な役割にしている人びと、なかでも社会福祉の専門教育、さらに専門職教育の現場に関わっている人びとのなかにある。そういって過言ではない。教育に携わる人びとのなかには、それが著名な研究者によるものであれ、みずから準備したものであれ、用意された教材についてもっぱら説明し、解説を施すというかたちで授業をすすめるという向きも少なくないようである。自戒の念も込めていえば、このようなかたちで伝達された知識、つまり文字に定着された理論は、それがいかに体系的なものであり、いかに信頼性や妥当性の高いものであっても、有効な活用のされかたをすることにはならないであろう。たとえそれがよく記憶されても、活用されない理論は空疎である。

伝達した知識に生命が吹き込まれるためには、すなわち活用されるべきものとして理論を伝達するためには、一定量の整序され、系統化された知識として提示される理論の体系それ自体のみならず、その理論が形成される過程にまで遡及し、理論の前提となっている視座や視点、主要な概念や分析の枠組、抽象や一般化の手続きなどについて十分に紹介し、その意義の理解を求めることが必要となる。つまり、理論を伝達するということには、その理論が形成される過程やそこにおける手続きについて理解を求めるという作業が含まれていなければならない。そうした作業がなされてはじめて、伝達された理論は活用される可能性をもつことができる。理論が活用されるためには、その理論がどのようにして形成されてきたのか、その過程が理解されていなければならない。さらにいえば、理論を伝達する立場にいる人びとは、それを受けとめる立場にある人びとにたいして、あらゆる理論が形成されたものであることを伝え、最終的にはかれらのなかに必要に応じて新しい理論を形成していく能力を醸成していかなければならない。

理論と実践の問題に関して理解の不十分さや要らざる誤解を生み出す原因の別の一端は、その主要な役割が現場における実践家である人びとのうちにも求められる。現場における実践家たちは、みずからを理論的営為に携わる研究者と区別し、差別化しようとする傾向が強い。しかしながら、かれらは実践家であると同時に研究者ないし理論家でなければならない。そうでなければ、つまり研究者でなければ、実践家たちはかれらに期待されている役割によりよいかたちで応えることはできないはずである。けれども、かれらには、みずからが実践家であると同時に研究者であるということについての自覚は必ずしも十分ではないように思われる。

そのことは、時折、学会や研究会などにおける実践家の実践報告や事例研究などからもうかがい知ることができる。ごく稀にではあるが、現場の実践家による実践報告や事例研究のなかには、日常的な実践活動の一コマや担当した事例の一部分を切り取り、何の加工も加えず、生のままのかたちで提示するという段階にとどまっている場合が見受けられる。そこでは、実践家のいわば局地的・個別的な経験がそのままのかたちで提示されているのである。もとより、局地的・個別的な経験それ自体に意味がないというのではない。しかしながら、局地的・個別的な経験を学会や研究会という公の場に提示するということは、聴衆――その多くは同業の実践家であろう――にたいして、彼我の経験についての比較検討を求め、かれらの実践の向上に寄与したいという意思を表明するものであろう。あるいは、そのような局地的・個別的な経験を提示することを通じて研究者に既成の理論の見直しを迫るという意思を表明するものであろう。

そうであるとすれば、学会や研究会においてみずからの実践報告や事例研究を提示する実践家には、報告の前提として、報告の内容となるみずからの局地的・個別的な経験のどこに、同僚の実践家の活動や研究者の理論的営為に寄与するような要素が存在しているのか、あらかじめその特殊性や普遍性について整理を試みておくという作業を済ませておくことが求められるであろう。日常的な実践活動を通じてえられた経験や知識をみずからの過去における経験や同僚による過去および現在の経験と比較し、共通性や差異性を摘出しながら、みずからの局地的・個別的な経験のなかに伏在する普遍性を追求するという作業を試みることが求められるのである。そして、その作業こそはとりもなおさず理論形成の出発点において求められる作業にほかならないのである。実践家たちがみずからの実践活動に不可避的な局地性や個別性を克服し、そこに普遍性を見出すためには、それを広く、歴史や社会の違いを越えた同僚の実践家の経験と比較校量し、そこから得られる知見を整理し、系統化する試みがなされなければならない。そして、そのような試みのうちにこそ理論形成の契機が伏在しているのであり、またそのような試みがあってはじめて既知の知識の体系として与えられた理論に生命を吹き込み、それを道具として活用することも可能になるのである。

理論と実践という問題は、しばしばそのように置き直して議論されるのであるが、すなわち理論家と実践家の問題ではない。これまでの議論からも明らかなように、理論と実践とのあいだには本来的に螺旋的な循環関係が存在している、またそうでなければ理論も実践も次の段階に上昇しえないのである。そのことは、理論的営為と実践活動が実践家であり同時に理論家でもある同一人格の内部において行われているときにはいわば自明の事柄であろう。しかしながら、社会の発展は、社会福祉の領域にも分業と協業の体制を生み出すことになった。同一人格の内部において行われてきた理論的営為と実践活動とのあいだの分業と協業の体制は外部化され、それぞれ理論家と実践家という別個の人格によって担われることになった。そして、そのことによって、理論と実践という問題は、相互に非寛容な、緊張関係をはらむ容易ならざる二律背反的な問題として再登場させられることになったのである。けれども、理論的営為と実践活動との分業と協業の体制を逆転させようとする試みは現実的なものではない。理論家は社会福祉的現実との接点を深化させ、理論の現実的妥当性を追求し、逆に実践家はみずからの日常的実践活動の理論化を追求しながら、理論家と実践家の協業のなかで理論的営為と実践活動のあいだの潜在化させられた環を回復させ、拡大していかなければならないのである。

さて、ここまで、われわれは理論を道具にする、活用するということを前提に議論を展開してきた。けれども、理論は活用しうるものであろうか。理論を活用するとはどのようなことを意味するのであろうか。解答は理論の種類によって異なるであろう。社会福祉の理論には大別して二通りの類型がある。第一の類型は、法則定立的な理論である。社会福祉の歴史的な発展の過程についての理論や社会福祉の主体や対象についての理論などがそうである。第二の類型は、課題解決的な理論である。社会福祉の計画策定の方法についての理論や社会福祉の援助方法についての理論などがこれにあたる。

第一の類型についていえば、この範疇に属する理論は、直接的にそれを活用して将来の予測に役立てるというような発想にはなじみにくいであろう。たとえば、われわれは、社会福祉の歴史について、それは慈恵事業にはじまり、慈善事業から社会事業へ、さらに社会福祉へというかたちで段階的に発展するという理論をもっている。この理論は、社会福祉の生成の過程について、そこにある種の法則性を見出すことができるという仮説を前提として成り立っている。一般に、このような社会福祉の生成発展に関する理論はイギリスにおける社会福祉の生成発展の過程を素材として構築されてきたものであるが、われわれはそのようにして構築された理論を分析の基準として活用することによって、たとえばアメリカや日本における社会福祉の生成発展の過程を分析してきた。その限りでは、われわれは、社会福祉の歴史に関する理論を活用することができる。しかしながら、われわれは、この理論を活用して将来の社会福祉のあり方を予知するということは不可能である。

社会福祉の供給組織についての理論も同様であろう。われわれは、過去の事実を尋ねたり、海外の事情と比較したりしながら、現状分析のための枠組をつくり、それによって現実を説明しようと努力することはできる。また、枠組の前提にある理論の論理的な整合性を追求するというかたちで、未確定の事実の存在を仮定すること、さらにはその将来における出現を仮定することまではあるいはできるかもしれない。しかしながら、そのような枠組をもってしても社会福祉の将来を予知することは不可能である。自然科学においては、基本的には観察者は観察の対象である自然の外側にいることができる。観察者の存在それ自体の自然にたいする影響は無視しておいてよい。けれども、社会科学においては観察者は観察の対象となる社会の内側にいて、その社会現象をかたちづくる要素の一部分となっている。観察者の存在それ自体の社会にたいする影響を無視することはできないのである。端的にいえば、社会の一部分である観察者が将来を予測するという、そのことによって社会のあり方は変化してしまうのである。ただし、このような第一の類型に属する理論が社会福祉の将来を構想するという目的にたいして無意味だというわけではない。それは、社会福祉の将来を構想するという目的にたいしてきわめて重要な役割をもつのであるが、その関与の仕方はむしろ間接的である。それは、人びとの世界観、社会観、そしてより直接的には社会福祉観の形成過程に関与し、そのことを通じて、かれらの将来についての選択の過程に関わりをもつというかたちで、間接的に社会福祉の将来のあり方に影響を及ぼすのである。

第二の類型については、理論を活用するという場合、その意味するところはより直接的なものである。ここでは、理論は、将来に向けての福祉サービス供給のあり方を計画し、あるいは援助のあり方を計画するために、字義通りに活用されるのである。この種の理論はもともとそのような用途に用いられるように準備されており、その意味では第一の類型に属する理論とはその性格を異にしている。第二の類型に属する理論は、基本的には、まず一定の条件が与えられた場合に一定の結果がもたらされるような条件と結果との関係を因果的に説明する一般的な仮説が設定されており、そこに具体的な数値その他の条件を挿入すれば、そこから個別具体的な供給計画や援助計画が誘導されうるような構造をもっている。もとより、理論の抽象度が高ければ高いだけ、その理論が形成される過程で捨象された部分——個別性や特殊性——は多く、したがって理論を現実に適合させ、そこから誘導される計画をより妥当性と信頼性の高いものにするためには大量かつ適切な具体的変数を追加していかなければならない。それだけ、理論を活用する立場にある人びとの力量、すなわち、先程の理論と実践の問題に関する議論にも関わらせていえば、理論を形成し、適用し、そして再形成する力量が問われることにもなってくるのである。

最後に理論と実践の問題においては、もう一点だけふれておかなければならないことがある。それは、等しなみに理論と実践の問題といっても、援助方法の領域においては、単純に理論の形成と適用という問題に解消しえないような側面が存在しているということである。援助方法の領域では、実際に身をもって経験してみなければ理解しえない、身につかないという側面がある。通常、技法（スキル）とよばれる側面である。畳のうえの水練ではないが、身をもって水に入り、泳いでみなければどうにもならない、という側面が存在しているのである。たしかに、対人的援助場面における受容的関係のつくり方や沈黙の意味の理解などは、そのような場面に度々直面してみなければ、よりよく理解しうるものではない。こうした側面については、理論と実践とは別であるという通説も部分的には妥当性をもっているということになろうか。

もともと、このような側面は、師匠と弟子、教師と学生、先輩と後輩というような人格的な結びつきをもった関係のなかで、相当の時間と労力をかけ、血と汗の努力を通じて受け継いでいくものとされてきた。しかしながら、援助の方法を広く不特定多数の人びとにたいして伝達可能、教育可能なものとしていくためには、援助方法の師弟相伝的側面を客観化し、理論化し、できるだけ短期間に習得しうる技術の体系に変換していかなければならない。畳のうえの水練にも理論化が必要であり、そのことによってより多数の人びとが、より容易に、そしてより短期間のあいだに、より高度の水泳の技術を身につけることができるのである。その意味では、技能的な要素の多い領域においても、理論と実践とは決して別のものではない。ここにおいても、理論と実践のあいだに効果的な螺旋的循環関係を再生させ、それを活性化させる努力が必要不可欠のものとなってくるのである。

〔註〕

(1) 「社会福祉学」という呼称を採用した著書として著名なのは、いうまでもなく岡村重夫の『社会福祉学総論』（柴田書店、一九五六年初版）である。その後いくつかの先例があるが、最近では船曳宏保『社会福祉学の構想』（新評論、一九九三年）がある。「現代福祉学」という用語例もみられる。京極高宣『現代福祉学の構図』（中央法規、一九九〇年）がそうである。「社会福祉学」という用語を用いることに若干の躊躇がないわけではないが、近年学界でも社会的にもかなり定着してきているようであり、そこに多少とも新しい社会福祉論の展開を託してみたい。

(2) 「社会福祉固有の視点」の意味については、岡村重夫『社会福祉原論』（全国社会福祉協議会、一九八三年）を参照されたい。

(3) 「社会福祉政策論―社会福祉運動論」、「社会福祉固有論」、「社会福祉経営論」、それぞれの系譜についての批判的検討は第2章で試みる。

第2章

戦後社会福祉理論の批判と継承

はじめに

近年の社会福祉に関する研究の発展には瞠目《どうもく》すべきものがある。社会福祉の諸施策・諸制度の実際的運用の過程、あるいは処遇の過程や方法についての巨細にわたる研究の進捗には実に著しいものがあり、これまでにない社会福祉研究の広がりと蓄積を物語っているように思われる。

かつて、社会福祉研究の主要な関心は、社会福祉の全体像の解明、あるいは、同じことを別の角度からいえば、その本質の解明に向けられていた。これにたいして、近年における社会福祉研究の主要な関心は、どちらかといえば、むしろその細目、社会福祉的方策施設の運用や処遇過程についての研究に向けられているように思われるのである。こうした研究関心の動向は、そのこと自体としては社会福祉研究のいっそうの深化を意味するものであり、歓迎されるべきことである。しかしながら、その一方において、社会福祉の全体像の解明を視野にいれるような研究の退潮、あるいはそうした視座を基本に据えるような研究方法への関心の希薄化が生み出されてきつつあるとすれば、それは決して歓迎されるべきことではないであろう。

われわれのみるところ、近年における社会福祉の理論研究は、個別具体的な研究分野における百花繚乱的状況の進展とは裏腹に、むしろある種の閉塞状況、あるいは袋小路的状況に陥っているように思われる。近年、そのようにいって必ずしも過言とばかりはいえないような社会福祉の理論状況がみうけられるように思われるのである。そうした状況が生み出されてきた主要な理由の一つは、明らかに、近年における社会福祉研究の主要な関心が、社会福祉の全体像の解明を志向する理論的研究よりも、どちらかといえば二極分解的に、現実世界における福祉改革の潮流のなかで、それを方向づけ促進する研究か、あるいはそれとはまったく逆にその全面的な批判を志向するような研究に分岐してきたことに求めることができる。しかしながら、そのこと以上に重要なことは、実は社会福祉研究の閉塞的な状況が、今日の福祉改革を推進し、これを具体化し発展させていこうとする理論的な営為のなかで形成されてきた理論体系に内在する限界によって、そしてまた同時に、そのような理論体系を批判し、これと厳しく対峙しようとしてきた理論体系のなかに内在する限界によって、もたらされていること、そのことでなければならない。

ここ数年、われわれは、このような理論状況についての認識を前提に、われわれのいう閉塞状況、あるいは袋小路的膠着状況に一穴を穿つべく、社会福祉研究の新たな視座と方法を追求してきた。拙著『児童福祉改革』(1)、拙稿「社会福祉供給システムのパラダイム転換」ならびに「福祉改革――その歴史的位置と性格――」(拙編『社会福祉供給システムのパラダイム転換』(2)の序章および第一章)、また共著『社会福祉論』(3)、さらには共編著『社会福祉施設――地域社会コンフリクト――』(4)はそのような試みの一部である。ここでのねらいは、これらの諸論稿のなかで模索してきたわれわれのいわゆる社会福祉研究の「新たな視座と方法」に関する議論をさらに深め、戦後社会福祉研究の系譜のなかにその位置と性格を措定することにある。

一　戦後社会福祉研究の系譜

まずは、戦後日本における社会福祉研究の系譜を整理するところからはじめることにしよう。われわれの社会福祉研究の視座と方法、研究史におけるその位置と性格についての議論を深めるためには、最初に戦後社会福祉研究史に関するわれわれ自身の整理、認識を明らかにしておく必要があると考えられるからである。ただし、そうはいってもここでの課題は戦後日本における社会福祉の研究史あるいは理論史の探究を試みることにあるわけではない(5)。ここでの関心に照らしていえば、戦後社会福祉研究の系譜を鳥瞰図的に素描するとともに、特徴的な諸理論について論点を整理し、その個々の論点についてのわれわれの見解、批判を明確にすることができれば、それで十分である。

1　政策論と技術論の相剋

すでに、わが国の戦後時代も五〇年に近い。その間、多数の社会福祉研究者が登場し、社会福祉の本質や基本的な性格、あるいはその制度体系や処遇の過程を分析し、理解するために多様な視座と枠組を提起してきた。しかしながら、現在においても意味をもち、また影響力を維持している理論体系といえば、おのずとその数は限られてこよう。

戦後のおよそ一五年をとってみよう。この間のわが国の社会福祉研究を代表してきた理論として、われわれは二通りの系譜を抽出することができる。第一の系譜は、社会福祉を国家あるいは資本総体の動員する独特の方策施設の体系として把握しようとする見解である。いま一つの系譜は、社会福祉を社会福祉援助の過程において活用される人間関係的な援助技術の体系として把握しようとする見解、これである。

第一の系譜を構成する特有な社会福祉研究の方法を提起した論者は、いうまでもなく孝橋正一であった（周知のように、孝橋はその研究において一貫して社会事業というタームを用い、社会福祉というタームを用いる風潮を批判してきている。しかしながら、ここでは孝橋の理論体系の分析と評価を直接の課題としているわけでない。したがって、以下、孝橋の理論に言及する場合にも今日の一般的なターミノロジーにしたがって社会福祉と表記する）[(6)]。孝橋は、経済学をもってその社会福祉研究の基礎科学とする。孝橋は、戦前に社会政策関連の実務と研究に携わることで研究者としての経歴を踏み出し、戦後はもっぱら社会福祉の研究に関心と精力を傾注し、わが国の社会科学的社会福祉研究の旗手として顕著な足跡を残すことになった。孝橋の社会福祉研究の基底に横たわり、前提となっているもの、それは資本主義制度の構造についての経済学的な知見である。孝橋は、戦前における社会福祉研究の頂点の一つとしてよく知られている大河内一男の社会事業理論[(7)]を批判し、克服するかたちで、その独自の社会福祉研究を展開した。孝橋の社会福祉に関する概念規定は、次のようなものであった。

社会事業とは資本主義制度の構造的必然の所産である社会的問題に向けられた合目的的・補充的な公・私の社会的方策施設の総称であって、その本質の現象的表現は、労働者=国民大衆における社会的必要の欠乏（社会的障害）状態に対応する精神的・物質的な救済、保護および福祉の増進を、一定の社会的手段を通じて、組織的に行うところに存する。(8)

ここでは、その成立の過程についての詳細な紹介と吟味に深入りすることは避けざるをえないのであるが、この規定の根底にある孝橋の社会福祉理解は、社会政策についての研究と知見を前提とするものであった。孝橋は、そのことでは、かれがその出発点において批判の対象とした大河内一男と軌を一にしていた。孝橋の立場は、まず何よりも社会政策との関係において社会福祉の社会的方策施設としての位置を措定し、その基本的な性格、すなわち社会福祉の本質を解明しようとするものであった。孝橋の社会福祉理解は、いわば社会福祉を社会政策という鏡に反映させ、そこに写しだされてきた鏡映像を理論的に抽出、整序する、というかたちで体系化したものであった。孝橋の社会福祉研究の基本的視座は、社会福祉の本質を、資本主義社会におけるもっとも基本的な社会関係である資本―賃労働関係、すなわちその生産関係に結びつけて分析し、解明しようとするところにあり、そのことが孝橋の社会福祉論の基本的な特徴となっているのである。

以下、このような孝橋の社会福祉理解の視座と枠組を継承する社会福祉理解の系譜、あるいは基本的にこれに連累する社会福祉理解の系譜を社会福祉の政策論的体系、簡潔には社会福祉における「政策論」とよぶことにしよう。

戦後社会福祉研究の第二の系譜は、孝橋によって再三再四批判の対象とされた諸理論の一部から構成されている。孝橋は、みずからの社会福祉理論を構築する過程において、同時代の研究者たちによる社会福祉理解をほとんど網羅的に俎上にのせている。そのような社会福祉理解のなかで、もっとも深刻な批判にさらされたのは竹内愛二の専門社会事業論(9)であろう。竹内愛二は、戦前のアメリカにおいてソーシャル・ワークの研究に触れるところから社会福祉研究者としての経歴を歩みはじめている。竹内は、戦後わが国の社会福祉がアメリカの社会福祉理論の影響を強く受けながら再編成される過程を通じて、ケースワークを中心にしながら精力的にソーシャル・ワークの紹介、実践、教育に携わり、そのなかからかれが専門社会事業論とよぶ独自の社会福祉理解の体系を生み出してきた。竹内の社会福祉理解の特徴は、その独特の概念規定のなかによく現れている。

〔個別・集団・組織〕社会事業とは、〔個人・集団・地域社会〕が有する社会（関係）的要求を、その他の種々なる要求との関連において自ら発見し、かつ充足するために、能力、方法、社会的施設等あらゆる資源を自ら開発せんとするのを、専門職業者としての〔個別・集団・組織〕社会事業者がその属する施設・団体の職員として、側面から援助する、社会福祉事業の一専門過程をいう。(10)

竹内は、援助者と被援助者とのあいだに取り結ばれる特有の人間関係を基盤に展開される援助関係、さらにはそのような関係を醸成し、方向づけ、展開する過程において専門職業者としての社会事業者＝ソーシャル・ワーカーによって活用される援助技術の体系を基軸に、社会福祉を理解しようとしたのである。竹内の専門社会事業論、それはすなわち社会福祉における援助技術の理論であり、その基盤には心理学的・社会学的な人間関係論があった。竹内の場合には、人間関係を基盤とする援助技術のうちにこそ社会福祉の本質が存在したのである。以下、このような竹内の社会福祉理解の方法および直接的にそれに連累するような議論の系譜を社会福祉理解の技術論的体系、簡潔には社会福祉における「技術論」とよぶことにしよう。

一九五〇年代から六〇年代中頃までのわが国の社会福祉研究を特徴づけていたものは、これまでみてきたような孝橋と竹内を旗手とする政策論と技術論の分立とその苛烈な拮抗という構図であった。政策論と技術論との長期に及ぶ相剋は、一般に社会福祉本質論争とよばれる。論争の過程における両者の議論は、いわば二者択一論的・相互排除論的な議論として推移し、政策論の立場も技術論の立場もそのいずれもが、みずからの視座、みずからの枠組のみに依拠して、首尾一貫、一元論的に社会福祉の全体像を描きつくそうとする傾向を内在させていた。そのため、わが国の社会福祉研究は、一時的には、あたかもすべての問題が、政策か技術か、あるいは制度か処遇か、そのいずれに社会福祉の本質を求めるべきかという議論を中心に展開されるかのような状況にあった。もともと政策論と技術論との分立と拮抗という理論問題としてはじまった論争は、その過程において現実の世界にまで拡張されてしまい、政策か技術か、あるいはまた制度か処遇か、そのどちらをもって社会福祉の本流とみなすべきかという議論にまで一挙にエスカレートされてしまった。ついには、研究者集団までもが政策論派と技術論派に色分けされ、相互に対立しあうというなんとも奇妙な状況すら生み出されてきたのである。

このような危機的ともいうべき風潮のなかで、政策か技術か、制度か処遇か、という二者択一論ではなく、両者を社会福祉という全体の二つの側面として統一的に把握されるべきものとして位置づけようとする新たな見解も登場してきた。木田徹郎の社会福祉理解がそうである。木田は、政策と技術ないし政策と処遇を、政策論や技術論のように二者択一的・相互排除的に把握することに異義を唱えた。木田は、政策と技術ないし政策と処遇を制度体系と専門行動体系というかたちに置き換え、社会福祉をその両者の統一物、統合された一つの総体として把握しようと試みた。[11] 木田の見解は、社会福祉をいわば二元論的に理解しようとするものであり、七〇年代以降におけるわが国の社会福祉研究の推移からみればきわめて興味深い議論の提起になっていたのである。しかしながら、そのような木田の議論も、結局のところは、政策論と技術論の本質論に直接的に楔を打ち込むほどの影響力はもちえず、いつともなしに後景のなかに取り残されてしまった。

むしろ、政策論と技術論との分立と拮抗という構図のなかでいわば第三の系譜ともいいうるような独自の見解を提起し、今日においてなおわが国の社会福祉研究に重要な影響力を保持しているのは、ほかならぬ岡村重夫の社会福祉理解である。[12] よく知られているように、岡村は、その長い研究者としての経歴を、社会福祉固有の視座を確定し、そこから社会福祉の体系化を図ることに捧げてきた。岡村は、社会制度と生活者とのあいだに切り結ばれる社会関係の主体的な側面を照射するという視座こそが、社会福祉をもって固有の社会制度としてその存立を主張することのできる唯一の根拠であり、同時に社会福祉学が既成の諸科学にたいしてみずからの科学としての固有性を主張しうる唯一の論拠であると主張した。岡村によれば、社会制度は本来人びとの基本的ニーズを充足するために創出されるものであるが、しかし一度それが成立したのちにはその社会制度によってすべての人びとの基本的ニーズが等しなみ一様に充足されうるのかといえば、決してそうしたものではない。社会福祉固有の機能は、社会関係の主体的側面に焦点を絞り、社会制度がその成立の過程において捨象してきた個々の生活者の基本的ニーズのもつ個別性や多様性を回生充足させることにある。以下、われわれは、このような岡村の見解を社会福祉固有論、簡潔には「固有論」とよぶことにしよう。

政策論の側からいえば、このような岡村重夫の社会福祉固有論は、独自の系譜を構成するものとはみなされえない。政策論の立場からみれば、固有論も技術論も同列である。いずれも、社会福祉を資本主義社会の基本的な社会関係――生産関係に結びつけて論じるという視座をもたず、決して社会福祉の本質の理解には至りえない理論だということになろう。しかしながら、この岡村の固有論は、一九六〇年代以後、今日にいたるまでの社会福祉研究の展開のなかで、研究者の人脈としても、理論の系譜としても、先行する技術論を吸収し、さらには後出の社会福祉「経営論」とも一定の親和性をもちながら、重要な影響力の源泉であり続けている。

今日にいたるまで理論的な影響力を維持し続けているということでは、もとより政策論についても同様の指摘が可能である。ただし、政策論の場合は、その原型がそのまま継承されてきたわけではない。それは、次節でみるように、時代状況の変化とともにその姿かたちを変えながら受け継がれることになった。そのこと、すなわち継承過程における政策論の変型という事実を留保していえば、五〇年代から近年にいたるまでのわが国の社会福祉研究の系譜は、その大筋においては、政策論と技術論というよりは、むしろ政策論と固有論という二大系譜によって織りなされ、発展させられてきたというべきかもしれないのである。

2　運動論＝新政策論への展開

さて、一九六〇年代以降、わが国の社会福祉は新しい発展の段階を迎える。それまでの戦後五年間、公的扶助中心の展開を示してきたわが国の社会福祉は、高度経済成長期における福祉ニーズの通階層的拡大や多様化に対応するなかで徐々に福祉サービスの側にその比重を移行しはじめる。そして、一九七四年以降になると、予算的にも実態的にも、わが国の社会福祉は福祉サービスを中心として展開することになる。その間、戦後福祉改革以来の伝統的な社会福祉の供給システム（デリバリー・システム）にも流動化の兆しが現れ、在宅福祉サービス（コミュニティ・ケア）や第三セクターの萌芽的な展開がみられはじめる。さらに、この時期には、革新自治体を中心に、地方自治体の水準において、社会福祉が政治的イシューとしての広がりと影響力をもつようになり、地方自治体による社会福祉単独事業の急速な拡大がもたらされるとともに、児童手当制度や老人医療費支給制度のように、その一部が国の施策として定着するという状況すら生まれてきたのである。

このような社会福祉の拡大、さらには流動化の傾向に呼応するように、社会福祉研究においても新しい展開がみられるようになった。

まず最初に登場してきたのは、社会福祉「運動論」、あるいは近年のターミノロジーでいえば「新政策論」とよばれる諸理論である。運動論という規定は、それらの新しい理論体系のなかで社会福祉運動に与えられた比重の大きさに由来する命名である。社会福祉運動についての評価は、この新しい理論と旧来の政策論とのもっとも重要な相違点の一つであった。その限りでいえば、運動論という規定は適切かつ妥当なものであった。これにたいして、新政策論という命名は、新しい理論が社会福祉運動を重要視するとはいえ、それらが基本的には社会福祉を資本主義社会に固有の方策施設の体系として把握し、そこに新たな展開をつけ加えたかたちで立論されているという側面を強調したものである。たしかに、そのような文脈でいえば、運動論は間違いなく政策論の直接的な、嫡流の後継者である。

さて、いうところの運動論ないし新政策論の中心的な論者には、一番ヶ瀬康子、真田是、高島進などがいる。一番ヶ瀬、真田、高島らはいずれも社会福祉を資本主義国家の政策として把握しようとする。その限りでは、一番ヶ瀬、真田、高島らの運動論的社会福祉理解は間違いなく政策論の系譜に属している。しかしながら、一番ヶ瀬、真田、高島らの立論には、社会福祉運動の重視という側面だけでなく、社会福祉の対象把握の方法や政策の成立過程についての理解、援助技術の位置づけなどについて、先行する政策論とは相当に異なる側面が包含されていた。一番ヶ瀬、真田、高島らの社会福祉理解は、それぞれに濃淡の違いはあるものの、そのいずれもが(1)六〇年代以降における社会福祉の対象の拡大を承認し、(2)社会福祉を国民の権利として位置づけ、(3)社会福祉の政策過程やその運用の過程における社会福祉運動の意義を重視するとともに、(4)社会福祉における援助過程の重要性を強調するものであった。

このような一番ヶ瀬、真田、高島らの社会福祉の運動論的な理解は、政策論の現実認識の限界を批判し、乗り越えようという意図をもつものであっただけに、当然のこととして政策論による反批判にさらされることになった。政策論による運動論批判の矛先は、主要には、それらが資本主義の発展に新しい段階区別を導入する国家独占資本主義論を前提に安易に社会福祉の対象の拡大や社会福祉権利論を展開していること、そして、資本主義社会のもっとも基本的な社会関係としての生産関係に直接的に関わりをもつことのない社会福祉運動を本来生産関係によって規定されるべき社会福祉の形成過程を直接的に規定し、方向づける要因として取り込んでいること、などに向けられた。しかしながら、このような政策論による厳しい運動論批判の展開にもかかわらず、運動論は徐々にその影響力を強め、やがて政策論は新しい波のなかに吸収される運命をたどることになった。

その新しい波の一方の旗手であった一番ヶ瀬の理論体系の最大の功績の一つは、社会福祉の対象を理解するにあたって生活問題という概念を導入したことに認められる。(13) 一番ヶ瀬は、一方において、政策論が主張するように、社会政策の対象（労働問題）と社会福祉の対象（生活問題）とが表裏の関係にあること、その規定関係の重要性を承認する。しかし、それと同時に、一番ヶ瀬は、生活問題には労働問題とは異なる独自の論理の存在することを主張する。

政策論は、社会政策対象としての社会問題と社会福祉対象としての社会的問題との連続性を論証し、強調することによって、かつて大河内によって経済秩序の外側に放逐された社会福祉の対象を経済秩序の内側にもう一度引き戻そうと試みた。さらに、政策論は、社会福祉対象としての社会的問題を社会問題としての労働問題を媒介として資本主義社会の基本的社会関係としての生産関係に結びつけて解明すると同時に、そのことを通じて社会福祉と社会政策との内在的な位置関係と社会福祉の社会政策にたいする補充性に理論的な根拠を提供しようとしたのである。

一番ヶ瀬は、そのような政策論の展開を前提としながら、政策論のいう社会的問題を生活問題として捉えなおし、その固有の論理と現象形態、そして相対的な自律性を明らかにすることによって、社会福祉対象の、ひいては資本主義社会における方策施設の一つとしての社会福祉の相対的独自固有性を主張したのである。一番ヶ瀬は、このように、生活問題の相対的独自固有性の議論から出発しながら、政策形成・運用過程における社会福祉運動の意義を幅広く承認するとともに、社会権的生存権保障の視点を導入するなど、独自の展開を試み、やがてその社会福祉理解の体系は理論、実際の両面において強い影響力をもつことになる。

社会福祉対象としての生活問題論については真田もまた大きく貢献した。真田は、社会学的な社会問題論を基底におきながら、独自かつ精緻な生活問題論を展開した。そのことに加えて、真田の功績として特筆しておかなければならないことは、対象化論の導入である。真田は、社会福祉の具体的対象としての生活問題は科学的に手続きのみによって措定されうるものではなく、科学と政策（的意図）によって合成されるものであると指摘した。(14) 真田によるこのような対象化論の導入は、対象の具体的・実態的な把握の方法に新たな道を開くものであり、社会福祉対象論を一歩前進させる契機となった。

しかしながら、真田の社会福祉理論の最大の特徴は、そのいわゆる三元構造論である。真田によれば、社会福祉のあり方は、社会福祉を構成する対象、政策、運動という三通りの要素とそのあいだに認められる規定関係によって決定される。これら三通りの要素のなかで最終的に規定力をもつもの、それは政策の意図、すなわち資本主義国家の、さらに遡及すれば資本総体の政策意図である。しかし、その一方において、生活問題の対象化の範囲や施策の方向・内容は運動による規定を免れえない。むしろ、社会福祉の歴史的な展開の過程は、対象化の範囲や施策の方向・内容については運動の力量によってかなりの程度まで方向づけられてきたことを物語っている。真田がこのように運動の規定力を重視するのは、先行する政策論が、現実の社会福祉運動のエネルギーをすくいあげ、方向づけることにみずから道を閉ざした政策決定論的色彩の濃い体系になっていることへの意義申立てを意味していた。

最後に、高島の社会福祉理解の特徴は、歴史研究者としての出自をいかした三段階発展論にみられる。高島によれば、社会福祉の第一の段階は救貧法と慈善事業の時代であり、第二の段階は社会事業の時代である。そして、第三の段階が社会福祉の時代である。このような社会福祉の段階的な発展は、資本主義のもたらす貧困・生活問題と階級闘争の発展に応じて、歴史的・法則的に生み出されてきたものである。高島の体系では、運動の位置づけはさらに強化されている。高島によれば、社会福祉運動は畢竟するところ階級闘争にほかならず、それは対象としての貧困・生活問題とならんで、社会福祉を規定する二大要因である。(15)

以上みてきたような、一番ヶ瀬、真田、高島の社会福祉論は、細目にわたればそれぞれに特徴をもちながらも、いずれも六〇年代後半から七〇年代にかけて理論的にも、実際的にも、また社会的にも、重要な影響力をもつことになった。それは、何よりも、それぞれの理論体系に、それまでの政策論にはみられなかったような斬新な概念、分析の視点や枠組、論理の展開が含まれていたという要因に負うている。しかしながら、それにも増して重要な要因となったもの、それは六〇年代後半から七〇年代にかけての時代的な環境の大きな変化、そしてそのなかから生み出されてきた社会福祉そのものの変化でなければならない。

一番ヶ瀬、真田、高島らの理論体系が広く受容され、影響力をもっていく時代的背景は、高度経済成長期の第二段階であった。この時期、わが国は自動車を機軸に輸出中心型産業の急速な発展により、国際的にはＧＮＰ自由社会第二位という地位を獲得し、先進諸国とのあいだに経済摩擦を引き起こすほどであった。しかしながら、国内の状況は必ずしも安穏なものではなかった。国民の所得は上昇したものの、インフレ率は賃金の上昇率を凌駕し、人口の都市集中と高齢化傾向、労働力人口の不足、住宅事情や交通事情の悪化、公害の頻発、生活意識や様式の変化、非行の増加、障害者や保育を必要とする子どもたちの増加などさまざまな要因が国民生活を不安定化し、全国各地に労働運動、学生運動、市民運動の拡大がみられるなど政治的にも不安定な状況が生み出されていった。一九六七（昭和四二）年の革新都政をかわきりとする多数の革新自治体の出現は、生活の不安定化にたいする国民の強い懸念の表出を意味していた。各地の自治体選挙のなかで社会福祉は政治的イシュー化し、候補者たちは保革を問わず社会福祉施策の充実を訴え、選挙後には社会福祉単独事業の急激な拡大がみられた。地方自治体の水準であるとはいえ、わが国において初めて、社会福祉に関わる政治的社会的な運動――社会福祉運動が現実に新しい施策を生み出し、あるいは給付水準の引上げや内容の改善をもたらすことになったのである。(16)

一番ヶ瀬、真田、高島らの理論体系は、このような地方自治体水準における社会福祉運動の理論的な支柱となり、同時にそのエネルギーを糧としながら発展し、幅広い影響力をもつことができた。逆に、その理論的な枠組のなかで社会福祉運動にたいする配慮を欠いていた従来の政策論は、こうした新しい時代の変化と要請に適切に対処しえないままに、徐々にその影響力を喪失していかざるをえなかったのである。一番ヶ瀬、真田、高島らの理論体系は、まさに時代の申し子であった。そして、その意味においては、一番ヶ瀬、真田、高島の理論体系には、新政策論ではなく、運動論というよび名こそがふさわしいのである。

運動論は、別の観点からみれば、政策論的社会福祉論のいわば主体化をめざす試みであった。七〇年前後の時代は、社会福祉研究にとってある意味では受難の時代であった。それというのも、この時期の社会運動やその影響を受けるかたちで展開された社会福祉施設闘争のなかには、社会福祉を体制の温存を意図する権力側の策謀であり、社会福祉に邁進することはそのような権力に迎合することであるというかたちでの激しい社会福祉批判が含まれていた。このような社会福祉批判は、それ自体としては荒唐無稽なものであったが、問題はその理論的支柱として社会福祉の政策論的理解があったことである。政策論の理論的含意はともかくとして、それが社会福祉を資本主義社会の基本的社会関係である生産関係における構造的な矛盾に由来する社会問題の一部である社会的問題に対応し、資本主義体制の維持存続を図るための方策施設として描きだすかぎり、その論理を単純に逆転させれば、社会福祉の充実を求め、それに邁進することは矛盾に満ちた資本主義体制の維持存続に与し、加担するものであり、忌避すべき行為であるように思われた。事実、社会運動や社会福祉施設批判運動の一部では、そのような形式的な論理にもとづく議論が一定の影響力をもっていた。

運動論には、そうした形式主義的で一面的な社会福祉批判にたいして社会福祉を擁護し、社会福祉の事業に従事することの積極的な意義を強調するべくして登場してきたという側面があった。社会福祉政策の形成・運用過程における社会福祉運動の意義を重視し、かつ援助過程の意義を強調するという運動論の特徴は、そこから生み出されてきたのである。それは、社会福祉の政策決定論に対峙し、社会福祉の理論を主体化しようとする試みであった。運動論の理論的、実践的、そして社会的な影響力の源泉は、その社会福祉論を主体化しようという意図と熱意のなかにあったといって過言ではないのである。

しかしながら、時代と状況は、いつまでも同じ場所にとどまっているわけではない。高度経済成長の、そして、そのもとにおける社会福祉の高度成長の時代は終わり、社会福祉にとって受難の時がはじまった。高度経済成長期にみられた社会福祉の顕著な水平的・同心円的拡大はもはや過去のものとなり、多かれ少なかれそれを支え、方向づけてきた運動論もまたその影響力を縮減しはじめるのである。それに代わって影響力をもちはじめるのが三浦文夫を理論的影響力の源泉とする社会福祉「経営論」であった。

二　社会福祉経営論の論理と限界

1　政策論から経営論へ

社会福祉経営論が顕著な影響力をもちはじめるのは、一九七〇年代も後半以降、なかんずく八〇年代に入ってからのことであった。しかし、その萌芽は七〇年代初頭にまで遡ることができる。社会福祉経営論の出発点となったもの、それは政策論と技術論の相剋から社会福祉研究を解放しようとする三浦文夫の提案であった。(17)

戦後一五年間のわが国の社会福祉研究を席巻した感のある政策論と技術論との論争は、率直にいって非生産的というほかないものであった。先にも指摘しておいたように、政策論と技術論との論争は、少なくともその当事者相互のあいだでは二者択一論的な、いずれが優越した理論であるかを喧伝しあうだけの議論であり、論争を通じてそれぞれの理論に修正が加えられ、新しい展開をみせるというような性格のものではなかった。論争とはいいながら、それは双方の当事者がただ語気を強めて相手方を論難するという性質のものであった。

政策論は、社会福祉を社会政策論を媒介にしながら資本主義の根幹をなす生産関係——資本—賃労働関係に結びつけて分析することに全精力を集中していた。そのため、論争のなかでも、その根幹を容認する立論以外のいっさいの理論体系を論難し、排除することにそのエネルギーの過半を費やすという傾向にあった。当時まだ社会福祉そのものが予算の規模においても、また制度の規模や内容においても十分な質量を備えていなかったこともあり、社会福祉の運用の過程や社会福祉施設の実態など現実にたいする政策論の関心は必ずしも十分なものではなかった。そのためもあってか、政策論の議論はややもすればメタフィジカル（形而上学的）なものになりがちであり、逆にその分だけ現実との接点は希薄なものとならざるをえなかったのである。他方、技術論の事情もこれに類似していた。そこにおいても、わが国に技術論の分析対象となりうるような実態がどれだけ存在しているのかという、その現実とはあまり関係のないようなかたちで、アメリカのソーシャル・ワーク論が紹介され、それに依拠する技術論が展開された。そして、その理論は、社会福祉の現実から遊離しているという意味では、やはりメタフィジカルというほかはないものであった。その限りでは、本質論争が生産的なものになりうる可能性はもともと存在していなかったのである。もとより、この論争がまったく不毛であったというわけではない。すなわち、政策論に引き続いて次の時代を先導した運動論は、どのようにみても本質論争の直接的な所産であるとはいえない。しかしながら、運動論は、基本的には政策論の系譜を受け継ぎながら、社会福祉運動という要素をその理論枠のなかに直接的に取り込み、また援助過程やそこにおける技術の重要性に留意した。運動論は、社会福祉の具体的現実との接点を拡大しようと試みた。運動論は、社会福祉運動と援助過程の重視という二重の契機を理論枠に持ち込むことによって、政策論に主体性と現実指向性を与えようとしたといってよいのである。

経営論もまた、ある意味では、つまりそれが本質論争を反面教師として位置づけ、それを批判することから出発したというその限りにおいては、本質論争の産物であった。経営論は、運動論とは異なって、政策論、技術論いずれの系譜をも受け継がず、むしろ本質論争そのものの意義を批判し、それを反面教師としながら、論争の当事者たちとは別の道を開拓しようと試みたのである。経営論は本質論争から産み落とされはしたものの、最初からその遺産を受け継ぐことを拒否する存在であった。

すなわち、三浦は、本質論争を継承し、政策論か技術論かいずれかその一方に加担するというのではなく、それらとはまったく別の道を開拓した。三浦によれば、社会福祉はもともと異なった論理によって展開する政策と技術、あるいは制度と処遇という二通りの要素から構成されている。そのような社会福祉の全体を、政策論は政策論の論理によって、技術論は技術論の論理によって、専一的に一元論的に把握しようとして互いに論難しあっていたに過ぎないのである。三浦にとっては、政策と技術、あるいは制度と処遇のいずれが社会福祉の本質であるかを問うということ、そのこと自体が無意味であった。もともと、論争そのものが成り立ちようのないものであった。三浦は、政策か技術かという二者択一論的な議論のしかたにかえて、政策（制度）は政策（制度）としてその論理に適合的な方法によって、そして技術（処遇）としてその論理に適合的な方法によって、それぞれ別々に研究を推し進めることを提案した。社会福祉をいわば二元論的に把握しようというのである。その限りでいえば、三浦は、社会福祉を制度体系と専門行動体系との二つの側面からなる一個の総体として把握しようと試みた木田徹郎の後継者であった。

三浦の提案は、政策論と技術論との論争それ自体の意義を否定するものであり、そのことのゆえに基本的には政策論を継承する運動論と経営論とでは、はじめからその方向を異にしていた。そして、三浦がこのような主張を展開しはじめたころ、他方においては先に言及した岡村重夫の社会福祉固有論が技術論の系譜をほぼ全面的に吸収し、政策論を継承する運動論の系譜と対峙する第二の系譜としての力量を発揮しはじめていた。三浦の提案は、これにたいしていわば第三の系譜ともいうべきものの萌芽を意味していた。しかしながら、時代の要請はなお政策論を継承する運動論の側にあった。経営論の構想それ自体もまた初出の段階においては問題提起の水準にとどまっていた。経営論の全面的な展開にはなお時間と機会が必要であった。

われわれがここで三浦の社会福祉理解を経営論とよぶのは、三浦自身のターミノロジーにもとづいている。そして、三浦が、伝統的政策論以来すでに一般化・普遍化したともいえる状況にあった政策というタームを修正し、社会福祉研究のなかに新たに経営というタームを導入したことは、その理論体系を構築していくうえで決定的ともいえるほどに重要な意味をもつ選択であった。経営は、三浦の社会福祉理論を理解するうえにおいて、もっとも重要なキー概念である。

三浦がこの論点に関わって最初に提起した議論は、政策論や運動論の政策概念を相対化するということであった。政策という概念は、それが政策論や運動論のなかで用いられるときには、まず第一には、社会福祉に関わって国家、全体社会あるいは資本総体によって採用される一定の方針、そしてその具体化としての方策手段の体系を意味していた。第二に、それは、本来自立的かつ自己完結的に運動を繰り返す自律的組織体系である資本主義経済——多少枠を広げていえば、資本主義社会——にたいして、一定の目的をもって——多くの場合、資本主義経済そのものの歪みやそれのもたらす弊害を是正あるいは緩和し、資本主義体制の維持存続を図るという目的のもとに——追加的もしくは人為的になされる公権力的な介入、そのための方策手段の体系を意味していた。

三浦はこのような意味での政策概念を排除し、それを相対化させた。まず、政策は国や全体社会や資本総体の専有物ではない。地方自治体、すなわち都道府県や市町村もまた政策をもち、政党その他の民間団体も、企業も、さらには個人的な組織であっても、それぞれに自立した団体や組織として独自の政策をもっている。都道府県や市町村、社会福祉協議会、個々の民間施設は、国家の意思の単なる執行機関としての軛から解放され、それぞれに独自固有な政策の主人公に転化しなければならない。このように政策概念を一般化するとき、それは当然のことながら、政策論や運動論の政策概念がもっている資本主義の政策としての含意、つまり資本主義の歪みや弊害を除去緩和し、資本主義体制の維持存続を図るための公権力的な介入、そしてそのための方策手段という含意を放棄することを意味していた。三浦が、かつてそのことに明示的に言及したことがあるかどうか、必ずしも詳らかにしない。しかしながら、このような三浦による政策概念の相対化は、社会福祉研究のマルクス主義的な含意からの解放を意味するものであった。少なくとも、そのように理解された提案であった。

こうして、社会福祉研究における政策概念は、経営論のなかでは、所与の目標を達成することを目的に設定された一定の方針、さらにはそのことのために動員される方策施設の体系という一般的・機能的な意味において用いられるようになり、やがてこのターミノロジーは徐々に一般化していった。そして、そのことは、以後の社会福祉研究においてきわめて重要な意味をもつことになる。

三浦が政策にかえて経営というタームを導入しようとしたいま一つの、そしてある意味ではより直接的な意図は、社会福祉の研究をいわゆる社会福祉本質論という抽象的でメタフィジカルな水準から具体的でプラクティカルな水準に引き下げるということにあった。社会福祉の研究を神々の議論から、現実の世界の議論に引き戻そうとしたといってもよい。三浦は、社会福祉研究の焦点を、社会福祉に関する諸政策に伏在する政策意図の研究から、政策の具体的な形成・運用の過程、一定の政策意図にもとづいて創設された制度のあり方、その実施過程や効果などについての実際的な研究に大幅に移行させることを提案したのである。

従来、このような側面についての研究は、わが国では社会福祉制度論や社会福祉行政論の研究として、イギリスなどではソーシャル・アドミニストレーションの研究として、取り扱われてきていた。それにもかかわらず、三浦が経営という新しいターミノロジーにこだわる理由は、わが国の社会福祉制度論や社会福祉行政論の場合はその取り扱う範囲が狭隘《きょうあい》に過ぎるだけでなく、内容的にも理論的・分析的というよりは現行制度の注解（コメント）に終始する傾向がみられるということにあった。また、ソーシャル・アドミニストレーションは、研究の手法や内容についてはこれに学ぶべき多くのものがあるにしても、その取り扱う範囲は広く、わが国の社会福祉についての研究にこのタームをそのままあてはめることにはためらいが感じられた。さらに、三浦は、社会福祉の実現過程についての研究を現状についての分析にとどめることなく、その将来展望までを含めた研究として展開しようと考え、そのような新しい展望にもとづく社会福祉研究のあり方を経営というタームで表現しようとしたのである。したがって、三浦の社会福祉経営論には、社会福祉の実施過程の分析とともに、将来のそれを規定する政策のあり方についての研究が含まれている。

こうして三浦のいう政策は、もはや政策論や運動論にいう政策ではない。それは相対化された意味での政策である。さらにいえば、三浦のなかでは政策概念はほとんど計画というタームによって置き換えることのできるようなものに転化している。三浦は、政策概念を相対化しただけでなく、同時にそれを技術化したのである。三浦による供給システム（デリバリー・システム）論を基軸とする社会福祉経営論の理論的な基盤と枠組がこうして醸成されていった。

2　経営論の効用と限界

ここまで社会福祉経営論の誕生の過程について、やや推論にわたるような部分も含めながら、その論理展開の筋道をたどってきた。次には、その効用と限界について論じることにしたい。

経営論の効用ということについては、実はこれまでの行論においても、明示的あるいは黙示的に、さまざまなかたちで言及してきている。経営論の効用の第一は、わが国における社会福祉の研究を不毛というほかない展開になりつつあった本質論争の軛《くびき》から解放したことである。三浦は、すでにみてきたように、政策と技術、あるいは制度と処遇、いずれに社会福祉の本質を認めるべきかという議論とは訣別し、社会福祉を相互に別々の論理をもって展開する政策過程と技術過程という二通りの要素から構成される一つの総体として把握し、そのうえで政策と技術を別個の研究分野として取り扱うことを提案した。この提案は、その後のわが国の社会福祉研究に新しい地平を開くものであったといって決して過言ではないであろう。

経営論の効用の第二は、社会福祉研究における政策概念を相対化・技術化させ、そのことによって政策に関する議論の守備範囲を拡大させたことである。政策論や運動論の政策概念を受け継ぎ、政策概念を国家や資本総体の政策という意味に限定的に用いてきたとすれば、地方自治体、各水準の社会福祉協議会、施設関係団体、当事者団体や運動団体の方策施設を論じる幅はおのずと限られたものになっていたであろう。また、われわれが政策論の技術化とよぶ視点の転換がなされなければ、社会福祉計画について議論するような機会は容易には訪れなかったかもしれない。

経営論の第三の効用は、社会福祉研究の焦点を従来の政策論や技術論の抽象的でメタフィジカルな議論から、具体的でプラクティカルな運用過程についての議論に大幅に移行させたことである。本質論争の時代には、社会福祉の実態が質量ともに限られていたこともあり、その議論は現実を遊離したものになりがちであった。それに比較すれば、経営論には現実的な基盤があった。それがあればこその経営論という側面も認められる。しかしながら、社会福祉の運用過程への焦点の移行という視点の転換が準備されていなければ、今日のような供給システム論の展開はありえなかったであろう。

経営論の第四の効用は、社会福祉概念の拡大である。すでに再三指摘してきたように、三浦は政策概念を相対化・技術化させたが、そのことは取りも直さず社会福祉を国家の政策として、あるいは国家のみの政策として把握する枠組の放棄を意味していた。このような政策概念の相対化・技術化は、社会福祉概念の拡大を容易にするものであった。今日では、福祉公社、当事者を中心とする相互扶助組織、生活協同組合、農業協同組合などの非営利民間組織による活動までもが社会福祉に包含されるという傾向にある。このような社会福祉概念の拡大は、政策概念の相対化・技術化があって初めて可能になることであった。

さて、ものごとの長所と短所、効用と限界は、時として表裏の関係にある。経営論もまたその例外ではありえない。

第一の効用に関連させていえば、経営論の限界の第一は、政策過程に関する研究の成果と技術過程に関する研究の成果を一つの総体として再統合するという発想とそのための枠組が準備されていないということである。三浦自身は政策過程についての研究をその中心的な課題とすることを明らかにしているが、政策過程と技術過程との統合という課題については本格的に言及していない。不毛な本質論争からの離脱という三浦の行論からすれば、そのような課題を設定すること自体が無意味であったということかもしれない。そのあたりのことは推論に頼るほかはない。しかしながら、社会福祉が政策過程と技術過程の双方をそのなかに包摂する一つの総体として存在していることを認めるとすれば、当然のことながら、論理的にみれば一度分割された政策過程と技術過程の再統合という問題が次の理論的な課題にならなければならない。だが、三浦はその方法については歴史のなかでの統合ということ以上には言及していない[(18)]。三浦を中心に開発されてきた観のある供給システム論に政策過程と技術過程との統合を期待するということも、あるいはありうるかもしれない。けれども、供給システムが政策過程と技術過程の接点に位置するという事実はあるにせよ、供給システム論は理論的には政策過程論の延長線上に位置する議論というべきであろう。供給システム論は、政策（制度）過程と技術（処遇）過程との関係、両者のあいだに存在する関係のありようやその構造を直接的に取り上げるような枠組にはなっていないように思われる。

経営論の第二の限界は、第二、第三の効用と深く関わりをもっている。端的にいえば、経営論の第二の限界は、それが社会福祉の問題をその外部環境である社会総体の動向と関連づけながら分析するという視座を軽視ないし喪失しがちな傾向にあるということ、そのことにある。経営論が、社会福祉の研究がメタフィジカルな議論に流れることを避け、社会福祉政策の運用あるいは実施の過程に焦点を絞ってその研究を進めてきたことの効用はこれを十分に評価しなければならない。しかしながら、経営論は、社会福祉政策の運用過程に研究の焦点を移行させるその過程において、内向きの、没社会的・没政治経済的な方法態度を身につけてしまったかのようである。実際、経営論の一部の議論のなかには、みずから蛸壺的な状況に身をおくかのような傾向すら見受けられる。たとえば、社会福祉計画の策定にあたって、政策の目標は所与のものとして扱い、社会福祉研究は、その政策目標をいかにすれば効果的かつ効率的に達成しうるのか、そのためにはどのような方策施設が必要とされるのか、そうしたことだけに議論を集中させるべきであるとする見解も見受けられる。政策目標それ自体に関与しないこと、価値に関わる問題への関与を避けることこそが、社会福祉研究に科学性を担保する道であるとするような方法態度もみられなくはないのである。

このような状況は、経営論による政策概念の相対化・技術化のもたらした大きな限界とみなすべきであろう。経営論は、政策論の系譜に特有な政策概念を相対化する過程において、社会福祉を全体社会の動向との関わりにおいて把握するという視座までも放棄してしまったかのようにみえる。社会福祉を資本主義国家あるいは資本総体の政策として捉えるという視座を受容するかどうかは別にしても、社会福祉を全体社会との関わりのなかで把握するという視座まで放棄する必要はなかったであろう。

かつて、三浦は、社会福祉の歴史を把握する方法に関して、政策論的な社会福祉史が社会福祉の外部の経済や政治による社会福祉の規制という側面に重点を置くあまり、社会福祉の内部にあってさまざまに変化を生み出してくる内在的な論理をなおざりにする傾向があると論じたことがある。(19) この指摘は妥当なものであった。たしかに、政策論的な社会福祉史の研究の一部には外部環境に規制されるものとしての社会福祉の展開という側面が過度に強調される傾向がみられた。社会福祉それ自体の内在的論理の展開としての社会福祉史への留意が必要であった。社会福祉は、それに固有の論理に支えられて初めて独自の政策制度の体系として存続しうるからである。しかしながら、社会福祉は、そのようなものとして独自の政策制度の体系でありながら、それが置かれている全体社会という外部環境によってさまざまの角度と濃度において規制されている。外部環境の規制力は、場合によっては、たとえば第二次世界大戦下の厚生事業の時代のように、社会福祉固有の論理の発現を妨げるほどの強度を備えている。そのことを考慮しないままに、十全なかたちで社会福祉の全体像を解明することなど望むべくもないであろう。

経営論の第三の、そして最大の限界は、社会福祉の範囲に関わる議論である。経営論は、社会福祉を資本主義国家ないし資本総体の政策として把握するという軛から解放し、そのことによって福祉公社、当事者組織、互助団体、生活協同組合や農業協同組合などによるサービスの供給を社会福祉という枠組のなかに位置づけ、そのようなものとして分析することを可能にした。しかしながら、政策概念の相対化はその一面において社会福祉概念の拡散・流動化現象をもたらした。社会福祉概念の同心円的拡大は社会福祉概念の求心力を弱体化させてきた。経営論によってしばしば主張されるように、福祉産業をその範疇に取り込むということになれば、その求心力はさらに弱体化させられ、社会福祉概念それ自体の雲散霧消すら招きかねないであろう。経営論は、その出発点においてメタフィジカルな本質論争の無意味さを指摘した。しかしながら、社会福祉の本質、あるいはその基本的な性格を問題にすること、そのことまでを無意味とみなしたわけではないであろう。ある意味では今日ほどその解答が望まれている時代はないのである。

経営論の効用や限界については、さらに論じるべき問題が多々存在する。けれども、いまは経営論の全面的な評価を意図しているわけではない。そのことについては他日を期すとして、われわれ自身のいわゆる批判的社会福祉学の視座と方法に関する議論に進むことにしよう。

三　批判的社会福祉学への展望

われわれは、これまでの行論において、さまざまな角度から先行研究を分析し、社会福祉研究のあり方を模索してきた。以下、社会福祉研究の課題のなかからもっとも重要と考えられる論点三つを選び、それについて言及するなかで、多少ともわれわれに固有な社会福祉研究の視座や視角、分析の枠組について明らかにしておきたい。

1　外部環境と内部構成

まず、われわれは政策論・運動論の系譜から社会福祉を全体社会との関連において把握するという視角を継承したい。先に指摘しておいたように、これは経営論の系譜においては軽視されがちな視角である。われわれは、社会福祉をつねにその外部環境——それぞれの時代と社会を特徴づけている経済、政治、社会、教育、文化、風土などの諸条件との関わりのなかで把握し、分析するという視角をもたなければならない。また、さらにいえば、基本的には、社会福祉を資本主義社会における一連の方策施設の体系として理解することが必要である。昨今、社会主義体制の崩壊を根拠に資本主義経済体制の無謬《むびゅう》性《せい》を主張するような議論も見受けられるが、その誤りはバブル崩壊に引き続く世界的な規模における資本主義経済の低迷状況をみるだけでも明らかであろう。われわれの社会も含めて、全世界的な規模において、貧困、依存、虐待、犯罪、密住、不衛生など資本主義的な政治経済体制の根幹に深く関わるような諸問題が山積している。それは、冷戦構造の崩壊以後各地に噴き出してきている宗教や民族の違いにもとづく差別、抑圧、抗争などとともに、人類社会を脅かす深刻な社会問題である。そして、資本主義社会は今後とも、このような社会問題を、たとえ部分的にであれ、解決緩和するための方策施設の体系を必要とし続けることになろう。

2 多元主義的接近方法

現代における社会福祉の理解においても資本主義社会を前提とする視角は基本的に不可欠であると考えられる。けれども、われわれは、社会福祉的方策施設のすべてを、もっぱら資本主義的な社会問題を解決・緩和し、資本主義体制の維持存続を図るための彌縫策《びほうさく》として把握しようとする伝統的な社会福祉理解の方法には疑問なしとしない。政策論・運動論の系譜のなかには、あらゆる問題を生産関係――資本―賃労働関係に還元して記述しようと試み、その首尾のいかんによって理論体系としての完成度を評価するような傾向すら見受けられる。しかしながら、現実の社会福祉的方策施設の形成と運用の過程には、それが基本的には資本主義国家による施策であったとしても、資本家や政治的・権力的支配層の利害だけではなく、さまざまな階層や利益集団の利害が反映されているのが普通である。そうでなければ、今日の社会のなかでは、社会福祉はその存立の基盤を維持しえないであろう。しかも、世は国際化・ボーダーレス化の時代である。

わが国の社会も含めて、これからの国際社会がどのような展開をたどることになるか、それを予測することは困難である。しかしながら、八〇年代末の社会主義体制の崩壊による東西冷戦構造の終結は、国際と国内とを問わず、地理的、経済的、政治的、民族的、文化的、宗教的などあらゆる領域において、ボーダーレス化の時代を生み出しつつある。社会福祉の領域もまたその例外ではありえない。そのような状況の変化に対応していくためには、社会福祉の研究方法もまた変化していかなければならない。歴史的にも、現在においても、われわれ人間社会の発展は、産業化、それも多くの場合資本主義的な生産関係を基盤とする産業化を通じて生み出されてきている。われわれは、その事実を直視しながら、しかも民族、近隣から全体社会、さらには国家におよぶ多様な共同体や社会集団間の政治的、宗教的その他のイデオロギーや生活様式の個別多様性を尊重した多元主義的な見地に立つ社会福祉研究の方法を確立していかなければならないのである。

3　社会福祉研究の次元

政策論・運動論の系譜では、具体的・個別的施策の運用過程の評価を試みるにあたって、生存権の保障、国民の利益という抽象度の高い理念を提示し、それをそのまま判断尺度として適用し、個別的方策施設やその運用過程のあり方を秤《ひょう》量《りょう》するという方法がとられることがある。生存権や国民の利益が社会福祉にとって重要な理念であること、またそれが繰り返し主張されなければ容易に忘れ去られてしまうものであることは、ここであらためて指摘するまでもないことである。社会福祉に関するあらゆる評価がそこから出発し、そこに帰結するということが理解しえないわけではない。しかしながら、今日の社会福祉をめぐる状況は、方策施設の全体について理念論的な批判を試み、供給組織の側の反応と対応を待つという伝統的な政策批判的手法では対処しえなくなってきているのである。個別の方策施設についての批判は、それが一定の基準によって行われている限り、いわばネガティブなかたちでの政策提言を意味する。たしかに、批判は、それを反転させれば方策施設のあり方についての積極的な議論でありうる。けれども、いま必要なことは、そのような批判の拠り処になっている基準そのものを前面にもちだしてきて積極的に議論の俎上にのせるということでなければならない。

社会福祉的方策施設の優先度（プライオリティ）という問題一つとっても、関連施策との優先順位もあれば社会福祉の内部における優先順位も存在し、それぞれが複雑な利害関係を背景にしながら相互に解きがたく結びついている。しかも、今日、社会福祉的方策施設の立案・企画・運用の権限は地域住民にとって「最初の政府」である市町村の水準に全面的に移管されようとしている。社会福祉の理論にも、より具体的・実際的な水準において、当面する課題の分析や評価を試み、その解決に貢献しうるような道具立て――科学的な現状分析を推進するための視点や枠組、さらには施策の立案・企画・評価のための知識と技術が求められるようになってきているのである。

われわれは、こうした側面については経営論の蓄積に期待しなければならない。なかでも、供給システム（デリバリー・システム）論についてはそうである。社会福祉的方策の運用過程、すなわち供給の具体的システムとプロセスについての議論は、政策論・運動論にとって手薄になりがちな部門である。従来、政策論・運動論は、経営論にたいする本質論的な水準における批判に集中し、供給システムについてはほとんど自前の議論を展開してきていないのである。この側面に関しては経営論に一日の長があることを認めないわけにはいかないであろう。

さて、もはや多くを論じる必要はないであろう。われわれのいう社会福祉研究の再構成の方向は、大筋でいえば、政策論からはその得意とする社会福祉を総体社会という外部環境との関わりのなかで論じるという研究の視角と蓄積を継承し、同時に経営論からはその得意とする供給システム論の視角と蓄積を継承し、相互にその弱点を補強させあうという枠組のなかで、新しい社会福祉研究の地平を開拓しようとする立場にほかならないのである。

〔註〕

(1) 拙著『児童福祉改革』(誠信書房、一九九一年)。

(2) 拙編『社会福祉供給システムのパラダイム転換』(誠信書房、一九九二年)。

(3) 庄司洋子・定藤丈弘との共著『社会福祉論』(有斐閣、一九九三年)。

(4) 庄司洋子・三本松政之との共編著『社会福祉施設――地域社会コンフリクト――』(誠信書房、一九九三年)。

(5) わが国の社会福祉理論史、思想史、研究史としては、吉田久一『社会事業理論の歴史』(一粒社、一九七四年)、真田是編『戦後社会福祉論争』(法律文化社、一九七九年)がある。

(6) 以下、孝橋正一の見解については特記する場合を除いて、いずれも、『全訂社会事業の基本問題』(ミネルヴァ書房、一九六二年)による。

(7) 大河内一男「わが国における社会事業の現在および将来――社会事業と社会政策の関係を中心として――」(同『増補社会政策の基本問題』日本評論社、一九五四年、所収)。

(8) 孝橋正一『全訂社会事業の基本問題』(ミネルヴァ書房、一九六二年)二四~二五ページ。

(9) 以下、竹内愛二の見解については特記する場合を除いて、いずれも、『専門社会事業研究』(弘文堂、一九五九年)による。

(10) 竹内愛二『専門社会事業研究』(弘文堂、一九五九年)。

(11) 以下、木田徹郎の見解についてはいずれも、『社会福祉事業』(川島書店、一九六七年)による。

(12) 以下、岡村重夫の見解についてはいずれも、『社会福祉学総論』(柴田書店、一九五八年)による。

(13) 以下、一番ヶ瀬康子の見解についてはいずれも、『社会福祉事業概論』(誠心書房、一九六四年)による。

(14) 以下、真田是の見解についてはいずれも、『社会保障』(汐文社、一九六六年)による。

(15) 以下、高島進の見解についてはいずれも、『イギリス社会福祉発達史論』(ミネルヴァ書房、一九七九年)による。

(16) 地方自治体の社会福祉単独事業の変遷とその意義については、拙稿「地方自治体の社会福祉政策」(日本社会事業大学編『現代日本の社会福祉』勁草書房、一九七六年、所収)で論じたことがある。

(17) 以下、三浦文夫の見解については特記する場合を除いて、いずれも、三浦文夫『増補社会福祉政策研究――社会福祉経営論ノート――』(全国社会福祉協議会、一九八七年)による。

(18) 三浦文夫『社会福祉経営論序説――政策の形成と運営――』(碩文社、一九八〇年)五〇~五六ページ。

⒆　仲村優一・三浦文夫・阿部志郎編『社会福祉教室』（有斐閣、一九七七年）二四ページ。

第3章

社会福祉の社会像

はじめに

社会福祉における「社会」像。やや唐突な印象を与える課題の設定ということになろうか。社会福祉――より広くいえば生活保障システム――にとって「社会」とは何か。社会福祉にとっての「社会」という主題がどれほど重要な問題であるのか、そのことはあらためて指摘されるまでもないことであろう。社会福祉について論じることと、それはすなわち「社会」について論じることにほかならない。社会福祉について関心をもつことは、最終的には、あるいは基本的・本質的には、それを包含する「社会」の全体について関心を寄せ、考えることであるといって過言ではない。

しかしながら、社会福祉のなかで「社会」なるものをどう捉えるのか、とりわけ理論的にどう捉えるのか、ということになると、実のところ事柄はそれほど単純でも容易でもない。ある場合には、社会福祉における「社会」の問題は、所与のものとして、あるいは特別に前提を必要としないような自明の問題として、あえて注解をつけることもないままに語られ、論じられているように思える。けれども、別の場合には、社会福祉に関する議論のほとんどが、社会福祉の前提になる「社会」について、その構造や機能について語り、分析することに捧げられているのである。ここでは、まず最初に、そのような社会福祉の前提としての「社会」の問題に焦点をあてながら、先行する社会福祉諸理論の検討を試みる。そして、次には、そのことを踏まえながら、あらためてわれわれが社会福祉の分析を進めていくうえでの前提となるべき「社会」像について吟味することにしたい。

もとより、社会福祉における「社会」の問題について、ここでそれを社会学的な議論として論じようというのではない。ここでのわれわれの課題は、これまでの社会福祉の諸理論のなかで、あるいは歴史的・実際的な施策や処遇のなかで、「社会」の問題がどのように取り扱われてきたかを明らかにし、その「社会」像、「社会」認識を機軸に、社会福祉の理解をいっそう深めていくためのより理論的な分析枠組の設定を試みることにある。

一　近代社会の三相構造

戦後における社会福祉研究の展開を念頭に置き、それらのなかで、社会福祉がそこにおいて成立し、展開していく舞台としての「社会」がいかなる位相から捉えられてきたのか、そのことをみることからわれわれの議論をはじめることにしよう。

1　資本主義社会と社会福祉

戦後のわが国の社会福祉研究の系譜を代表する潮流の一つは、やはり孝橋正一のいわゆる政策論的体系とその系譜である。運動論派ともよばれる一番ヶ瀬康子、真田是、高島進などによる社会福祉研究も、広い意味ではこの系譜に含めることができるであろう。ここで、これらの政策論的な研究の系譜が重要な意味をもつのは、それが社会福祉を資本主義社会に固有の方策施設の体系として把握しようとしていることである。すなわち、ここでの社会福祉の政策論あるいは運動論の意義は、これらの系譜に属する諸理論が社会福祉にとっての社会を明確に資本主義社会として措定していること、そこにある。

よく知られているように、政策論と運動論とでは社会福祉の成立する資本主義の発展段階についての見解を異にする。政策論は、社会福祉の成立の時期を、金融資本主義の時期（イギリスを例にとれば、一九世紀末から二〇世紀初頭への世紀転換期）に求めている。これにたいして、運動論は、社会福祉の成立の時期を国家独占資本主義の時期（世界史的にはおおむね一九三〇年代以降、わが国でいえば戦後、なかんずく一九五〇年代後半以降の高度成長期）に求めている。運動論によれば、政策論のいう社会事業は、社会福祉の成立にいたる一歩手前の段階、すなわち社会福祉の先駆形態にほかならない。このような、政策論と運動論の見解の相違は、両者にとって看過することのできない重要な相違点であり、論争のもっとも深刻な争点の一つとなった。ただし、ここでのわれわれの関心からいえば、あえてそこに深入りする必要はない。政策論、運動論いずれもが、社会福祉の前提となる社会、その展開の舞台となる社会を資本主義社会として捉えていること、そのことがまずもって重要なのである。

政策論も運動論も、社会福祉を、資本主義社会におけるもっとも基本的な社会関係である生産関係、資本―賃労働関係のありように関わらせながら、その成立の必然性・法則性を論証し、実証しようとしている。政策論も運動論も、その規定関係のあり方や規定力の強弱についての考え方には無視しえない差異があるものの、いずれもが、まず資本主義社会におけるもっとも基本的な社会問題として労働問題を設定し、それに対処する施策として社会政策を位置づけている。そして、次の段階として、そのような社会問題（労働問題）と社会政策との照応関係を機軸にしながら、社会福祉の対象やその政策としての基本的性格、その相対的に固有な特質について論じている。政策論によれば、社会福祉の対象である社会的問題は、資本による労働の搾取の過程を内包する資本主義的生産関係のもとで、その基本的性格からして必然的・構造的に生み出されてくる労働問題から関係的・派生的に生起してくる「社会的必要の欠乏」である。運動論によれば、社会福祉の対象としての生活問題は、資本主義的諸関係のもとで基本的には労働問題による規定を受けながら、しかし相対的には独自の論理を内包しつつ成立してくる「生活上の障害や困難」である。これらの諸問題、社会的問題や生活問題は、当初のうち資本主義社会にとっては無意味、無縁のものとして実態的に処理される。しかしながら、やがて問題状況の悪化、さらにはその解決緩和を求める労働組合運動や社会主義運動の昂揚に対処する必要から、必然的・構造的に社会福祉という方策施設の登場をみることになる。社会福祉は、社会政策にたいして一時的・部分的にはそれを代替し補充するというかたちで密接な関連性をもちながら、しかし相対的には独自固有の性格をもつ方策施設である。こうして成立する社会福祉の主体は、たとえば、政策論によれば、「資本家階級の社会的・経済的利害を政治的・権力的に表現する」近代国家であり、その意図は資本主義体制を恒常的に維持存続することにある。ちなみに、運動論の場合には、政策論に比較し、国家の役割がより積極的に評価され、また生活問題の解決緩和そのことやそれにいたる援助過程の重要性が強調されることになる。(1)

政策論や運動論が資本主義社会をどのようなものとして認識しているのか、その全体像は必ずしも明確にはなっていない。当然のことながら、論者の関心は、資本主義社会の全体像を描くことに向けられているわけではない。社会福祉を論じるに必要な範囲で資本主義社会が語られているからである。しかしながら、いまわれわれにとって重要なのはそのことではない。政策論や運動論において、社会福祉の前提、舞台になる社会が、基本的あるいは根源的に、資本主義的な諸関係によってそのありようが規定され、方向づけられているような社会、すなわち資本主義社会として認識されているということ、そのことである。政策論の場合も、また運動論の場合においても、社会福祉は、最終的には、そのような資本主義社会の根幹――資本－賃労働関係に関わる方策として把握され、分析されている。いま政策論や運動論の論理を逆転させてみよう。直截にいえば、政策論や運動論の文脈では、資本主義社会という前提が崩れれば、社会福祉はその存在の根拠を喪失してしまうのである。

2　近代市民社会と社会福祉

ところで、しばしば資本主義社会は近代市民社会（以下、煩を避けるため市民社会と表記する）と表裏の関係にあるものとして理解されている。市民社会の成立の時期や資本主義との関係については、実にさまざまな議論がみられる。しかしながら、もとより、ここでそのような議論に深入りするつもりはないし、その必要もない。ここでは、とりあえず次のように整理しておきたい。すなわち、市民社会の理念的な成立は、市民革命に引き続く時期、イギリスであれば一七世紀後半から一八世紀にかけてのことであった。しかしながら、市民社会が経済的な基盤を確保しその実質的な意味において成立したのは、一九世紀、それも産業革命以後のことではなかったかと考えられる。

いずれにせよ、近代社会を市民社会として把握するという視点は、それを資本主義社会として把握する視点と相互に深く結びつきながら、近・現代社会の諸問題を分析し、理解するうえで、方法論的にみてきわめて重要な意味をもっている。それにもかかわらず、はなはだ残念なことではあるが、われわれは、先行する社会福祉の諸理論のなかに、社会福祉の全体像をもっぱら市民社会の論理によって分析し、理論化しようとした例を見出すことはできないように思われる。ただし、この判断には、意識的・明示的に、かつ全面的にそれを志向した先行研究という留保条件をつけるべきであろう。先行する社会福祉諸理論のなかには、市民社会の生活維持の論理である「生活自助原理」に言及する例や社会福祉を権利保障という視点から把握しようとする例が多数みられるからである。

たとえば、新政策論を代表する論者の一人である一番ヶ瀬康子は、社会福祉対象としての生活問題を析出してくる過程で補助的な視点として「生活自助原則」の関与に言及している。[(2)] また、先行する社会福祉研究のなかには、社会福祉をその法的な側面において把握しようとした複数のすぐれた議論が含まれている。それらの議論はある意味では、社会福祉を市民社会の論理にもとづいて認識しようとした研究とみなすことができるであろう。

市民社会の理念は、周知のように、自由権や平等権の主体としての市民をその構成要素とする社会、すべての市民が、政治をはじめとして、経済的、文化的、宗教的、家族的など、市民生活のあらゆる側面において、自由で、平等な行動をとることが許容されるような社会を志向するところにあった。このような市民社会の理念は、中世封建社会から近代社会への移行の時期、それも末期において、中世封建社会を特徴づけてきた権力的・身分的秩序に対峙し、その束縛を打破するために、自然法思想として提唱され、展開された。そこでは、すべての自然人がそのまま、抽象的・形式的に、自由権や平等権の主体である市民として措定されていた。これらの市民は、自由権や平等権の主体として中世封建的な権力的・身分的な紐帯から解放された。しかしながら、同時に、かれら市民は、中世封建社会を特徴づけていた、家父長主義的・

温情主義的な「服従の要請とその反対給付としての保護の供与」という論理からも解放されたのである。市民社会の主体、構成要素としての市民は、かれらが獲得した自由や平等の諸権利と引換えに、その生活については個々の市民一人ひとりが責任を負い、社会や国家に、あるいは第三者に、生活の維持を依存しない、生活にたいする個人責任の履行を要請されることになった。これが、市民社会の生活の原理、生活自助の原則あるいは生活個人（自己）責任の原則とよばれるものである。

このように、生活にたいする個人の責任という観念は、自由権や平等権、さらには財産権という観念と深く結びついたものであり、人類の生活に普遍的というようなものではなく、すぐれて歴史的な所産なのである。そして、このような観念は、市民社会を構成する人びとがみずからの要請の結果としての市民社会の維持存続を求めつづけるかぎり、受け入れざるをえないものであった。しかしながら、そこに一つの隘路があった。理念的にいえば、市民社会の構成員としての市民はすべて、この生活自助の原則を十分に充足しうるはずであった。市民社会の理念のなかでは、すべての市民は家産や家業など生活の基盤をもち、自由権や平等権、財産権などの主体となりうるだけの能力を備えた存在として、想定されていた。けれども、現実には、社会を構成するすべての人びとにそのような能力を期待することは不可能であった。子ども、高齢者、傷病者、障害者などの生活無能力者の存在を否定することはできなかったのである。

これにたいする市民社会の対応策は、第一には、夫婦の関係や親子の関係を手掛りとしながら、親族法というかたちで、生活能力者――通常は夫や親に生活無能力者の扶養を義務づけることであり、第二に、そのような扶養に依存できないものについては共済組織や慈善事業などによる自発的な援助に期待するとともに、他方において、一部の生活無能力者に勤勉、節約、節制、貯蓄など市民社会の一員としてそれにふさわしい資質や生活習慣を身につけるよう奨励感化することであった。そして、これらの期待が十分に功を奏さなくなったとき、市民社会は、その依って立つ理念の抽象性と形式性のもたらす欠陥を認め、自由権や平等権、財産権など市民権的な諸権利の一部を修正し、広く市民にたいして、生存権を含む社会権的基本権を保障することに踏み切ることになった。社会福祉は、このような市民社会論の文脈においていえば、そのような社会権的基本権を保障することを課題として登場させられてきた方策施設の一部にほかならないのである。

さて、ここまで、社会福祉の展開の舞台として設定されている社会として、われわれは資本主義社会と市民社会を取り上げてきた。しかしながら、それら資本主義社会や市民社会のほかに、近年の社会福祉をめぐる論議のなかでとみにその重要な舞台装置として強調されるようになってきた、もう一つの「社会」が存在している。すなわち、相互扶助と相互支持の体系としての共同体社会である。

3　共同体社会と社会福祉

社会福祉の展開の舞台装置として、資本主義社会と市民社会とは別に共同体社会を取り上げることに奇異の念を覚える向きもあるいはあるかもしれない。しかしながら、明らかに共同体社会の論理を軸芯に据えたものといってよい社会福祉研究の先行例、それも有力な先行研究が存在している。ほかならぬ岡村重夫の社会福祉体系である。岡村は常々「法律による社会福祉」にたいする「自発的社会福祉」の固有の位置と意義を強調しているが、その前提には共同体社会における相互扶助をもって社会福祉の原点とみなす独自の観点が横たわっている。(3) けれども、その岡村の社会福祉研究においても、共同体社会と資本主義社会、共同体社会と市民社会との関係、さらに共同体社会それ自体の展開について十分な検討がなされているとはいいがたい。分権化、地域化、あるいは住民参加による主体化の必要性が強調されるという社会福祉の近年の動向をみるとき、われわれは、社会福祉研究における共同体社会視点の重要性とその意義についてあらためて考え直してみなければならない。

たとえば、地域福祉、コミュニティ・ケア、在宅福祉、ボラントピア、ふれあいのまちづくりなどについての議論を想い起こしてみよう。あるいはまた、福祉国家の前提として論じられる福祉社会論、日本型福祉社会論などに関する議論について考えてみるとよい。このような、社会福祉の比較的新しい主題をめぐる議論のなかでは、明示的ではないが、しかし明らかに一定の属性をもつ社会の存在が前提になっている。すなわち、福祉社会、福祉コミュニティ、地域福祉、在宅福祉、コミュニティ・ケア、あるいはボラントピア、ふれあいのまちづくりなどに関する議論においては、その基盤に、地域社会やコミュニティとよばれる一定の意味内容をもつ「社会」が想定されている。いわゆる日本型福祉社会論においてもそうである。地域福祉論にしても日本型福祉社会論にしても、その背景には資本主義社会でも市民社会でもない一定の「社会」の存在が仮定されているのである。

実際、近年の社会福祉をめぐる議論のなかでは、地域社会やコミュニティという用語がますます頻繁に用いられる傾向にある。それが克服の対象とされているのか、再生の対象とされているのか、あるいは形成の対象とされているのか、議論の方向や内容は決して一定ではない。しかし、そのことはともかく、地域社会やコミュニティという問題を抜きにして近年における社会福祉の動向を論じることは、まずもって不可能であろう。けれども、周知のように、これら地域社会やコミュニティという用語の意味するところ、これまた必ずしも明確ではない。

地域社会やコミュニティは、単純に一定の地理的な範域として切り取られた社会の一部分を指して用いられていることもあれば、一定の価値や意識、行動や生活の様式を分有している人びとからなる社会的カテゴリーを指して用いられていることもある。また、ときには、地域社会やコミュニティの背後に伝統的な村落共同体の観念が押し隠されているような場合も稀ではない。このような、地域社会概念やコミュニティ概念の多義性やそこに胚胎するあいまいさは、社会福祉の世界においても数多くの無用の誤解や混乱を招いている。しかしながら、いまはそのことが直接的な論点なのではない。いま、ここで重要なことは、近年における社会福祉をめぐる議論が、資本主義社会や市民社会の論理やその構造的な特質を前提にするというよりも、もっぱら地域社会やコミュニティという概念によって捉えられる一定の「社会」の存在を暗黙の前提としながら展開されてきているということ、そのことである。

近年において、社会福祉をめぐる議論がもっぱら地域社会や福祉コミュニティという概念を中心に展開されるようになったのは何故なのか。それは、資本主義社会や市民社会の論理や構造を前提に論じられてきた社会福祉についての伝統的な議論とどのように関わりあうのか、あるいは関わりあわないのか。議論の視角と水準を変えていえば、福祉社会や福祉コミュニティの前提としての地域社会やコミュニティについての議論は、資本主義社会や市民社会の論理や構造といかに関わるのか、あるいは関わりをもたないのか。われわれの社会福祉の「社会」像についての問題関心の核心的な部分は、実はあげてこの一点に収斂するといって過言ではない。

このような問題関心を追求するにあたって、われわれは、ここで、地域社会やコミュニティに関する議論を、伝統的な「共同体社会」についての議論のなかに一度引き戻してみることを提案したいと思う。その第一の理由は、そうすることによって、昨今社会福祉の世界において地域社会やコミュニティがあらためて重視されるようになってきたという問題状況を資本主義社会論や市民社会論と深く関わらせながら、すなわち福祉社会や福祉コミュニティについての議論を資本主義社会や市民社会に関する議論と深く関わらせながら考察することへの道筋を開くことができるということにある。第二の理由は、同時に、そうすることによって、福祉社会や福祉コミュニティの問題を伝統的な共同体社会から近代社会へ、さらに現代社会へという歴史的時間軸のうえに位置づけ、その歴史的な意義や将来展望についてより根源的かつ多面的に考察することへの道筋を開くことができるということにある。

4　近代社会の三通りの位相

以上の行論において、われわれは、先行する社会福祉の議論のなかから、明示的もしくは黙示的に、社会福祉の前提ないしその舞台装置として措定されている社会として、資本主義社会、市民社会、共同体社会の三通りの社会を抽出してきた。三通りの社会といったが、もとよりそれは字義通りに、相互に独立した三種類の社会ではない。あらためて指摘するまでもなく、それは同じ一つの社会、すなわち近代社会の三つの側面である。資本主義社会は、近代社会をいわば経済シ

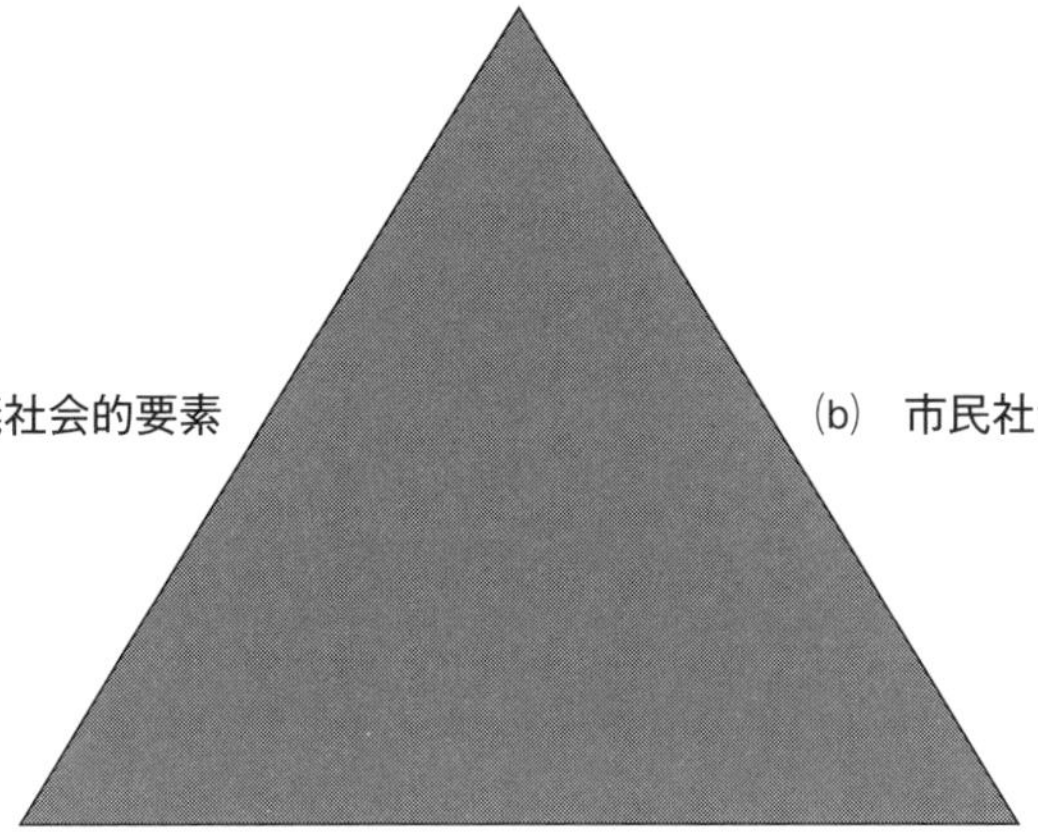

図１　近代社会の三相構造　　古川孝順　作成

ステムという視角から照射したところに結像してくる社会像である。市民社会や共同体社会は、近代社会を、それぞれ政治システムや社会システムという視角から照射したところに結像してくる社会像である。そのことからいえば、資本主義社会、市民社会、共同体社会すなわち近代社会の三通りの位相であるといってもよい。換言すれば、近代社会は、その経済的側面としての資本主義社会、政治的側面としての市民社会、社会的側面としての共同体社会という三通りの位相をもつ社会、「三相構造社会」[(4)]である。もう一度、換言すれば、近代社会は、資本主義的要素、市民社会的要素、共同体的要素という三通りの要素をもって構成され、統合された社会である。**図1**は、そのことを示す概念図である。

二　三相構造社会の歴史学

図1は近代社会が三相構造をなすことを図示したものであるが、それぞれの要素の構成比は実態を反映したものではない。正三角形のかたちをとっているのは、各構成要素の実態を反映するものではなく、ただ近代社会が三通りの位相をなす要素から構成されているということを物語っているに過ぎない。現実の近代社会における各要素の構成比は、時代や国によって異なっているのが当然である。まず、イギリスにおける

近代社会の展開を念頭におきながら、近代社会の三相構造がどのように変化してきたかをみておきたい。**図2**は、イギリス社会の歴史的な変化の過程を、近代社会の三通りの位相を構成する各要素の量的な変化として、きわめてラフなかたちで図示したものである。

1　生成期の近代社会

イギリスは、中世封建世界においては、ヨーロッパの北方、海を隔てた遠隔の地に位置していた。しかしながら、資本主義経済の発展のためには、そのことがむしろ幸運をもたらすことになった。イギリスでは封建権力の中心地ローマから遠く離れ、堅牢な封建制度の発展がみられなかった。そのため、大陸諸国に比較し、商品経済の封建社会への浸透が早く、冒険商人たちの関心が海外に向かい、新航路や新大陸の発見が一段落するころには逸早く中世封建社会から近代社会への移行期に特有な権力である絶対王政の成立をみることになった。

ヘンリー八世は、ローマ法王と争って国内の教会をカソリック教団から独立させてアングリカン教会を設立し、修道院を解体してその所領を没収するなど絶対的な権力をふるい、王権と結んだ特権商人たちは国王による手厚い保護を受けて海外から多大の富をもたらし、私財を蓄積した。その一方では、国内においても毛織物産業をはじめとする家内制手工業の発展がみられ、海外交易と国内産業の発展があいまって商品経済のいっそうの拡大がもたらされていった。しかしながら、その過程においても国王やそれと結ぶ特権商人や貴族、僧職者などの専横が続き、新教徒にたいする弾圧を契機に一六四〇年にはピューリタン革命（市民革命）が勃発し、権力を欲しいままにしてきたさしもの絶対王政も崩壊し、ここにイギリスは世界でもっとも早く近代市民社会の成立をみることになる。

市民革命後、およそ二〇年の共和制を体験したのち、イギリスは王政を復古させる。しかしながら、新しい国王はその権力を大幅に制限され、立憲君主制が成立した。新体制のもとにおいては議会の勢力が拡大し、かつての絶対的な王権や

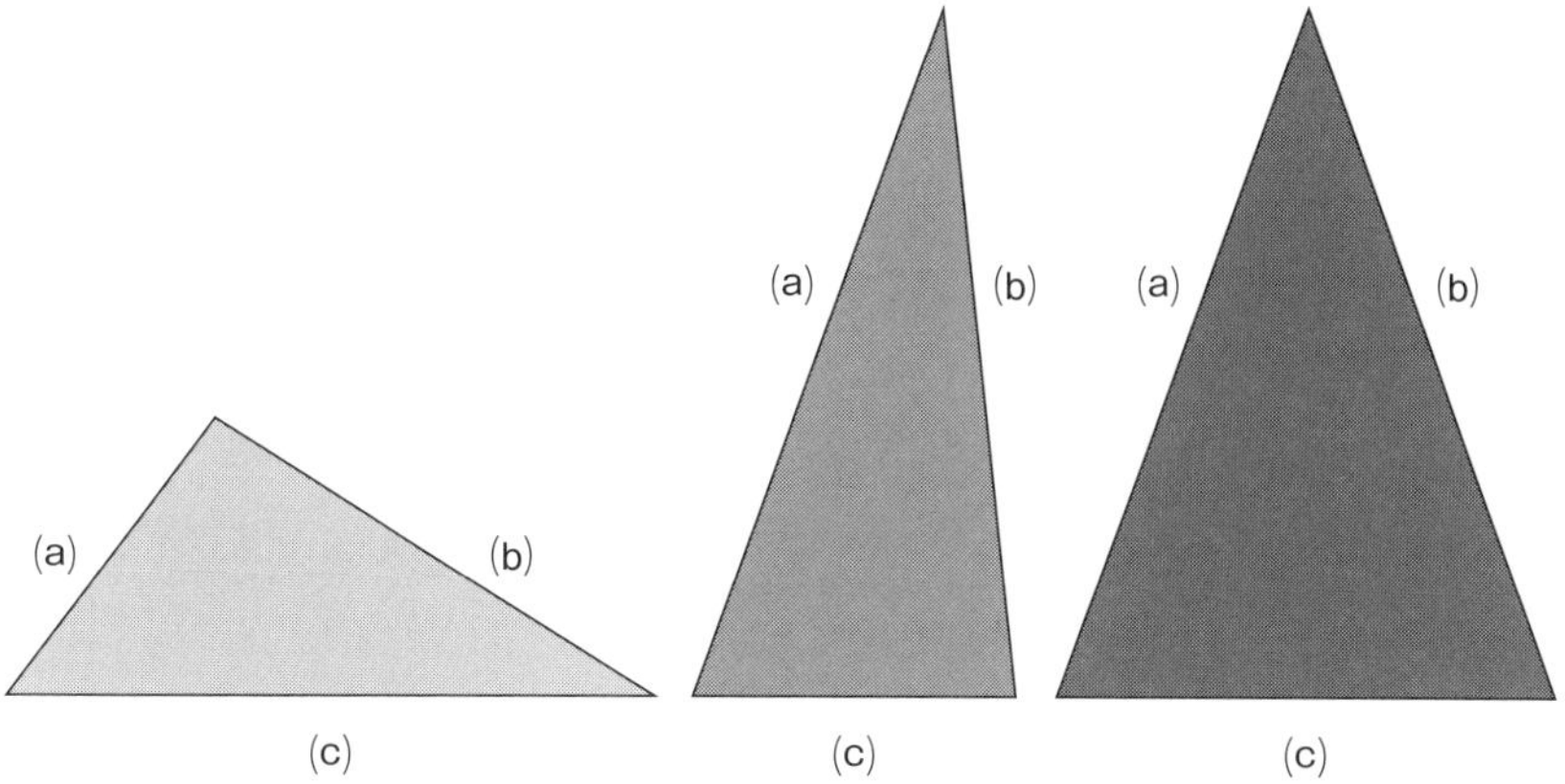

図２　三相構造の歴史的展開　　古川孝順　作成

特権商人、貴族などの権力は大幅に制限され、多数の地主、製造業者、商人などピューリタン革命を主導した人びと＝市民を主人公とし、万人にたいして人身、言論、信教、交通、居住の自由などをその内容とする自由権、法の前の平等の確保を意味する平等権、財産権などの保障を約束する近代市民社会が成立したのである。けれども、そのような近代市民社会もなお理念の段階にとどまるものであった。近代市民社会が現実のものとなるには、なお相当の時日が必要であった。近代市民社会は、産業革命を契機に、その経済的基盤となる資本主義が確立するのを待ってようやく現実のものとなる。

市民革命の時期から産業革命の前夜、およそ一七七〇年代頃までのイギリスは、経済史的には重商主義の時代とよばれる。この間、市民革命の推進力となった商人や産業家たちの多くは、国家、具体的には議会にたいして自由や平等など近代市民社会理念の普遍化を求めるどころか、むしろ商業や産業の保護育成を求めたのである。国際的な貿易に従事する商業家たちやまだ幼少の段階にあった産業に従事する産業家たちは、国家による保護育成を当然のこととし、そうした政策の展開こそが国益にかなうと主張したのである。これがいわゆる重商主義政策とよばれるものである。

国家や支配的諸階層による家父長主義的施策の展開は一七、八世紀イギリスの時代的な潮流であり、重商主義政策はその重要な一部分であった。家父長主義は商業や産業を中心とする都市的生活のみならず、農村の生活においても一般的であった。むしろ、家父長主義の源泉は農村生活のなかにあったといってよいかもしれない。地方の地主階層は、弱小零細農民の、やがては農業労働者たちの従順な行動と引換えにかれらを積極的に保護し、名望家的な農村支配を行った。議会における保護主義的な傾向は、そのような地方地主を中心とする地主階級の利害を反映するものでもあった。よく知られているように、この時期の救済政策は都市部においては商業家や産業家の利害を反映して抑制的なものとなった。しかしながら、農村部においては地主階級の家父長主義的な傾向を反映し救済政策は宥和的な性格のものとなる傾向がみられた。その典型は、一八世紀末期におけるいわゆる「救貧法の人道主義化」とよばれる救済政策にみることができる。一八世紀の末、イギリス南部の農村地帯では農業の不振と低賃金にともなう農業労働者の不満の蔓延とフランス革命の影響による社会不安の拡大に対応するため、ナッチブル法以来のワークハウスの制度を改善し、失業者には仕事を斡旋した。さらに、賃金稼得者であってもその収入が最低生活費に充たないものについては不足額にみあう手当を支給するスピーナムランド制度あるいは賃金補助制度が導入された。地主階層による家父長主義の典型的な表出である。

このように、イギリス社会の近代化の初期においては、資本主義経済はいまだ幼少期にあり、市民社会も理念的な水準にとどまっていた。逆に、家父長主義的あるいは重商主義的な要素が社会の中枢部分に位置しながら、社会の大勢を支配していたといってよいのである。そのような、家父長主義的あるいは重商主義的な政策の基盤に存在し、それを支持してきたもの、それは封建中世社会から受け継がれてきた共同体的な要素であった。すなわち、生成期の近代社会は、**図2**の類型Ⅰにみるように、共同体的要素の占める比重が著しく高く、市民社会的要素や資本主義的要素、なかでも後者の要素の占める割合の少ない社会であったといえよう。

もとより、生成期の近代社会を通じて、共同体的、市民社会的、資本主義的、それぞれの要素が一定の比重において維持されてきたというわけではない。生成期の初期においては共同体的な要素の割合が圧倒的に多く、その末期、産業革命前夜に近づくにつれて資本主義的な要素の割合が拡大していった。同時に、市民社会的な要素もまたその比重を拡大させていった。すなわち、近代社会はその生成期を通じて、共同体的な要素の割合を縮小させていき、やがて資本主義的要素や市民社会的要素が社会の大勢を支配する発展期を迎えることになるのである。

2　発展期の近代社会

近代社会の発展期は、資本主義経済の確立とともにはじまる。資本主義経済の発展は、産業革命の過程を通じて近代的な機械制をとる工場制度の発展がもたらされ、それを基盤とする産業資本の確立をみたことにはじまる。生成期における資本主義経済の中心は、商業、なかでも海外貿易であり、富の源泉は地域間の価格格差による差益にあった。産業資本の確立は、機械制工場制度によって労働力を支配し、富の源泉を製造過程の内側に求めることが可能になることによってもたらされた。イギリスにおける産業革命の完成は一八二〇年代の中頃に求められる。以後一八七〇年代初頭の大不況に直面するまで、イギリスは世界の工場として発展し、その経済的、政治的、さらには軍事的な影響力は世界の各地に及び、ビクトリア王朝の繁栄がもたらされたのである。

この間、イギリスでは、A・スミスの予定調和説さながらに、市場メカニズムを前提とする自由な産業間の競争こそが繁栄を約束するものとみなされた。時代の寵児となった産業家たちは、かつての重商主義的な諸政策をかえって経済の発展を妨げるものとしてしだいに排除していき、経済的自由主義を意味するレセフェール政策（自由放任主義）こそが最良最善の政策であると主張するようになった。当時多用された、「夜警国家」、「安上がりの政府」、「政策なき政策」などの用語は、いずれも産業資本の、すなわち産業資本家を中心とする新興ブルジョワジーたちの利害の所在を象徴するものであった。産業の発展は社会のあらゆる側面に影響を及ぼしていった。かつてギルドを中心に親方たちの産業活動や家族生活を支えていた相互扶助的紐帯や、親方と職人、親方と徒弟のあいだを結びつけていた主従的・人格的な関係、総じていえば共同体的な関係はもはや過去のものとなった。産業家たちのあいだでは生き馬の目を抜くような競争関係が一般的となり、かつての職人や徒弟たちは新しい、過酷な労働を強いる工場制度のなかに組み込まれ、その唯一の財産としての労働力を切り売りして日々の生活の糧をうる賃金労働者に転身させられていったのである。

こうして、近代社会の発展期には、資本主義経済の論理が社会の大勢を覆いつくし、支配するという傾向が生み出されてくる。かつて中心的な位置をしめていた共同体社会的な諸要素、幾分その範囲を拡げていえば非資本主義的な諸要素は、しだいにその影響力を失い、あるいは積極的に排除されていった。かつての地主その他の支配的階級による、温情的保護と非支配階級の従順という家父長主義的・温情主義的な、換言すれば共同体社会的な統治の論理は衰退し、あらゆる人びとにたいして勤勉、節約、自助を求める産業家的な風潮が支配的になっていった。S・スマイルズは、ビクトリア王朝繁栄のさなかの一八五〇年に刊行し、その後永らく読み継がれたその有名な立身出世物語である『自助論』の冒頭を「天は自ら助くるものを助く」という箴言《しんげん》を引用しながら書きはじめている。ここに、産業資本の確立を契機にして、あらゆる人びとにたいして財産権、自由権、平等権を保証し、同時にあらゆる人びとにたいして生活自己責任の原則の遵守を求める近代市民社会の論理と倫理が、産業家たちの、努力するものは報われ、しからざるものもまたその報いを受けて当然とする粗野な自由主義的・道徳主義的な生活原理の要求にその姿を変えながら、現実的・実際的な意味をもちはじめたのである。

一八三四年には、三二年の第一次選挙法改正による新興中産階級の進出を背景に救貧法の経済自由主義的な改革が実施され、新救貧法が制定された。新救貧法の内容は、新興中産階級の利害を反映して、求援抑制的施策としてのワークハウス制度を復活させ、貧民の処遇については混合収容による劣等処遇原則を導入した。かつての賃金補助制度は廃止され、労働能力者については院内救済を原則としたが、これらの措置は貧困者を工場制度のもとに組み込み、かれらに低賃金による自助的生活を要求するものであった。

このように、近代市民社会の発展期にあっては救済制度は徹底的に縮小され、抑制的な処遇方法が導入された。しかしながら、一部にみられた救貧法の撤廃を求めるような主張は、結局は実現するに至らなかった。それどころか、この時期には救貧法という公的な方策施設は抑制されたが、民間における自発的な救済活動はかえって奨励され、慈善事業や共済事業の著しい発展がみられたのである。けれども、総体としては、この時期においては、資本主義社会も、また近代市民社会も、相互に依存しあいながら、それぞれに固有の論理を貫徹させ、それによって社会の全体を支配しようとした。発展期の近代社会は、**図2**の類型Ⅱにみるように、資本主義的要素や市民社会的要素に比較し、共同体的な要素の占める割合の低い社会とならざるをえなかったのである。

しかしながら、資本主義の論理も市民社会の論理も、共同体的な要素を完全に排除することはできなかった。資本主義社会も市民社会もその固有の論理を全面的に貫徹させることができなかったのである。社会の実質はそれが共同体社会であるという側面にあり、資本主義社会の論理も市民社会の論理も、いずれも結局はその側面を突き崩すことができなかったのである。しかも、その後における時代の推移は、むしろ近代社会のなかに共同体的な要素を復活させ、拡大させる方向に向かうことになる。

3　転型期の近代社会

すでにみたように、近代社会の発展期においては、資本主義経済の発展によって、非資本主義的な要素、あるいはわれわれのタームでいえば共同体的な要素は徐々に縮小排除されていき、やがては近代社会の全体が資本主義的な要素によって構成されるような時代が訪れるのではないかとさえ思われた。市民社会が資本主義社会と表裏の関係にあるとすれば、近代社会の全体が市民社会的な要素によって構成されるような時代が訪れるのではないかと考えられたのである。

しかしながら、イギリスの資本主義社会は、一八七三年の大不況を境に、それまでの純粋化、別の表現をとれば、自由放任主義推進路線から逸脱し、逆に非資本主義的・共同体的要素を拡大させていくことになる。資本主義の社会制御力の限界が露呈され、ここに資本主義の変質の過程がはじまるのであるが、社会保障や社会福祉にとってはむしろそれまでの資本主義の圧倒的な浸透をおしとどめた、あるいは逆に資本主義それ自体の崩落を回避するために容認されざるをえなかった共同体的な要素こそが重要なのであり、われわれはそのことに関心を移さなければならない。

資本主義の自由放任主義的な行動様式を意図的・人為的に掣肘《せいちゅう》することになる最初の社会的な施策は、児童労働の制限や労働条件の改善を求めた工場法であった。工場法の萌芽的な展開は一八〇二年の徒弟の健康と道徳を維持するための法律であるが、実質的な意味をもつ工場法の歴史は一八三三年工場法にはじまるとされている。この工場法について、よく知られているように、大河内一男は、個別資本の利害を越え労働力の枯渇を恐れる総資本の意思にもとづいて制定されたと指摘している。[(5)] すなわち、大河内は工場法は総資本の意思、つまりもっぱら経済的な理由にもとづいて制定されたと主張するのであるが、工場法制定の背景には五、六歳前後から労働に従事し、一四、五歳頃になると怪我や病気で廃人同様の状態になって工場から放逐される児童労働者たちにたいする人道主義的な強い関心と懸念、そして法律による保護を求める運動が存在していた。資本主義確立の基礎となった工場制度のもとで生産しえない唯一の商品としての労働力の再生産、なかでもその世代的な再生産を、共同体的な社会関係、より具体的には労働者階級の家族集団による産児と育児に依存せざるをえない資本家たちは、結局は児童労働の惨状にたいする人道主義者たちや一部の開明的資本家たちの懸念を最終的には受け入れざるをえなかったのである。

資本主義社会の変貌という視点からいえば、さらに重要な意味をもつのは、一八七〇年代以降、労働組合や労働組合運動が法認され、団体交渉やストライキ行動が広範に受容されていった事実である。競争的・自由放任主義的な資本主義の発展は、一八〇〇年代半ば以降、農村地帯から膨大な人口を労働力として吸収し、農村における伝統的共同体社会をその解体に導いた。しかしながら、資本主義の発展とともに資本家たちによって工場地帯に集中させられた労働者たちは、やがてそこにおいて自然発生的に新しい社会、労働者階級の社会をつくりあげていった。そして、その一部は、意識的に組合を組織し、組合という新たな共同体を通じて、みずからの新しい社会的地位にみあうような利益の獲得を追求しはじめた。資本主義は、こうして、みずからの発展の過程において、みずからに対峙し、ときに敵対的な行動をあえてする人びと、すなわち労働者階級を生み落とし、そして最終的にはかれらによる新しい共同体社会を徐々に受け入れていくことになる。一八七三年の大不況を契機に新しい発展の段階を迎えた資本主義は、みずからを維持し、存続させていくためには、否応なしにそうせざるをえなかったのである。

このような資本主義社会の変質の過程を市民社会の側から捉えてみよう。すでにみてきたように、市民社会を生み出す原動力となったもの、それは新興勢力としてのブルジョワジーによる財産権、自由権、平等権などいわゆる市民権的基本権の確立を追求する革命的な社会運動であった。市民権的基本権はブルジョワジーの旧秩序にたいする抵抗と変革のためのイデオロギーとして誕生したのである。したがって、すべての市民にたいして市民権的基本権を保障するということは市民社会の基本的・第一義的な課題であったはずである。しかしながら、実際的な問題としては、市民革命によって市民権的基本権を保障するような市民社会が現実のものとなったわけではなかったし、また、近代社会の生成期においては市民権的基本権の確立を求めたブルジョワジー自身が国家（議会）にたいして幼少産業への家父長主義的な保護施策を要求するという状況すらみられたのである。

市民社会の実際的な開花は、すでに指摘しておいたように、工場制度を基盤とする産業資本の確立によって促進された。理念的には、市民社会の確立は、すべての市民にたいして市民権的基本権を保障し、富と幸福を約束するはずであった。しかしながら、現実の市民社会は、新しい産業社会の旗手としての新興ブルジョワジーにたいしては富と幸福とを提供したとしても、すべての市民にたいしてそれを約束したわけではなかった。市民権的基本権の保障は、その形式性や抽象性のゆえに、本来的に自由で平等であるはずの市民社会のなかに資本家階級と労働者階級という、新しい種類の階級関係を生み出し、しかもその事実を覆い隠すことのできる恰好の社会的制御の装置となった。旧秩序に抵抗するすべての人びとにたいして富と幸福をもたらすはずであった市民社会は、現実には家業や家産をもち、それゆえに自助能力をもつ市民、より具体的にいえば旧秩序を受け継いできた貴族や地主たち、そして何よりも新興ブルジョワジーを構成員とする、上流階級のための社会であった。労働者を中心とする下層階級の人びとは、形式的には同じ市民社会のなかにありながら、実際にはそれとは別の社会に住むことになったのである。

しかしながら、上流階級のための社会はそれ自体として自己完結しうる社会ではありえないし、また下層社会に住む人びとはみずからの境遇に疑問をもち、その改善を求める行動をとりはじめた。実質的には上流階級の社会となっていた市民社会は、それが基本的には共同体社会であるということ、あるいはそうあらざるをえないということを徐々に自覚し、下層階級に住む人びとにたいしてその市民としての権利を実質化するための措置を講じていった。こうして、長期にわたって非合法的・犯罪的行為として扱われてきた労働者たちによる組合の結成、団体交渉、ストライキ行動も、最終的には、かれらに固有の権利、すなわち団結権、団体交渉権、ストライキ権として承認されることになる。これがいわゆる労働三権であり、その保障は市民権的基本権に対峙し、その部分的修正を意味する社会権的基本権の導入を意味するものであった。

もとより、労働三権の保障は社会権的基本権の重要な一部分であるとはいえ、その内容は、市民社会を構成する市民の一部である労働者にたいして、労働者というその実質的な社会経済的地位に起因する不利益を軽減し、緩和するための措置であった。それは、基本的には、労働力の販売（購買）をめぐるバーゲニングにおいて労働者にたいして資本家のそれに近い競争力を付与するという性格のものであった。したがって、労働三権の効果は、現役の、しかも強力な交渉力をもつ組合を結成しうるような労働者たちに限定される傾向にあり、組合ももちえないような労働者、失業者、引退した労働者、その他労働市場に登場しえない人びとにとっての効果は、もしありうるとしても微々たるものであった。そうした社会的不利益者集団の境遇を改善するための措置として導入されたもの、それが今日では社会権的基本権の核心となっている社会権的生存権である。ただし、周知のように、萌芽的にでもそれが登場するのは第一次世界大戦後のことであり、その本格的な展開は第二次世界大戦以降のことであった。

しかしながら、いずれにしても、かつて市民革命のなかで至高の理念とみなされた財産権、自由権、平等権など市民権的基本権の保障を基本的構成原理とする市民社会に内在する限界は否定しがたいものであった。一九世紀末期にはじまる社会権的基本権の導入は、そのような市民社会の歴史的な限界を克服し、市民社会をいわば共同体社会として再生させようとする試みにほかならなかったのである。

最後に、転型期における共同体社会の変容を物語るものとして生活保障システムの急激な拡大について取り上げておかなければならない。世紀転換期における生活保障システムの拡大は、近代社会の変容の方向、すなわち共同体的要素の拡大ということ、そのことを如実に象徴するできごとであった。転型期における生活保障システムの急速な拡大は、児童保護など一部の先行領域を除けば、二〇世紀初頭の不況と失業者の増加に対応することを意図して具体化された失業者法と王立救貧法委員会の設置にはじまるが、なんといっても重要なのは、一九〇八年の無拠出老齢年金法の制定と一九一一年の国民保険（健康保険・失業保険）法の制定であった。この二つの法律の通過によって、従来の救貧法、慈善事業、友愛組合による貧困・失業救済の制度は、その外側に成立した社会保険を中心とする救済制度に再編成されたのである。一五三〇年代以来の伝統をもつ救貧法はその中心的な救済制度としての歴史的使命を実質的に終え、やがては社会保険を補完する公的扶助および福祉サービスとして衣替えしていくことになる。

救済制度史の概略については第6章に委ねるとして、ここで重要なことは、近代社会の転型期において生活保障システムの中心が、従来の全面的に租税に依存する、換言すれば共同体社会に全面的に依存する救貧法から、受益者にも事前の加入と拠出を求める相互扶助団体の設立を基盤とする社会保険に変更されたということである。社会保険の基礎にある相互扶助団体は、血縁や地縁的な紐帯を基礎にし、あるいは家父長主義的な温情と服従の絆によって維持されるような伝統的な共同体社会をそのまま継承するものではなく、たとえそれが強制されたものであったとしても、加入と拠出を前提にし、そこから発生する権利と義務を分有するという、機能的に特化され、人為的に再構成された共同体的社会集団であった。

これまでみてきたように、転型期の近代社会は、さまざまなかたちをとりながら、ふたたび共同体社会的な要素を拡大していった。しかしながら、それは必ずしも伝統的な村落的共同体社会の単純な復活を意味するものではなかった。近代社会がその生成期から発展期へ、そして発展期から転型期へと変容していく過程において、資本主義社会や市民社会がそうであったように、共同体社会それ自体もまた変容させられてきたのである。救貧法から社会保険への比重の移転は、そのような共同体社会の変容を象徴的に物語るものであった。

三　三相構造社会の類型学

さて、このように、独特の三相構造をもちながら発展してきた近代社会は、それぞれの位相の比重やその内容の違いによっていくつかの類型を考えることができる。その一つは歴史的な類型であり、いま一つは地域的な類型である。いずれも、われわれがそれぞれの社会における社会福祉の個別的な発展の経緯や内容的な特質を明らかにしていくうえで有力な手掛りになりうるものと考えられるが、類型論に移る以前に、その内容をより豊かなものにするためには、三相構造を形成する各位相それぞれの内部における展開についてもう一度整理し直しておくことが必要であろう。

1　各位相の歴史的変容

それでは、近代社会が発展期から転型期に移行する過程において、近代社会を構成する三通りの位相、すなわち資本主義社会、市民社会、共同体社会はそれぞれどのように変容してきたのか。

まず、資本主義社会である。発展期から転型期にかけての資本主義社会の変化は、結論を先取りしていえば、市場（型）資本主義から組織（型）資本主義への移行として定式化することができる。いうまでもなく、この移行は連続線上のものであり、両者のあいだに断絶は含まれていない。しかしながら、市場資本主義と組織資本主義のあいだには明らかに質的な違いが認められなければならない。

発展期における資本主義は自由な市場における字義通りの自由競争をもって最大の価値とみなした。発展期の資本主義は自由放任（レセフェール）主義こそが経済の、ひいては社会全体の、調和的な発展をもたらすものと確信し、経済過程に影響を及ぼすように思えるあらゆる要素を排除しようとした。発展期における資本主義の主人公は、まさにそのこと以外のあらゆる条件を考慮の外においてひたすら利益を追求するホモエコノミクス（経済人）そのものであった。

しかしながら、そのような粗野ではあるが、ある意味では活力に満ちていた発展期の資本主義もやがてはさまざまな限界に直面し、それが過去において排除しようとしてきた要素、国家ないし政府の政策に逆に依存せざるをえなくなる。たとえば、恒久的に資本主義の発展を約束していたはずの自由な市場における競争は、やがてその信奉者たちの期待に反して、カルテルやトラストによる寡占や独占という自由競争とは正面から敵対するような状況を生み出していった。資本主義は、自由競争を確保するというそのことのために、かつて自由放任主義を求めて排除したはずの国家による政策的な介入を必要とするようになったのである。同様の政策的な介入は、長期化し慢性化する不況を克服するためにも必要となった。戦間期の世界恐慌の経験を経て第二次世界大戦以後になると、国家の金融や財政による経済過程への介入、すなわち景気調整策は資本主義の維持存続にとって必要不可欠の手段とみなされるようになった。さらに、政策的介入は労働市場についても必要であった。資本主義は、それに不可避的な労資の紛争を処理し、本来的にみずからの支配の及びえない部分をもつ特有の商品である労働力を一定の分量において確保するためにも、国家の政策的な介入を必要とした。

こうして、自由な市場における自由な競争を最大の価値として追求したはずのかつての若々しい資本主義は、多様かつ大小の国家による政策的介入、すなわち労資間、産業間、企業間などの利害の調整や景気刺激策などの導入なしには、換言すれば政策的介入による市場や生産過程の組織化や計画化を前提とすることなしには、その存続すら危ぶまれるような状況に陥っていったのである。

市民社会における変容は、個人主義から民主主義への変化としてこれを定式化することができる。近代社会の発展期を市民社会という位相において捉えれば、それは市民権的基本権、すなわち財産権、自由権、平等権を最大限に尊重することが求められた時代であった。国家や全体社会による市民生活への介入は国防、治安、防災、防疫、税制など最小限度の共同事務に抑制されなければならず、私的領域にたいする公権力の介入は極力排除された。市民生活の成否はおしなべて個人の才覚や努力のいかんによって決定されるものとみなされ、したがって成功の報酬はいうまでもなく、失敗の責任もまた、個々の市民にのみ帰属するものとみなされていた。零落した生活は、勤勉、努力、節約、節制など市民生活の基本的な価値にしたがうことを怠ったことの当然の報いとみなされた。発展期の市民社会はいわば強者の論理によって支配されていたのである。

しかしながら、実際問題として、財産権をはじめとする市民権的基本権の恩恵を現実的に享受しえたのは、家産や家業に恵まれた一握りの人びとであった。他の大多数の人びとは、市民権的基本権の尊重という名分のもとに、実際には低賃金、不安定就労、失業、無業、傷病、老齢などによる困窮を強いられた。しかも、そうした人びとの数は、一九世紀中頃以降の産業構造の変化にともない、確実に拡大していった。すでにみたように、社会権的基本権の観念とそれを保障するための多様な制度の導入は、そのような状況を改善するために、市民権的基本権の形式的・抽象的な適用による弊害を除去し、労働者をはじめとする社会的不利益者集団を、形式的のみならず、実質的にも市民社会の隊列に組み込んでいこうとするものであったといえよう。

さらに、市民社会の実質化を促進していくうえで重要な意味をもったのは、ほかならぬ選挙権の拡大であった。一八三二年の第一次選挙法改正は新興産業家たちに市民社会の主人公となる道を開いた。六七年の第二次選挙法の改正は労働者たちにたいして議会を通じてみずからの社会的地位を改善し、生活の向上を実現していく方向に道を開くものであった。労働者を中心とする社会的不利益者集団は、革命ではなく議会を通じて「最大多数の最大幸福」を実現する道を選択し、支配階級の人びともまたその結果を受け入れることになった。こうして、近代社会は、発展期から転型期へ移行する過程において個人主義の形式的・抽象的な適用による弊害を徐々に改め、多数決原理のもとに、市民的自由や平等のみならず、社会的な公正や機会の公平の実現を追求する民主主義を定着させていったのである。

共同体社会の場合、変化の方向と内容はやや複雑である。共同体社会は縮小と拡大の局面を経験し、かつ縮小局面の共同体社会と拡大局面の共同体社会には質的な違いがみられるからである。そのことを念頭におきながら、ここでは共同体社会の変容を伝統主義的共同体から利益主義的共同体へ、さらに利益主義的共同体から協同主義的共同体への変化として定式化しておきたい。

まず、共同体社会の変化の第一の局面は伝統主義から利益主義への変化であるが、この変化は近代社会の生成期から発展期に対応している。近代社会の生成期から発展期は、すでにみておいたように、資本主義社会や市民社会にとってはそれらが生成し発展する過程と重なりあっている。これにたいして、共同体社会にとっては拒否され、浸食され、解体される過程であった。もともと共同体と共同体のあいだに発生したといわれる商品経済はやがて共同体の内部に入り込み、血縁や地縁を紐帯とする人間関係を商品の販売者と購買者との関係に置き換えながら、共同体社会を浸食するという傾向をもっている。近代社会生成期における資本主義の発展は、そのような商品経済のいっそうの拡人をもたらすとともに、伝統的な手工業における親方と職人の関係を、生産手段と原料とを所有し労働力を購買しようとする資本家と、労働力という唯一の商品を販売しようとする労働者との関係に置き換えていった。資本家と労働者との関係は労働力商品の購買者と販売者との関係でしかなく、かつての親方と職人とのあいだに存在していた人格的な関係は払拭されていった。農業や手工業の基盤となっていた伝統主義的共同体は、資本主義の発展とともに、製造業や商業の発展を前提にする人為的に構成された同床異夢的な利益主義的集団（共同体）によって急速に置き換えられていったのである。中世封建社会以来の権力的・身分的な支配服従関係や家父長主義の遺産を色濃く受け継ぐ伝統主義的共同体社会のあり方は、市民社会の発展を抑制するものとして、批判と解体の対象とされた。そのことは、財産権、自由権、平等権などの市民権的基本権の思想が市民革命のイデオロギーとして登場してきたことを思い起こせば十分に理解しうることである。

こうして、近代社会の発展期においては共同体社会的要素それ自体の比重が縮小しただけではない。共同体社会の内部においては、伝統主義的な共同体の縮小と、利益主義的な共同体の著しい発展がみられた。発展期の近代社会における公的救済制度の縮小の背景には、このような、公的救済制度の存立基盤としての共同体社会の縮小と変質が存在していたのである。

しかしながら、近代社会が発展期から転型期に移行する時期になると、共同体的な要素はふたたび拡大の傾向をみせはじめる。ただし、共同体的要素の拡大というのは、いうまでもなく伝統主義的共同体のそれではない。伝統主義的な共同体の縮小解体は、近代社会発展期から現代にいたるまで一貫してみられる傾向である。他方、その伝統的共同体の縮小と裏腹の関係において、利益主義的共同体の発展がみられた。だが、ここで共同体的要素の拡大というのはそのような利益主義的共同体の発展でもない。転型期の近代社会において重要な意味をもったのは、一九世紀の中頃に顕著な発展をみせはじめ、世紀転換期には重要な意味をもつことになる協同主義的共同体である。具体的にいえば、その象徴的な存在は労働組合であり、生活協同組合である。また、歴史的には一八世紀の後半に遡及する友愛組合もそのような新しい共同体の一つといいうるであろう。これらの組織ないし団体の性格は、それが血縁的・地縁的紐帯を前提にしないという意味では、利益主義的共同体に近い。けれども、これらの組織や団体は、それが利益の追求を第一義的な目的とせず、構成員の生活、その共同性とそれを実現するための協同的行動を重視するという意味では、伝統主義的共同体に近いといってよい。いわば、それは利益主義的共同体を媒介として伝統主義的共同体を換骨奪胎し、再構成したものといってもよいであろう。転型期の近代社会において拡大し、その発展の方向に重要な意味をもったのは、このような協同主義的共同体の存在であった。

二〇世紀初頭の生活保障システムの拡大の背景にはこのような協同主義的共同体の発展があったのであり、その中心となる社会保険それ自体、組織的には、協同主義的共同体の人為的構成とその内部における相互扶助活動を前提にしていたのである。そして、それ以後における生活保障システムの発展、さらには福祉国家体制の成立もまた、ここにいう協同主義的共同体の発展をその基盤とするものとして理解することができる。さらに加えて、一九八〇年代のいわゆる「政府の失敗」にたいする批判が、伝統主義的共同体の協同主義的共同体としての再生を刺激し、今日では多様な協同主義的共同体が近代社会の基本的な性格を方向づける重要な要素になっている。

これまで近代社会を構成する三通りの位相である資本主義社会、市民社会、共同体社会について、それぞれの位相内部にみられる変化の方向と内容について検討してきた。結論的にいえば、それぞれの位相における変化は、資本主義社会においては市場資本主義から組織資本主義へ、市民社会においては個人主義から民主主義へ、そして共同体社会においては伝統主義的共同体から利益主義的共同体、さらには協同主義的共同体へ、というかたちに定式化することができる。いずれも、近代社会の生成、発展、転型の過程、なかでも発展期から転型期にかけての変化に対応し、それぞれの時期における近代社会の特徴を生み出してきた要因としての、またその結果としての、変化であった。しかしながら、それぞれの変化は一方向的なものでもなければ、全面的なものでもない。近年における新保守主義や新自由主義の登場にみられるように、時代の流れのなかでときに逆行的な揺り戻しがあり、また現実の社会のなかでは、さまざまな要素が入り混じり、規定し合い、そこから一定の方向性が導きだされてきているのである。

2　歴史的類型

三相構造社会の歴史的類型については、三相構造社会の歴史的展開の過程について論じるなかですでに明らかにしてきたところである。すなわち、**図2**に示しておいた類型Ⅰ＝生成期の近代社会、類型Ⅱ＝発展期の近代社会、類型Ⅲ＝転型期の近代社会、というのがそれである。ただし、**図2**の段階では、まだ各位相の内部における変化が組み込まれていない。したがって、ここで、これまでの議論を踏まえ、各位相の内部における変化に留意しながら、もう一度三相構造社会の歴史的類型について論じておこう。

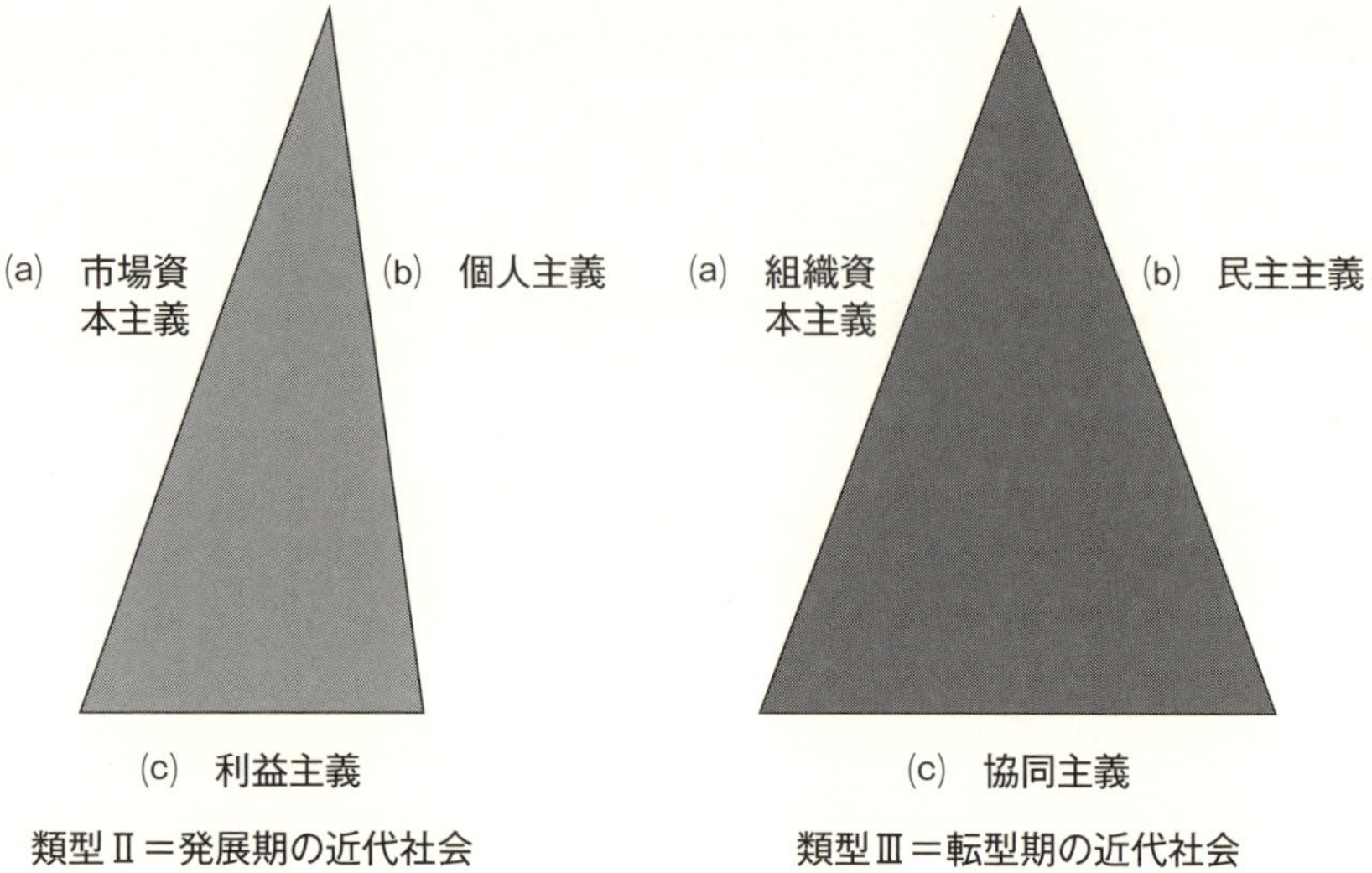

図３　三相構造社会の歴史的類型　　古川孝順　作成

図3は、**図2**で示した近代社会の歴史的類型のうち、類型Ⅱと類型Ⅲを取りだし、それぞれの時期における近代社会類型について各位相ごとに支配的にみられるようになった特徴をつけ加えたものである。なお、類型Ⅰは近代社会の生成期を示すものであるが、近代社会の発展期以降における社会福祉の発展と各時期における特徴を明らかにするうえでの手掛りを構築するというここでの課題に照らして割愛した。

ここでは、類型Ⅱと類型Ⅲとの関係は基本的には時間軸上の変化として捉えられているが、それぞれの類型に各位相の特徴をつけ加え、さらにそれぞれの時期における社会福祉の状態を照応させてみると、近代社会の展開過程および近代社会を構成する各位相と社会福祉の発展との関係について次のように指摘することが可能である。社会福祉は、近代社会の各位相が資本主義社会としては市場資本主義、市民社会としては個人主義、共同体社会としては利益主義という組合せのもとにおいて、規模的にはもっとも小さく、内容的にはもっとも抑制的なものとなる。逆に、社会福祉は、社会の各位相が資本主義社会としては組織資本主義、市民社会としては民主主義、共同体社会としては協同主義という組合せのもとにおいて、規模的には拡大し、内容的には寛大なものとなる。すなわち、社会福祉は、近代社会が類型Ⅱの状態から類型

Ⅲの状態に発展するにつれ、規模においてより大きなものに、内容においてより寛大なものに発展してきた、といえるであろう。

以上の議論は、もとより、イギリスにおける近代社会の変化と社会福祉の変化をモデルに、しかもそれを実態的にというよりはかなり理念型的に整理したうえでの議論である。ここでのとりあえずの結論をそのままのかたちでイギリス以外の国に適用することには問題が多い。たとえば、各位相間の比重も、その内容も、それぞれの国によって多様なものとなることが考えられる。もう少し、歴史的、地域的な多様性を考慮した類型化が必要となろう。

3　地域的類型

そこで、**図4**は、同じ三相構造をとる近代社会について、多少とも歴史的、地域的な多様性を考慮にいれながら類型化したものである。それぞれの類型ごとに各位相の特徴についても配慮しているが、その特徴を一概に評価しにくい場合には民主主義的、伝統主義的などの表現をとっている。また、三角形の大きさや形状はできるだけ事柄の理解をしやすくするためのものであり、厳密に実態を表現するものではない。

歴史的あるいは地域的な多様性を考慮にいれながら再度三相構造社会の類型化を試みれば、それは大きくはタフ型社会、ソフト型社会、リジット型社会、そしてウェット型社会の四通りに分類することが可能である。タフ型社会にあてはまるのは、サッチャリズム以後のイギリスやレーガノミックス以後のアメリカである。これらの国々は、資本主義社会の位相でみれば、一九世紀的自由放任主義時代そのままの市場資本主義ではありえないものの、いずれも市場資本主義志向的である。ただし、イギリスとアメリカとでは後者にその傾向が強い。市民社会の位相では、十分に民主主義的ではあるが、しかし志向としては個人主義である。共同体社会の位相ではいずれも利益主義の傾向が強い。基本的に多民族的で移民とフロンティアの国であるアメリカはいうまでもなく、イギリスにおいても熾烈な利益主義の経験を通じて伝統主義は

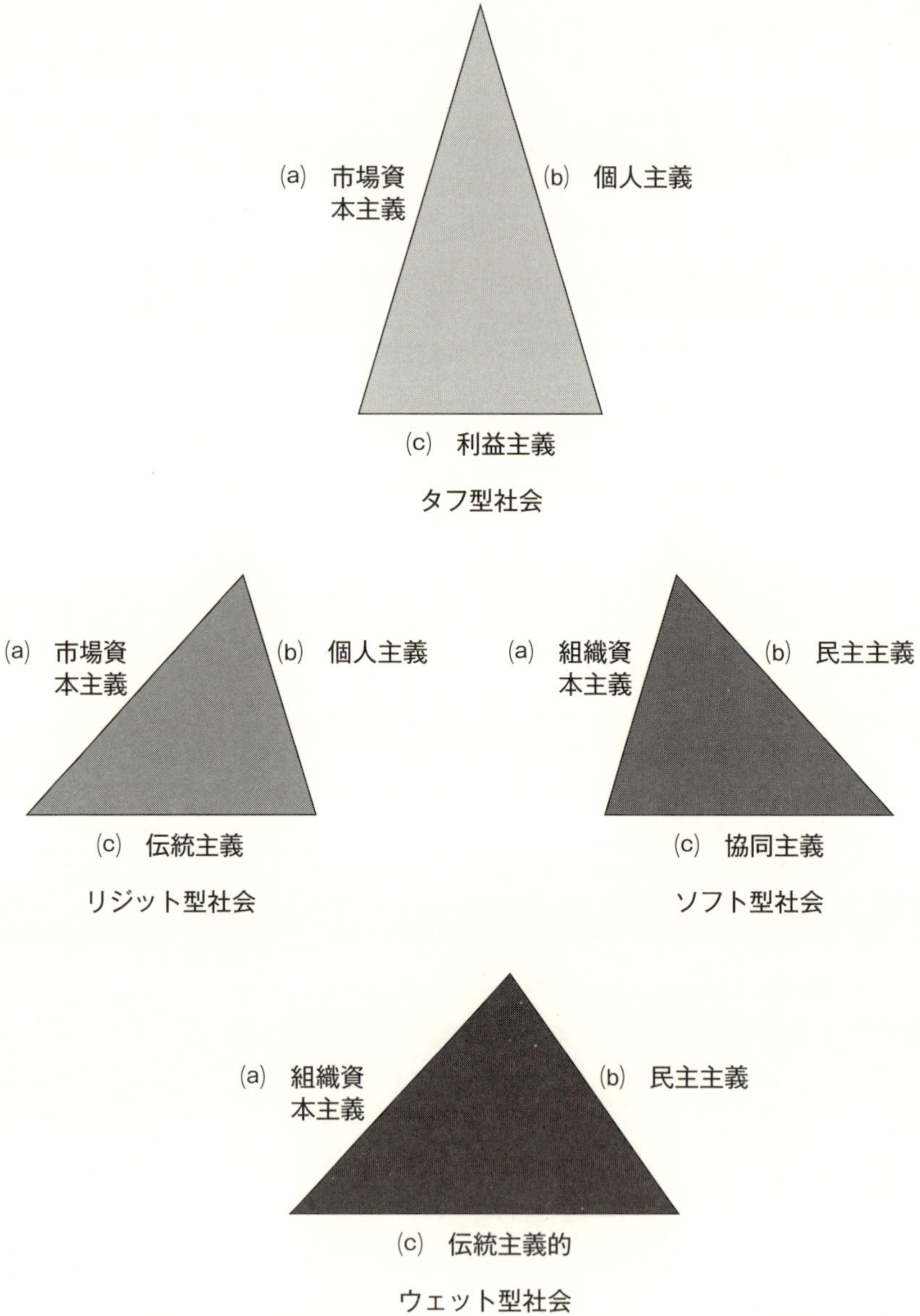

図 4　三相構造社会の地域的類型　　古川孝順　作成

克服されている。これらの国では、個人の自由や責任が重視され、生活については自助原則の貫徹がみられる。したがって、社会福祉のあり方については、公（行政）的な社会福祉よりも民間の社会福祉や民営の福祉産業を重視する傾向がみられる。その傾向は、とくにアメリカにおいて強い。世界最初の福祉国家であることを誇りとしてきたイギリスにおいても、一部社会福祉の民間化・民営化の傾向がみられるのである。

ソフト型社会に対応するのは、デンマーク、オランダ、スウェーデン、ノルウェーなどのいわゆるノルディック諸国である。これらの国々は、資本主義社会としては組織資本主義、市民社会としては民主主義、共同体社会としては協同主義である。これらの国々の特徴の一つは、民主主義の幅が広く、伝統的に社会民主主義的な志向が色濃くみられることである。これらの国々では、組織資本主義の堅実な発展を前提にしながらも、国民生活の安定と向上をめざす諸施策にたいして第一義的なプライオリティを与えてきた。もとより、八〇年代になると、これらの国々といえども大なり小なり新保守主義的・新自由主義的な影響を免れえず、伝統的な社会民主主義政権はあいついで敗北を喫することになった。しかしながら、それでも、これらの国々では、福祉国家の母国イギリスが逸早く福祉国家路線を離脱するという状況のなかで、基本的には伝統的な福祉国家の路線が継承されてきている。八〇年代後半以降になると、周知のように、イギリスに代わってむしろこれらの国々が福祉国家のモデルとみなされるような傾向すらみうけられるのである。

次に、ここでリジット型社会として想定されているのは、たとえばスペインやポルトガルなどの南欧諸国、さらには中南米諸国である。資本主義社会としては市場資本主義、市民社会としては個人主義、共同体社会としては伝統主義、というのが、これらの諸国に共通する特徴であるように思われる。社会福祉は全体として未成熟かつ抑制的で、民間の個人ないし宗教団体の活動に依存する部分が多い、という印象を受ける。ただし、これらの国々の社会のあり方に関する情報は必ずしも多くはない。社会福祉についての情報はさらに乏しい。これからの研究に待つほかはないであろう。ちなみに、この類型の各位相のうち、資本主義社会の部分を商業中心のバザール資本主義に、そして市民社会の部分を身分主義に置き換えれば、中近東諸国をはじめとする第三世界の社会や社会福祉について考えるうえでの手掛りになりえよう。同様に、資本主義社会の部分を未熟な組織的資本主義に、そして市民社会の部分を集団主義に置き換えれば、東欧社会における社会や社会福祉について考えるうえでの手掛りになりうるかもしれない。

ウェット型社会については、まずわが国がこれにあたる。共同体社会的な要素の比重が高く、資本主義社会としては一応組織的資本主義、市民社会としては一応民主主義、という意味では、韓国や台湾、さらにはシンガポールなどもこの類型にいれてよいかもしれない。また、近年の資本主義類型論の言説をかりれば、一定以上の資本主義の発展をみている国であって、かつ共同体社会的な要素の比重が高いという限りにおいて、わが国とドイツをこの類型のなかで考えるということも可能かもしれない。ただし、ドイツと韓国や台湾、シンガポールとを同一の類型とみなすことには明らかに無理がある。ドイツは、むしろノルディック諸国のソフト型に近いというべきであろう。また、わが国が非西欧社会のなかで、しかも独力で離陸しえた最後の資本主義国であることや現時点においてわが国がおかれている国際的な状況などを勘案すると、わが国と韓国や台湾、さらにはシンガポールなどを同一の類型として扱うことにも無理がないわけではない。

4　わが国の社会

したがって、以下の議論はこの類型をわが国の場合に限定して進める。わが国の社会は、先進諸国のなかでは共同体社会的な要素の比重が著しく高いといわれる。これは否定しがたい事実であるが、より重要なのは、そのわが国における共同体社会が伝統主義的な色彩を色濃く残しているということ、これである。

よく知られているように、戦前以来わが国の経済史家たちは、わが国における封建遺制の存在ということを重要視してきた。一部の経済史家たちはこの封建遺制は資本主義の発展とともにいずれ克服されるものと考えていた。わが国の資本主義も、イギリスなどに比べ後発的であったとはいえ、いずれそれらの国においてみられたような発展の過程が生まれてくると考えていた。別の経済史家たちは、封建遺制を抱えるわが国における資本主義の発展はもともとイギリスなどの先発資本主義諸国とは異なったかたちをとることになると主張していた。これらの経済史家たちは、いわれるところの封建遺制がわが国の資本主義の発展にたいしてもつ意味については相互に見解を異にしていたものの、封建遺制をわが国の資本主義の順調な発展を妨げ、あるいは異なった発展の経路を取らせるものとして、消極的に評価するということでは立場を共通にしていたのである。したがって、これらの経済史家たちは一九六〇年代から七〇年代の初頭にかけての、そしてさらには八〇年代の後半におけるわが国の資本主義経済の著しい発展が、わが国社会の特殊性、つまりかつて封建遺制とよばれてきたような諸条件、いま一度われわれのタームに置き換えていえば、伝統主義的な共同体的要素と結びつけられ、しかもそれらを肯定的に評価するという方向において語られるようになろうとはおそらくは夢想だにしえなかったことであろう。

いうまでもなく、ここはわが国社会の発展にたいして共同体社会的要素の果たした役割やその効用について直接論じる場所ではない。しかしながら、少なくとも次のような事実には留意を促しておかなければならないであろう。

まず、共同体社会的要素の重視といってもそれは伝統主義的な要素であり、必ずしも積極的な評価につながるとばかりはいえないことである。同じ共同体的要素の重視といっても、ドイツが労働組合の経営参加など協同主義の方向をとっているのに比較し、わが国では企業一家、企業家族などという表現に端的にみられるように、滅私奉公的・家父長主義的な伝統主義の導入であり、たとえそれが経済の極大成長に寄与するところがあったとしても、それは同時に先進国に例をみない長時間の労働やサービス残業をいとわないような企業戦士やその結果としての過労死を生み出してきているのである。また、市民社会の位相においても、わが国は一応民主主義の形態をとってはいるが、しかしながらそれは個人主義の発展とその行過ぎや弊害を克服し、かつ人びとのもつ属性や価値の多様性を認め、そのうえで社会的な平等や公平を追求するという意味での民主主義には、残念ながらまだなりえていないのである。わが国における民主主義には、伝統主義共同体的な要素の影響が色濃く残っている。それは、かたちのうえでは西洋的な民主主義に近いものではあるが、実質的には没自我的・没個性的・集団優先的な、あるいはまた身分的・家父長主義的な行動様式によって支配されている部分が多いといって過言ではない。こうしたわが国の共同体社会に根強く残存している伝統主義的な要素は、可及的速やかに克服される必要があろう。

今日、あらためて近代社会における共同体社会的要素についての議論がいそがれなければならないのは、一面においては福祉国家体制への反動や福祉予算節減要求にたいする対応措置として、他面においてはノーマライゼーションの思想や分権化の潮流を反映するかたちで、地域型・分権型社会福祉への志向が大きな趨勢になってきているからである。

地域型・分権型社会福祉は、伝統的な施設福祉型社会福祉に比べて、共同体社会に依存する部分が多い。全面的に共同体社会に依存するといっても決して過言ではないであろう。しかしながら、地域福祉型社会福祉がまさにそこに依拠し、立脚すべきことが予定されている地域社会、すなわち共同体社会そのものについての議論はほとんどなされてきていない。かつての一時期、世界的に福祉国家体制への疑問が涌出してきた頃、わが国や東アジアの一部において、家族的結合の強さや敬老精神の豊かさが西洋にはない東洋的な特質であり、福祉国家の隘路を埋める要素になりうるものとしてもてはやされたことがあった。けれども、その後の経過が示しているように、わが国や東アジアにおいては、程度の差こそあれ、そうした共同体社会の伝統的要素は産業化や都市化の進展とともに急速に失われつつある。仮にそのような伝統的な要素を残し、さらにそれを拡大せしめるような政策が効を奏したとしても、それだけで懸案のすべてが解決されるとは思えない。地球的な規模においてますます産業化、都市化、流動化、国際化が進行するという環境のなかで、それぞれの社会が直面せざるをえない諸問題——社会福祉の対象に限定したとしても、その規模の拡大や問題の深刻化、複雑化は避けられない——に十分に対処しうるとは、とうてい考えられないからである。伝統主義の弊に陥らず、しかも個々の共同体社会のもつ伝統をいかしつつ、いかにしてそれを協同主義的なものに創り替え、生産的なものに発展させていくのか、そのことをあらためて考えてみなければならない。

四　残された問題——文化の問題

社会福祉における社会像を問うということでの課題に照らしてなお議論すべき問題は多いが、最後にそのなかから二点を取り上げ簡略にでもふれておきたい。

まず、第一点は、近代社会の三通りの位相のうち、社会福祉との関連においてもっとも強い規定力をもつのはどの位相であるかということである。一般的にいえば、近代社会を生み出し、それを一定の方向におしすすめてきたのはほかならぬ資本主義社会、なかでもその産業主義である。産業革命の過程で生み出された機械制工場制度を基盤とする第二次産業（製造業）の発展、さらには第三次産業の発展が、伝統的な共同体社会を解体させ、市民社会にたいしてその経済的な基盤を提供してきたといってよい。その意味では、近代社会の生成と発展の過程において牽引車的な役割を果たしてきたのは、産業主義とそれにもとづく経済の発展であった。そのことに異論はない。しかしながら、そこにも若干の留保が必要となる。

社会福祉の発展にとって、一定の経済の発展、すなわち資本主義社会の成熟が必要とされるが、しかしそれは唯一の規定要因ではない。そのことは、後発資本主義国であるドイツにおいてイギリスよりも早い時期に社会保険の制度が成立し、第一次世界大戦後は一貫して世界最大の経済大国であり続けたアメリカが福祉国家としてはイギリスにたいして著しい遅れをとってきた事実を思い起こせば、それだけでも十分に理解されうるところであろう。経済の発展は社会福祉の発展にとって必要条件ではあるが、しかし必ずしもそれだけで十分条件たりうるとはいえないのである。個々の社会における社会福祉の発展の過程やその特質を理解するためには、その社会の資本主義社会としての発展だけでなく、市民社会や共同体社会としての発展に留意しなければならない。なかでも、社会の実質としての共同体社会がいかなる状況にあり、いかなる特質をもっているのか、そのことが重要な意味をもってくるのである。

次に、われわれは、残された第二の論点として文化の問題を取り上げておきたい。われわれは、われわれの社会福祉についての理解をより行き届いたものにするためには、それぞれの時期の、あるいはそれぞれの時代の資本主義社会、市民社会、共同体社会の状況などについて的確に把握しておく必要があるが、同時にそれぞれの時代、それぞれの社会において、たとえば社会福祉の対象としての貧困（者）、失業（者）、あるいは障害（者）や傷病（者）について、社会福祉関係者たち、さらにはその周辺に位置する人びとが、それをどのように受けとめ、理解していたかを知らなければならない。また、かれらにたいして援助を提供するということについて、関係者たちがどのように受けとめ、理解していたかを知らなければならない。すなわち、われわれは、それぞれの時代や社会における貧困（者）観、失業（者）観、あるいは障害（者）観を知らなければならない。そうしなければ、われわれは、それぞれの時代や社会において、それに特有な側面をもちながら発展してきた社会福祉についての行き届いた理解をもつことはできないのである。

しかも、社会福祉に直接間接に関わりをもった人びとがどのような貧困（者）観、失業（者）観、あるいは障害（者）観を抱いてきたか、実はそれは関係者たちだけの問題ではない。そこには、それぞれの時代や社会において受け入れられてきた価値観、観念、信念、信教、習俗、習慣、それらから導きだされてくる思考や行動の様式など、一般に文化とよばれているものが色濃く反映されているのである。

その意味では、われわれは、近代社会の経済的位相としての資本主義社会、政治的位相としての市民社会、社会的位相としての共同体社会に加えて、第四の位相として文化を取り上げるべきであったかもしれない。しかし、われわれはそうはしなかった。文化は第四の位相というよりも、近代社会の三通りの位相を前提とし、それに規定されながら一定の内容をもって発展し、同時にそれが逆にそれぞれの位相を規定するという関係にあるように思われるからである。単純に第四の位相として扱うことには無理があるからである。さらにいえば、文化は三通りの位相のなかでは共同体社会のあり方ともっとも密接に結びついているようにみえる。文化は、資本主義社会や市民社会という、近代において一定の普遍性をもつようになった要素による規定を受けながらも、その基底の部分は、血縁や地縁、民族や習俗、宗教、それらを基盤とするなかでの世代を越えた生命のいとなみという人間の存在にとってもっとも根源的本質的な部分から生み出されてくるものであり、それだけに社会の実質としての共同体社会に広く、深く根ざすもののように思われる。それがあればこそ、世上にいう日本的資本主義社会や日本的市民社会が形成されることにもなってくるのである。

いずれにせよ、これからの社会福祉研究は、文化の問題を抜きにしては成り立ちえない。しかも、これからの社会福祉研究が国際社会のなかでの社会福祉や国内社会福祉の国際化とよばれるような状況についての研究をその視野のなかに収めるべきだとすれば、文化問題への関心はいっそう強められなければならない。

#〔註〕

(1) ここまでの政策論および運動論に関する記述の詳細については次の文献を参照されたい。孝橋正一『全訂社会事業の基本問題』(ミネルヴァ書房、一九六二年)。一番ヶ瀬康子『社会福祉事業概論』(誠心書房、一九六四年)。真田是『社会保障』(汐文社、一九六六年)。高島進『イギリス社会福祉発達史論』(ミネルヴァ書房、一九七九年)。

(2) 一番ヶ瀬康子『社会福祉事業概論』(誠心書房、一九六四年)二二ページ。

(3) 岡村重夫『社会福祉原論』(全国社会福祉協議会、一九八三年)二二ページ。

(4) 「三相構造社会」の「三相」については、東京都の地域福祉に関する「三相の計画」がネーミングのヒントになっている。三相計画とは東京都の「地域福祉推進計画」、市区町村の「地域福祉計画」、地域住民による「住民活動計画」を指しているが、これら三者の関係が「相互に補完し、協働し、連動しつつ、地域における新たな社会福祉システムの形成という、共通の目的を実現するもの」と「三相」の意味が説明されている(東京都『東京都地域福祉推進計画』東京都福祉局、一九九一年、一九ページ)。

(5) 大河内一男「社会政策と生産力――「経営社会政策」のための序説――」(同『増補社会政策の基本問題』日本評論社、一九五四年、所収)一四六〜一八〇ページ。

第4章 社会福祉の人間像

はじめに

ある意味では、社会福祉についての議論は、その対象についての議論にはじまって対象についての議論をもって終わる、といって過言ではない。それは、一つには、社会福祉というものが、方策施設の側面からみても、援助過程の側面からみても、畢竟するところその対象——それは、貧困者、児童、障害者、高齢者などのように、一定の属性をもつ存在として捉えられた人間、人びとであったり、貧困問題、児童問題、障害者問題、高齢者問題などのように、一定の特徴をもつ社会問題であったりする——に関わる問題状況の緩和や解決をもって最終的な課題としているという事実にもとづいている。いま一つの理由は、社会福祉の最終的な課題が対象に関わる問題状況の緩和や解決にあるとすれば、おのずと社会福祉の方策施設のあり方についての議論、また具体的な社会福祉援助のあり方についての議論は、対象についての議論からはじまらざるをえない、ということにある。対象論あってこその政策（方策施設）論であり、援助方法論なのである。

以下、そのことを念頭に置きながら、歴史的に社会福祉——以下、社会福祉を社会事業や救貧法、慈善事業などの歴史的な先行型態を包摂する概念として用いることがある——がその対象をどのように把握してきたのか、そのことが方策施設や援助過程のあり方をどのように規定してきたのか、対象認識の社会経済的、政治的、文化的な背景などについても言及しながら論じておきたい。

一　対象認識の意義

対象認識のあり方によってそれに対応する方策施設や援助方法のあり方が規定される、変わってくるということの意味を、もう少し追求しておきたい。議論を深めるためには何か適切な例をあげることが有益だと思われるが、以後の行論との重複をできるだけ避けるということを配慮して、ここでは失業についての社会認識と失業対策のあり方との関係を取り上げてみたい。失業という問題は、今日の政策範疇の捉え方からすれば、社会福祉に固有の課題とするにはやや周辺部位に位置するということになろう。しかしながら、失業という問題は、実は、歴史的にも、また理論的にも、社会福祉の課題と密接に関わりあってきた問題である。ある時期までは、社会福祉の課題そのものですらあった。そのことに加えて、失業についての社会認識と方策施設のあり方との対応関係は際立ったかたちで推移してきている。

イギリスやアメリカの社会史を念頭にあらかじめ整理してみると、失業という事態についての社会行政関係者や社会一般の認識のあり方は、①無為あるいは怠惰としての失業、②情報不足としての失業、そして③構造的失業、という三通りの段階を経て今日に及んでいるように思われる。

1　無為あるいは怠惰としての失業

第二次世界大戦後に成立したイギリス福祉国家体制の青写真が戦争中の一九四二年に提出されたW・H・ベバリッジを委員長とするベバリッジ委員会の報告書『社会保険と関連領域』であることはよく知られている。この報告書のなかで、ベバリッジは社会保険を中心とする社会保障制度の課題を「欠乏 want」にたいする攻撃に限定したうえで、それ以外にも国民の生活を脅かす巨人悪があるとして、「疾病 disease」、「無知 ignorance」、「陋隘《ろうあい》 squalor」、「無為 idleness」をあげている。いわゆる五巨人悪である。ベバリッジの業績やベバリッジ報告書の歴史的意義について論じることがここでの課題でない。そのことはいうまでもないとして、われわれに興味深いことはベバリッジが第五の巨人悪として「無為 idleness」をあげていることである。[(1)]「無為」は今日的にいえば失業であるが、歴史的な用語法を尊重すれば「無業」というのが適切であろう。ベバリッジが、一九四〇年代初頭という時点で、失業問題を取り上げるのに何ゆえに「無為」という歴史的な用語を用いたのか、それはそれで興味深い問題であるが、ここではイギリスにおいて失業あるいは無業が「無為 idleness」というタームで表現されている事実だけに関心を限定したい。

もとより、このような表現方法はベバリッジに固有なものというわけではない。それは、一九世紀までは一般的に用いられた用語法であり、失業状態あるいは無業状態にたいする特有の認識のあり方を物語っていた。すなわち、イギリスの社会では、近代を迎えたのちにおいても、長らく、失業（無業）は無為あるいは怠惰を意味するものとみなされた。そして、このような失業観は、近代前夜の絶対王政の時期から、一八世紀末の一時期を除いて、一九世紀末にいたるまで、きわめて強固な観念、あるいは先入主として受け継がれてきたのである。

日本語の世界では失業というタームが無為あるいは怠惰と同義であるといえば、そこに疑問が生まれるのは当然である。しかしながら、英語の世界では、失業あるいは無業と無為、怠惰はアイドゥルネス idleness という一つの単語によって、同時的に表現される。少なくとも一九世紀までは、そうであった。研究社刊の『現代英和辞典』をみれば、まずアイドゥル idle に次のような訳語があてられている。すなわち、「〈人が〉用がない、遊んでいる／〈機械・工場などが〉遊んでいる、使用されていない／〈人が〉怠惰な、のらくらしている――以下略――」とある。名詞形のアイドゥルネス idleness の訳語は、「無為、怠惰／遊んでいること」である。さらに簡便な辞書では、無為と怠惰の順序が逆になっている。

このような用語法は、英語の世界では、失業あるいは無業という状態は、人が何もせず無為に過ごしていること、ぶらぶらしていること、さらには怠惰に過ごしているということを意味している、少なくとも意味していたということを物語っている。どうみても、アイドゥル idle というタームの印象は好ましいものではない。失業（無業）という状態は、どうやら人がみずからそうしている、自発的に選び取った状態とみなされてきたようである。アイドゥル idle というタームの用語法は、失業（無業）という状態が、外側から強いられた状態、すなわちいわゆる強制的失業としてではなく、人びとがみずから選択している状態、すなわちいわゆる自発的失業として理解されてきたことを雄弁に物語っている。

一九世紀から二〇世紀にかけての世紀転換期において未曽有の慢性的失業に直面するまで、強制的失業などという観念はそれ自体はじめから成立しようもなかったのである。人びとにその能力があり、また意欲がある限り、働く場所は必ず存在するものと考えられていた。求職者の数にたいして仕事が不足するなどということはありえないことであった。失業（無業）者、すなわちぶらぶらしている人びとは、仕事につこうとすればいつでもそうすることができるのに、あえて働こうとしない人びとであると考えられてきたのである。

一七、八世紀から一九世紀の中頃にかけて、時代の精神が勤勉、努力、節約、あるいは節制、貯蓄を最高の価値とみなし、職業を神によって与えられた天職（コーリング）として理解するプロテスタンティズムやその俗流としての立身出世主義にあったことを思い起こせば、このような失業（無業）者たちが社会からどのような扱いを受けたか、それは容易に想像されうることであろう。今日からみれば、失業（無業）者たちに必要なものは当然のことに仕事であり、雇用の保障こそが重要であるということになろう。しかしながら、当時採用された失業（無業）者対策の内容は、いかにすれば失業（無業）者たちに働く意欲をもたせることが可能か、いかにしてかれらに労働の習慣を身につけさせることができるか、という関心によって方向づけられていた。失業（無業）者たちをいかにして労働に駆り立てるかが重要であった。その目的のためには、失業（無業）者たちの人身や行動を拘束し、過酷な懲罰や飢餓への恐怖を利用するようなことも一般的に行われてきた。いくらかソフィスティケイトされた表現のしかたを引用すれば、求援を抑制し、人格的な矯正、感化、陶冶に訴えることこそが失業（無業）者たちにたいするもっとも適切かつ効果的な対策であるとみなされてきたのである。

実際的な問題としては、当時の失業（無業）者たちの状況のすべてがはたしてかれらが怠惰であったりぶらぶらしていることの結果であったのかどうか、そのことは必ずしも明らかではない。たしかに、ただ怠惰であるという失業（無業）者もいたことであろう。しかし、病気、障害、老齢、あるいは凶作や不況など、それ以外の理由がからんで失業（無業）状態に陥った人びとも数多くいたはずである。そのあたりのところは、今後の実証的な歴史研究に待つほかはない。しかしながら、いまここで問題にしているのは実際の失業の原因がどうであったかということではない。そのことが関与する余地を認めるにしても、重要なことは当時の救済制度関係者や救済制度のあり方に影響力をもつ立場にあった人びとが、失業（無業）者たちを、怠惰でぶらぶらしている人びととして認識していたということである。そして、そのような認識が当時の救済制度やそのもとにおける処遇の内容を方向づけていたという事実である。

2　情報の不足としての失業

このような、失業を怠惰の結果として捉える、いわば道徳主義的な失業観は根強いものであり、今日なおわれわれの社会意識の奥底においてその影響力を失っていない。道徳主義的失業観はその基底において資本主義社会の自助原則と分かちがたく結びついているのである。

しかしながら、それでも一九世紀末から二〇世紀初頭にかけての著しい失業者の増大とともに、失業にたいする認識のあり方、したがって対応策のあり方にも徐々に変化がみられはじめる。失業を怠惰と同一化する道徳主義的失業観に代わって失業を情報不足の結果として捉える近代的な失業観が登場してきた。一九〇五年に制定された失業労働者法の背景にはそのような失業観の変化がみられるのである。

一九〇五年失業労働者法の標題は、An Act for Provision of Employment or Assistance for Unemployed Workmen's という。ここでは、失業は idleness ではなく unemployed という用語で表現されている。失業観の変化を象徴的に物語るものといえよう。この失業観の変化は、換言すれば自発的失業観の非自発的ないし強制的失業観への転換を意味するものである。すなわち、失業をみずからそうしている、選び取った状態として捉える観点からやむなくそうなった、あるいはそうなるように強いられた状態として捉える観点への変化である。このような、失業観の転換のはしりは一八八六年のチェンバレン通達である。この通達は、失業の問題を窮乏の問題と区別し、換言すれば失業対策を救貧対策と区別し、固有の政策課題として認識した最初の施策である。しかしながら、ここではその背後にある失業理論の変化を明確にするため失業労働者法、なかんずく同法による事業の一環として導入された職業紹介所を取り上げてさらに議論を進めることにしたい。

職業紹介所の基本的なメカニズムは、失業者、すなわち求職者には希望産業、職種、賃金、時間など求職にあたっての希望を記入した求職票を、逆に求人者には採用にあたっての職種、賃金、時間など求人にあたっての条件を記入した求人票を準備させ、それを一定の場所で相互に閲覧させて求職者と求人者とのマッチングを個別的に促進するというものである。職業紹介所とは、求職者と求人者とが相互に相手方についての情報を求め、相互に交換するための、いわば雇用に関する情報交換所にほかならない。職業紹介所の英語による表記は文字通り、labour exchanges である。

このように職業紹介所の背景には、失業は情報の不足によって起こるという失業観が伏在している。そこでは、失業は、求職側にとっては求人側についての、求人側にとっては求職側についての、いずれも情報の不足に起因するミスマッチの結果として理解されている。失業が情報のミスマッチに起因するとすれば、そのミスマッチを排して、マッチングを促進助長することがすなわち職業紹介所に期待される機能でなければならない。

失業を情報の不足として捉える観点、失業情報不足起因論には、失業が、みずからそうした状態、自発的な状態とばかりはいいきれないという考え方がある。自発的失業観の前提にあるのは、働く能力と意欲さえあれば仕事は必ずみつけることができるという考え方である。失業情報不足起因論は、さすがにこの仮説がつねに成り立つとは考えていない。その意味では、失業情報不足起因論はかなり失業を非自発的ないし強制的なものとする近代的な失業観に傾斜してきているといってよい。しかしながら、失業情報不足起因論の背景には、求職者数と仕事量はこれを総量として捉えれば本来的に一致するはずであり、失業は情報の偏りや不足にともなって一時的・地域的に生起してくるミスマッチに過ぎないという考え方、すなわち求職者側と求人者側とのあいだで相互に情報の交換が促進され、マッチングを助長するようなメカニズムが整備されれば、最終的には失業問題は解消されうるはずだという考え方が伏在している。

職業紹介事業は、従来自由放任主義に委ねられてきた労働市場の組織化を図るという意味では、重要な前進を示すものであった。けれども、職業紹介所は、熟練労働者については成功を収めたものの、それが本来対応しようとした不熟練労働者については十分な成果をあげることができなかった。その理由は、明らかに職業紹介所が前提とした失業情報不足起因論の限界にあった。失業情報不足起因論は、景気の波動にともなう一時的・循環的な失業についてはともかく、構造的・慢性的失業にたいしては十分な有効性をもちえなかったのである。

3　構造的失業

歴史的にいって、失業という問題が自発的なものでも一時的・循環的なものでもないということをまざまざとみせつけたのは、第一次世界大戦後のイギリスにおける失業の増大と慢性化、さらには一九二九年のアメリカにおける世界恐慌に端を発する世界的な失業の増大であった。なかでも、アメリカにおける失業問題は深刻で、連邦政府や産業界の期待とは裏腹に、時間の経過とともに増加し続け、最悪の事態となった一九三二年から三三年にかけての冬期には労働人口の四人に一人が失業中という状況にあった。

このような大量の失業人口の発生は、単に失業人口が増加したということではなく、資本主義経済それ自体の質的な変化を物語るものであり、それだけにその対策もある意味で旧来の失業対策の範疇を超えるものとなった。失業対策はそれ自体として重要な意味をもつだけでなく、資本主義経済体制の維持存続に関わる施策として重視されることになった。換言すれば、失業の問題が直接的に体制に関わる問題として認識されることになったのである。

世界恐慌期における失業対策は大型の公共事業の導入、第二次世界大戦以降になると公共事業のみならず財政や金融による雇用の創出、維持拡大というように、時期によってその内容を異にするものの、基本的な方向は、政府による雇用の保障、すなわち完全雇用政策というかたちをとるものとなった。もとより、失業に関して個人の責任が全面的に解除されたわけではない。失業者には、自助原則にしたがって、みずから就労の機会を追求する努力の継続が求められる。政府は、そのような個人の努力を前提にしながら、新しい技能の習得機会の提供や資金助成などの援助を行っている。しかしながら、それはいわばミクロ的な施策である。政府は、その一方において、経済過程そのものに働きかけ、雇用機会の創出拡大、維持を課題とするマクロ的な施策を展開している。ミクロ的施策とマクロ的施策の両者が両々相俟って完全雇用政策が効果をもちうるのである。

二　社会福祉対象の歴史像

社会福祉がその長い歴史を通じてその対象をどのように認識してきたのか、以下そこに焦点をしぼりながら議論を積み重ねていくことにしたい。その前駆的な施策を含む社会福祉の対象認識の推移をあらかじめ整理してみると、次のようになろう。すなわち、絶対王政下の初期救貧法の対象としての共同体離脱者、旧救貧法体制下の産業発展阻害者、新救貧法体制下の困窮脱落市民、社会事業期の困窮労働者階層、社会福祉期の国民＝低所得貧困階層、地域福祉（現代社会福祉）期の生活者である。このような社会福祉対象認識の変化は、もとより、それぞれの時期の施策のあり方のみならず、その背景ないし前提となる社会そのもののあり方と、深く結びついている。したがって、対象について語ることは同時に社会について語ることにもならざるをえないが、以下できるだけ対象認識の問題に即して論述する。

1　共同体離脱者

イギリスにおける初期救貧法、なかでも一五四〇年代におけるそれが残虐立法あるいは「血の立法（血なまぐさい法律）」などとよばれることはよく知られている。この呼称を著名にしたのはK・マルクスである。マルクスは『資本論』

のなかの原始的蓄積の過程において救貧法の果たした役割についてふれた部分でこの「血の立法」という呼称を用いている。それ以来、マルクスの名前とともに、当時の救貧法の実態がどうであったかということとは離れて、この呼称だけがすっかり有名になってしまったという経緯がある。しかしながら、その経緯はともかく、残虐立法という呼称が当時の救貧法の特性を一定の程度いいあてていたことは事実である。初期の救貧法の関心事は貧民をいかにしてその出生地や前居住地に送り返すかということにあり、この目的を達成するためであれば、片耳を削いだり、つるし首にするなどかなりの物理的強制力を活用することも当然のことと考えられていたのである。こうした措置は、今日的な観点からいえばはなはだしく非人道的な所業ということになろうが、当時の社会状況、なかでも救貧法の対象になった人びとの実態からすればある意味では当然のことであったともいえるのである。

初期救貧法の対象となった人びとは、今日的にいうような生活困窮者や貧困者ではなかった。かれらの実態は、その本来の共同体社会から離脱した、あるいは離脱させられた特有の浮浪者や乞食の群れであった。実際に一五世紀や一六世紀のイギリスにおいてどの程度の数の浮浪者がいたのか、またその主要な要因を特定しうるか否か、疑問な点も数多く残されている。しかし、ここで重要なことは、絶対王政下のイギリスにおいて、内乱、囲込運動、修道院の解体、インフレーション、不況などさまざまの要因によってかなりの数の浮浪者や乞食が生まれ、かれらが仕事や食料を求めて、出生地や本来の居住地を離れて浮浪徘徊を繰り返し、ようやく発展しはじめた都市のなかに外部から入り込んできたということである。そうした浮浪者や乞食は、その所業、振舞いだけでなく、疫病の運搬者としても人びとから嫌われ、恐れられる存在であった。

都市の居住者たちは、そうした無法で危険な浮浪者や乞食の群れからみずからのまち、すなわちみずからの共同体社会を守るために、かれらを捕まえ、笞で打ち、その出生地や本来の居住地に強制的に送還しようとしたのである。中世以来の伝統的共同体を基軸とする当時の社会のあり方からすれば、これはある意味で不可避的な措置であったというべきであろう。

2　産業発展阻害者

しかしながら、処罰と強制送還という初期救貧法の方策は結局は失敗し、政策の転換を迫られることになる。浮浪者や乞食はいかに処罰され、強制的に送還されようとも、一度離脱してきた共同体のなかには生活の場も生活維持の方策もみいだせず、結局は浮浪・乞食を余儀なくされるからである。このために、救貧法は浮浪者や乞食の処罰や強制送還措置から労働能力貧民にたいする就労の強制と定住の促進、無能力貧民にたいする救済の供与を中心とする施策に、しだいにその方向を転換していくことになる。その間、救貧制度の運用に関わる行政や財政のしくみも整備され、一五三〇年代にはじまる初期救貧法は一六〇一年にはエリザベス救貧法として集大成される。以後、一八三四年に新救貧法が制定されるまで、基本的にはこのエリザベス救貧法を機軸とするいわゆる旧救貧法体制が維持されていくことになるのであるが、その間、市民革命期から産業革命の前夜にいたる期間の救済対象者にたいする関係者たちの基本的な認識は、いわば産業発展阻害者、すなわち幼少期にあった産業の発展にとってただ負担となる冗費蚕食者とでもいうべきものであった。

絶対王政の崩壊をもたらした市民革命以後、イギリスではかつての絶対主義的な王政ではなく、議会が実権をもつ近代的立憲君主制度が導入され、商人、産業家、地方地主などを中心とするいわゆるブルジョワジー勢力の国政にたいする発言権が拡大していった。当然のことながら、救貧政策のあり方もブルジョワジーたちの利害を反映するものとならざるをえず、救貧法の運用に必要とされる救貧税を産業発展を妨げる冗費とみなし、極力その負担を回避しようとする施策が展開された。そのことは、市民革命終結後から産業革命前夜にかけて、すなわち資本主義経済の生成期において成立した一六六二年定住法や一七二二年労役場テスト法の立法意図やその内容をみればおのずと明らかであろう。

市民革命とそれに引き続く内乱期間中に現れた無政府的・教区放任主義的な散漫な救済政策にたいする反動として制定された一六六二年定住法は、それぞれの教区にたいして、他教区の住民が当該地区内の一定額の地代以下の借地に移住しようとする場合、一定の条件のもとに、そのものに強制的退去を求める法的権限を与えるというものであった。救貧税を負担するブルジョワジーたちは、そうした価値の低い借地に移住してくる住民たちが将来的に貧民化し、増税につながることを強く恐れたからである。しかしながら、定住法による移住者の強制送還は、居住権の認定、送還に要する費用負担などをめぐって絶えず教区間に紛争をもたらした。その解決や調停に必要とされる金銭的・時間的な費用が、救済を実施した場合に必要となったと推定される費用をはるかに超過するというような事態も稀ではなかった。それでも、それぞれの教区は、やがて定住法が労働力移動の妨げとなり、そのことがかえって産業の発展を妨げる要因になっているという事実が指摘され、そのことを身をもって理解するようになるまで、決してその適用をやめようとはしなかった。貧民は、それだけ教区に負担をかける厄介な存在であると考えられていたのである。

一七二二年労役場テスト法では、貧民にたいする救済方法はより抑制的で過酷なものとなった。労役場テスト法によって設置された労役場は、収容もしくは入所形態をとる社会福祉施設の原型ともいえるものであったが、その出発点は貧民を雇用し、過酷な条件のもとで就労することを要求した労役場マニュファクチャーとよばれるものであった。市民革命期の内乱状態が終結すると、発言力を増したブルジョワジーたちは貧民をただ救済することの無駄を強調し、かれらを労役場マニュファクチャーに雇用して就労させ、救済費を自弁させるとともに国富の増大に貢献させることを要求した。いわゆる「貧民の有利な雇用」論である。このいかにもブルジョワ的な構想は結局は実を結ぶことなく終わるのであるが、その過程において見出されたのが労役場マニュファクチャーの思わざる副産物、すなわち「求援抑制」効果であった。労役場マニュファクチャーにおける過酷な労働は、利益こそ生まなかったものの、貧民の救済への期待を抑制し、結果的には救済費の縮減に貢献した。労役場テスト法は、この求援抑制効果を一般的に追求するものであった。労役場テスト法は、院外救済を廃止し、労役場入所を忌避する貧民については救済を拒否するとともに、入所者には過酷な就労を強いた。このため、一八世紀の中頃には、労役場は「恐怖の家」として人びとに恐れられるという状況が生み出される。こうした救貧政策のあり方は貧民たちにとっては不幸というほかはない。しかしながら、一方、救貧制度の維持を産業の発展を阻害する無用の負担として捉えるブルジョワジーの側からみれば、労役場テスト法は大いなる成果をもたらしたことになる。

近代社会、あるいは資本主義社会の生成期は基本的には家父長主義の時代であり、経済政策の側面でいえば重商主義の時代であった。資本主義社会の生成期を支えたブルジョワジーたちは一方においては自由や平等を要求した。しかしながら、同時に、他方においては、ブルジョワジーたちはみずからの利益が国家によって庇護されることを当然のこととみなしていた。ブルジョワジーたちは、国家にたいして、国内的には幼少期にある産業を育成し、対外的には諸外国による競争圧力から国内産業を保護することを要求し続けたのである。それにもかかわらず、そのブルジョワジーたちは貧民救済問題については基本的にはこれを産業の発展を阻害する要素として位置づけ、抑圧的・懲罰的な施策を要求し続けたのである。一八世紀の末期には、農業革命——農業の資本主義化——によるイングランド南部の農村地帯における社会不安の蔓延を背景に、地方地主層による家父長主義的・宥和的な救済政策、すなわち「スピーナムランド制度」あるいは「賃金補助制度」が導入され、「救貧法の人道主義化」が推進される。けれども、それはエリザベス救貧法以来の救貧政策の推移のなかでみれば一時的・短期的な現象であるに過ぎない。しかも、この「人道主義化」はやがてそのことへの反動としていっそう抑圧的で道徳主義的な救貧政策を生み出すことになるのである。

3　困窮脱落市民

一八三四年、産業資本の確立を基盤とする近代社会の発展期において成立した救貧法改正法、すなわち新救貧法は、別名を「マルサス救貧法」ともよばれ、あるいは「救貧法における経済的自由主義の勝利」であるとも称される。いずれも、新救貧法の性格を端的に物語る呼称である。

一七九六年に刊行され、世に膾炙された古典『人口論』の著者として知られるR・マルサスは、同時代の救貧法、すなわち賃金補助制度の急進的な批判者であった。マルサスは、まず人口の増加に関わる法則と食糧の増加に関わる法則との違いを根拠に、困窮を自然法則的な産物であり、その存在は不可避であると主張した。マルサスによれば、人口の増加が幾何級数（等比級数）的であるのにたいしてその人口を支えるのに必要な食糧の増加は算術級数（等差級数）的であり、時間の経過とともに両者の乖離は拡大する。食糧の不足、すなわち困窮の拡大は不可避的である。マルサスは、このような特有の人口と食糧の増加に関する理論を根拠に、窮乏の拡大という事態を改善するために必要なのは救貧法の改善ではなく、未開地の開拓による食糧の増産であると説いた。さらに、マルサスは、救貧法は本来的に早婚かつ多産の傾向をもつ貧民を保護し、人口の増加に拍車をかけることによって事態のいっそうの悪化をもたらすだけであると主張した。マルサスによれば、貧民の苦境は貧民みずからが招いたものであり、かれらはただ辱められることによってのみ、そこから抜けだす意欲をもちうるのである。[2]

このような、マルサスの、貧困を自然法則的な所産とする貧困理論や貧困者を惰民視する貧民観、そしてそれらを基盤とする急進的な救貧法批判のなかには、今日からみれば、明らかに不適切というほかはないようないくつもの基本的な誤謬や限界が含まれていた。しかしながら、マルサスの『人口論』はその刊行直後から一九世紀初頭にかけて広範な読者を獲得し、熱狂的な信奉者を獲得した。マルサスを受け入れ、それによってみずからの利害に理論武装を施したのは、産業革命を通じて徐々に経済的な、そして社会的な影響力をもちはじめていた産業資本家たちを中心とする新興中産階級にほかならなかった。一八三四年救貧法は、一八三二年の第一次選挙法改正によって多数の新興中産階級が国会に議席を獲得した直後に、あたかもマルサスの救貧法批判を具現化するかのような方向において、すなわち救済の徹底的な縮減と求援抑制的な施策をその内容として成立したのである。

一八三四年新救貧法の特徴は、①救貧行政の全国的統一、②労役場による院内救済主義の復活、そして③劣等処遇原則の導入、に整理される。このうち、ここでの関心に照らして重要なのは、労役場の復活と劣等処遇原則の導入である。一八三四年法の、そしてその背後にある貧民観の特徴は、労役場の復活と劣等処遇原則の導入、両者の組合せによる求援抑制政策のなかに、余すところなく物語られているのである。

一八三四年法はまず、院内救済主義を復活させた。なかでも、労働能力をもつ成人については、労役場以外による救済を徹底的に否定した。そのうえで、労役場のなかでの処遇については劣等処遇を原則とした。劣等処遇の原則、すなわちPrinciple of Less-eligibility は、労役場における処遇の水準を独立自活している最底辺の労働者の生活の水準よりも下位に設定しようとする思想である。Less-eligibility の eligibility は eligible の名詞形であるが、eligible には「資格のある」、「ぴったりの」、「望ましい」などとともに「好適な」、という意味が含まれている。

Less は little の比較級であるから、Less-eligibility は「望ましさ」あるいは「好適さ」のより少ない状態を意味することになる。つまり、劣等処遇の原則とは、労役場における処遇を「望ましさ」あるいは「好適さ」のより少ない状態に置くということである。比較の対象は、前述のように、独立自活している最底辺の労働者の生活水準である。労役場における救済の水準は、つねに、独立自活している最底辺の労働者の生活の状態よりも、より好適さの少ない状態に置かれていなければならない。なぜならば、もし労役場における生活の状態が自己の労働によってみずからを維持している人びとの生活状態よりも好適なものであるならば、人びとは、自己の労働によってみずからを維持するもの（労働者）の階級から他人の労働に依存して生活するもの（被救恤的窮民）の階級に、先をあらそって移行するに違いないと考えられていたのである。

劣等処遇原則のなかには、人びとはおしなべて易きにつくもの、苦痛を避け快を求めようとするものである、という当時の功利主義的な観念が横溢していた。なかでも、救済に依存するほどの最下層の貧民は、よほど厳格に接しなければ救いようのない怠惰かつ不道徳的な存在、惰民であるとみなされていた。最下層の貧民は、新興中産階級のなかに分有されていた勤勉、努力、節約、節制などというプロテスタント的な徳目に照して、もっともそれらを欠落させている存在であった。かれらは、労役場への収容というこのうえなく不快な経験を強制されることがなければ、決して生活のためにみずから汗して働こうとはしない人びとであるとみなされていたのである。

産業革命による産業資本の確立を基盤とする資本主義経済の発展期はまた、市民社会の発展期でもあった。市民社会は、財産権、自由権、平等権をその内容とする市民権的基本権の主体である市民をその構成員とする社会である。形式的・抽象的にいえば、あるいは建前的にいえば、市民社会の構成員はすべて市民であり、市民権的基本権の所有者である。その意味では、貧民もまた市民だといえる。しかしながら、実態的にいえば、市民社会の構成員たる市民とみなされうるのは、貴族、地方地主、産業家、商人、あるいは医師、教師その他の家産や家業をもつ人びとであり、工場、鉄道、商店、農園などで額に汗して働く庶民階層は「働く貧民」——生活のために筋肉による労働を必要とする人びと——とよばれ、市民の範疇には含まれていなかった。いわんや、働く貧民の最下層に沈澱し、他人の労働に依存する被救恤的窮民は、市民としての適格性を欠くものとみなされた。実際、選挙権が広く承認され、労働者にもそれが認められるようになってからも、救貧法の適用を受ける被救済者は、救済を受けている間はそれを行使することができなかったのである。

けれども、働く貧民や被救恤的窮民が市民とは別の階級に属するものとして市民社会から完全に排除されていたというわけではない。たしかに、かれらはつねに、市民社会の一般的な標準から脱落ないし逸脱したものとして非難の矢面に立たされてきた。しかしながら、同時にかれらは、消極的・否定的なかたちにおいてではあるが、なお市民社会の一員として認められてきたのである。たとえば、慈善事業家たちは、みずからの人格的な影響力をもって貧民の矯正と教化にあたること、かれらに一人前の市民としての資質や生活習慣を身に着けさせることをもって慈善事業の最終的な課題であるとみなしてきたのである。

イギリス資本主義の最盛期、自由主義の時代を象徴する世俗的な慈善事業家たち、なかでも慈善組織協会に参加した慈善事業家たちは、市民社会の生活原理である自助原則と個人主義的・道徳主義的な貧困観を背景に、貧困を個人の無能力、不道徳、罪悪として捉え、貧民にたいする人格的感化、矯正活動に邁進した。慈善組織協会は貧民を「価値のある貧民」と「価値のない貧民」に区分し、「価値のある貧民」を慈善事業の、そして「価値のない貧民」を救貧法の対象として位置づけた。こうした貧民の分類は慈善事業の科学化の端緒として理解されることもあるが、その背後には貧困を個人的・道徳的な罪悪とみる自由主義の時代に特有な貧民観が潜んでいたのである。

一九世紀末に移入され、その発祥の地のイギリス以上に顕著な発展ぶりを示すことになるアメリカの慈善組織協会が「救済よりも友情を」と主張するときにも、その背後には貧民にただ救済、すなわち金品を与えるのではかれらを堕落させるだけであり、かれらに友情にもとづく人格的な矯正、感化、陶冶を施し、それによって人並みの市民としての資質を修得させること、それこそが貧民救済問題解決の要諦であるという強固な信念が存在していたのである。当時慈善事業家たちは、貧民にたいするみずからの救済活動をエレベイト、リフトアップという用語をもって表現していた。いずれも精神や性格を高める、高尚にする、向上させる、などの意味をもつが、いまでは一般に下にあるものを上にもちあげるという意味で用いられている。語源的には前者の意味が強いとしても、慈善事業家たちの貧困観を象徴するような用語法というべきであろう。社会ダーウィン主義の影響の強かったアメリカでは、このような個人主義的・道徳主義的な貧困観が社会のなかにイギリス以上に深く根をはり、その後の社会福祉の発展を強く方向づけることになった(3)。

これまでみてきたような貧困者を個人主義的・道徳主義的に困窮脱落市民として捉えるような対象認識が克服され、あらたな時代にふさわしい対象認識が生み出されていくには、貧困者たちの境遇を、かれらの生活がもっぱらその唯一の資産としての労働力にたいする代価として支払われている賃金、すなわちそれ自体として労働者のもつ個人的属性や諸条件をはるかに越えたところで決定され、景気の波動とともに変動する賃金によって、維持再生産されているという、その現実態に即して把握しようとする新しい観点の登場が必要であった。

4　困窮労働者階層

イギリスにおいて労働者という社会的な範疇が成立したのは、新労働組合運動の発展とそれを背景とする社会主義運動の拡大がはじまる一八八〇年代以降のこととみてよいであろう。もとより、それ以前にも、一八二四年の団結禁止法の廃止を契機とする労働組合の結成や労働者の権利拡大を求めるチャーチスト運動の興隆と挫折、また人道主義者やいわゆる開明的資本家たちの運動による工場法の制定など、労働者範疇の成立に結びつくような要素の発展がみられた。しかしながら、そうしたなかでも貧民＝困窮脱落市民範疇を労働者範疇と関連づけて把握するような社会的認識は容易に成立しえなかったのである。救貧法の適用を受ける貧民のなかに労働能力のある貧民が含まれており、そのなかには工場などに雇用されていた経験をもつものも含まれていたはずである。けれども、それらの人びとは、失業労働者という資格において救貧法の救済を受けたわけではない。あくまでも貧民という資格において救済の対象に組み込まれていたのである。

端的にいえば、工場などに雇用されていた労働者が失業したとしても、それらの人びとが失業労働者、すなわち労働者という特有の社会経済的範疇に属するものとしての資格において何らかの社会的施策の対象になるということはありえなかった。生活に落魄し、その手段に窮したときに初めて、それらの人びとは救貧法の適用対象として認知されうる可能性をもつことになる。ただし、そのときのそれらの人びとの資格は失業労働者ではない。あくまでも貧民＝困窮脱落市民という資格において救貧法の対象とされたのである。

社会的施策のなかで失業労働者と貧民を最初に区別したのは、一八八六年のチェンバレン通達である。この通達によって初めて、慢性失業対策として地方自治体が公共事業を実施することが承認された。失業者が貧民範疇から区別され、独立した範疇として承認されはじめたはしりである。そして、さらにより鮮明に失業者範疇の成立を物語っているのは一九〇五年の失業労働者法である。同法は、公共事業や公費移民、職業紹介事業など失業者を貧民と明確に区分して救済するかたちを取り、さらに重視すべき改革として「一時的な失業者や不遇な人びと」と「それ以外のもの」——貧民（被救恤的窮民）とを区別し、前者については選挙権（投票権）喪失措置を停止することとした。失業労働者対策としての失業労働者法は、明らかに貧民対策としての救貧法とは別の体系として制定されているのである。そして、同じく救貧法と別の体系としては、すでに一八九〇年代から無拠出の老齢年金制度の創設を求める運動が展開されはじめているが、その核になったものは、老齢のために退職した元労働者たちの老後生活への不安と切実な要求であった。われわれは、ここにおいても、貧民とは区別されたものとしての労働者範疇の成長を垣間みることができる。退職した元労働者たちは、みずからの老後生活の安定を確保するために、従来の慈善事業や救貧法とは別の、それらにつきまとう根深いスティグマから解放された新しい制度——無拠出老齢年金制度の創設を要求した。

このような労働者範疇の成熟の背景には、一八〇〇年代後半における産業構造の急激な変化、都市の戸主労働者にたいして選挙権を拡大した六七年の第二次選挙法の改正、八〇年代における新労働組合運動の拡大、八四年のフェビアン協会の設立、九三年の独立労働党の結成、さらには一九〇六年における労働党の成立という、労働者範疇の成熟を促進し、あるいはそれを前提とする時代の趨勢があった。そのことはあらためて指摘するまでもないことであろう。

貧民救済問題の内部においても認識の変化が生まれてきた。変化を生み出したのは世紀転換期のロンドンとヨークにおいて実施された二通りの著名な貧困調査であった。一八八六年から八八年にかけてC・ブースによって実施されたロンドン調査は、ロンドンに居住する住民の三〇・七%が貧困状態にあることを示した。一八九九年のS・ラウントリーによるヨーク調査は、第一次的貧困九・九一%、第二次的貧困一七・九三%、合計二七・八四%が貧困状態にあることを物語っていた。世紀転換期のイギリスにおいて、都市人口のおよそ三〇%が貧困状態にあった。しかも、ラウントリーのライフサイクルに関する研究によれば、一般に労働者はその生涯において三度、すなわちその幼少期、子育て期、そして老齢期の三通りの時期に第一次貧困線以下の貧困生活を経験する。さらに重要なことには、二通りの貧困調査の結果はいずれも、貧困の原因が慈善事業や救貧法関係者が主張してきたような怠惰、浪費、飲酒、浮浪などの個人的な属性にあるのではなく、低賃金、失業、賃金稼得者の死亡、疾病など個人の制御能力を越えた社会的な要因にあることを示していた。

これらの事実を加味していえば、都市人口のおよそ三割という貧困人口のほとんどは実は労働者によって構成されていたのである。また、その貧困人口は必ずしも固定したものではなかった。それは、それぞれのライフサイクルのなかで折悪しく貧困線以下の生活の時期に遭遇していた労働者たちによって構成されていた。最下層の沈澱した部分を除けば、貧困人口を構成する人びとの内容はつねに流動し、入れ替わっていた。世紀転換期のイギリスでは、端的にいって、貧困はほとんど労働者全体の問題になっていたのである。

このように、貧困が労働者全体の問題になるということになれば、貧困対策もまた従来の貧民＝困窮脱落市民のごく一部分を対象とする施策から労働者を中心とする施策にならざるをえないであろう。しかしながら、すぐにそうなったわけではない。一九〇五年には四年後に著名な一九〇九年救貧法委員会報告を提出することになる王立救貧法委員会が設置されているが、それは前述の一九〇五年失業労働者法が前年に引き続く不況と失業の拡大にたいして十分な効果をあげることができず、救済制度全体の見直しが必要になったことを発端とするものであった。労働者という資格において失業者を救済しようという試みも、当初は必ずしも十分な成果をもちえなかったのである。

けれども、その救貧法委員会も伝統的な救済制度が不十分であることについては委員間で認識を共有しうるものの、改革の方向や内容については見解の相違を埋めることができず、結局は微温的な改革を提案する多数派報告と救貧法の廃止という急進的な改革の必要性を主張する少数派報告に分裂してしまい、有効な改善策をうちだすことができなかった。なかでも、多数派報告は、すでにその社会的な性格を変えてしまっていた失業者たちを従来通りに貧民＝困窮脱落市民という枠のなかで扱うことにかたくななまでに固執した。多数派報告に与した慈善事業家たちや救貧法吏員たちは伝統的な個人主義的・道徳主義的貧困観にとらわれ、現実の変化を適切に認識しえなかったのである。

伝統的な救済制度の改革に見切りをつけた政府は、一九一一年に健康保険と失業保険からなる国民保険法を制定した。社会保険は、従来の慈善事業や友愛組合という民間的救済制度でも救貧法という租税依存型の公的救済制度でもない、いわば第三の新たな救済制度の体系として登場してきた。いわば新参者である。慈善事業関係者や救貧法関係者の反感や抵抗は大きかった。けれども、その後の救済制度の展開はむしろその新参者である社会保険を中心とするものとなっていった。社会保険の特徴はさまざまに指摘しうるが、その最大の特徴は何といっても社会保険が労働者を対象にする相互扶助施策であり、かつ防貧的な施策だということに求められる。社会保険は、これらの点において明確に貧民＝困窮脱落市民を対象にしてきた慈善事業や救貧法とは区別される。

しかしながら、社会保険をもってしても貧困問題のすべてが解消されうるというわけではなかった。当初、社会保険

（健康保険と失業保険）の適用範囲は、一定の所得以下の労働者（健康保険）や一定範囲の業種に従事する労働者（失業保険）の、しかも現役の労働者本人に限定されていた。適用業種以外の業種の労働者、退職労働者、労働者の家族、あるいは自営者などが社会保険の受益者になることは認められなかった。また、社会保険の給付にも金額や期間などの制限があり、社会保険によって貧困問題のすべてを解決することは不可能であった。そうした問題への対応は、結局のところ、部分的には慈善事業や救貧法が引き受け、あるいは世紀転換期に新たに登場してきた無拠出老齢年金制度、児童保護制度、妊産婦・乳幼児・学童保健サービスなどが引き受けることになった。健康保険や失業保険からなる社会保険にたいして、後者の施策群が一般に社会事業とよばれるものである。

社会事業のなかには、無拠出老齢年金制度、児童保護制度、妊産婦・乳幼児・学童保健サービスなどの新しい施策とともに、慈善事業や救貧法が含まれている。しかし、もとより慈善事業や救貧法は従来の慈善事業や救貧法ではない。第一に、それらは、社会保険が救済制度の基軸としての位置を占めたことによって、その役割に根源的な変化がもたらされている。第二に、それらは、社会保険を基軸とする新しい救済制度の展開に呼応するかたちで、援助活動のあり方を変え、処遇理念や処遇技術の近代化を経験することになる。こうしたことを前提に、かつての慈善事業や救貧法は社会事業の一部門を構成することになる。ちなみにいえば、社会事業を構成する諸施策は内容的にはかなりの多様性が含まれ、そのすべてが社会保険の取り残した諸問題に対応しているわけでもない。その限りでは、社会事業はオムニバス的な施策である。それらを束ねる原理の一つは、それらがいずれも公私の財源をもとに扶助原理にしたがって一方向的に提供される片務的な給付だということにある。

ここでもう一度対象認識の問題に戻っておこう。この時期で重要なことは、まず従来の貧困救済制度の対象が社会保険の対象と社会事業の対象とに分化したということである。この時期には、世紀転換期の貧困調査によって貧困を社会問題として把握する認識が発展するとともに、防貧という政策構想と技術が考案され、社会保険が成立した。すなわち、社会保険の適用対象は貧困問題の潜在的な担い手としての現役の労働者集団であり、かれらは疾病や失業という保険事故を契機に貧困問題の潜在的な担い手からその顕在的な担い手に転化する。ただし、社会保険の課題は従前生活水準（に近い生活水準）を保障することであるから、貧困問題の顕在的担い手に転化するといっても直ちに最低生活水準以下の生活に転落するというわけではない。そうならないように予防すること、つまり防貧が社会保険の本来的な課題である。

これにたいして、社会事業の対象は、その生活が最低生活水準以下に割り込んだ人びとやそれに近接する生活水準の人びとである。より具体的には、社会事業の対象になる人びとはその賃金のみをもってしては最低生活水準の維持が困難な、あるいは不可能な困窮労働者、困窮労働者の家族、困窮した退職労働者、小額所得の自営者、母子家族、寡婦、無職者などである。これらのうち、困窮労働者はいうまでもなくその家族や困窮した退職労働者は労働者階級の一部分である。少額所得の自営者、母子家族、寡婦、無職者などは直ちには労働者階級の一部分とはいいがたい。しかしながら、実態からすれば、かれらの生活は困窮労働者のそれに近似している。かれらの一部はかつての労働者であり、あるいは労働者の家族に連累する人びとである。また、かれらの一部はいつでも現役労働者に転化しうるし、また転化する人びとである。こうした事実に着目すれば、社会事業の対象は、困窮した現役労働者と退職労働者、その家族、さらには小額所得の自営者、無職者、障害者、寡婦など、実態的には困窮労働者の生活に近似する生活にあるものとして理解される人びと、つまりは総じていえば困窮労働者階層として把握することが可能となる。

このように、一九世紀の後半から二〇世紀の最初の四〇年間を通じて、イギリスでは貧困救済制度は、実態的にいえば、一般労働者階層にたいする社会保険と先に規定したような意味での困窮労働者階層にたいする社会事業とから構成されていた。しかしながら、実際的には、社会保険は労働者施策として認識されていたものの、社会事業は相変わらず貧民＝困窮脱落市民にたいする施策として認識され、相互に相異なる原理によって運営管理されるものとして取り扱われてきたのである。

5　国民＝低所得貧困階層

さて、第二次世界大戦直後に成立し、七〇年代末から八〇年代初頭にかけて新保守主義を標榜する政権が誕生するまで先進資本主義諸国の基本政策となってきた福祉国家政策のもとにおいては、社会保障および社会福祉は広く国民一般を対象とする施策であるとみなされてきた。もとより、国民一般を対象にするといってもそれは施策の適用範囲がそうであるということであり、国民のすべてが現実に扶助や福祉サービスの提供を受けているという意味ではない。国民のすべてが社会保険、公的扶助、福祉サービスその他の生活保障制度の適用範囲に組み込まれており、事故や必要の発生とともに給付や福祉サービスの提供を受ける資格を認められているという意味である。国民のすべてが潜在的に生活保障システムの対象とみなされるようになったといってもよいであろう。

国民のすべてが対象となったというときの国民は、その基底には国民国家の構成要素としての国民という観念があるにしても、そしてそのことはきわめて重要な意味をもつのであるが、実態的には、それは、社会保険の対象としての一般労働者階層、社会事業の対象としての困窮労働者階層に、かつて社会保険の適用範囲から除外されていた一定の範囲の労働者や管理的事務職員、専門的職業従事者、さらには広い範囲の自営者をつけ加えることによって合成された概念である。このような、国民のすべてを生活保障システムの対象として包含するという思想、あるいは国民のすべてを対象にするような生活保障システムを構築するという思想が生み出されてくる背景には、さまざまな要因が関与している。ここではそのうちから社会権的生存権の思想とベバリッジ報告の構想を取り上げ、簡略に言及しておきたい。

社会権的生存権が憲法上に最初に規定されたのは、第一次世界大戦後のドイツで一九一九年に成立したワイマール憲法においてであった。プロシャ帝政に代わって第一次世界大戦敗戦後のドイツに成立した共和国を象徴するワイマール憲法は、その第五章〔経済生活〕第一五一条において、「経済生活の秩序は、すべての人に、人たるに値する生存を保障することをめざす、正義の諸原則に適合するものでなければならない。各人の経済的自由は、その限界内においてこれを確保するものとする」と規定した。この「生存の保障」を求める権利は社会権的基本権の重要な一部分を構成するものであるが、そもそも一般に社会権的基本権とよばれる諸権利は、右のワイマール憲法の条文中の「経済的自由」に一定の制限を課すという規定からも読み取れるように、財産権、自由権、平等権などを核心とする市民権的基本権の一定の範囲における修正を前提として成立したものである。社会権的諸権利の基盤には、近代化された産業社会においては、個々人の努力の多寡に関わらず、市民権的基本権が形式的抽象的に保障されるだけではその生活の維持されえない人びとが多数存在している事実についての認識の発展があり、ワイマール憲法の第一五一条の規定は、新しい共和国の国民にたいして、そうした人びとについて国はその責任において直接的に「人たるに値する生存」を保障するよう努力することを約束したものであった。

歴史的にみれば、社会権的諸権利のなかでも先行したのは団結権、団体交渉権、ストライキ権などからなる労働権であり、生存権はそののちに成立したといえる。この成立の序列は、そもそも労働基本権が労働力のバーゲニングにおける現役労働者の対資本家交渉力の強化をめざすものであり、その効果の及びうる範囲を考えてみれば当然のことといえよう。労働権の効果は労働組合の組織率も対資本家交渉力も低い中小零細企業の労働者には及びがたい。失業労働者についてはさらに効果は期待しがたいであろうし、小額所得の自営者、障害者、高齢者、寡婦などについては直接的な効果はまずないというべきであろう。これらの人びとについては、交渉力を補強して自助努力に期待するというのではなく、より直接的に「人たるに値する生存」を保障することが必要となる。国家による生存権の直接的な保障という方式が必要になってくるのである。しかしながら、労働権の保障ということ自体が労働者の「人たるに値する生存」を求める権利をすでに前提的に承認したものともいえる。その限りでは、生存権の規定は、その理念を労働者のみならず、自営者その他を含む国民一般にたいして拡大して適用しようとしたものとも考えられるのである。

いずれにせよ、ワイマール憲法のなかで「すべての人」、あるいは「すべての国民」の生存が国による保障の課題として規定されたということ、さらにいえば、このワイマール憲法の生存権規定によって社会保障や社会福祉などの生活保障システムの整備を国民の権利として認識する基盤が定まったことの意義は、いかに強調してもこれに過ぎるということはないであろう。しかしながら、ワイマール憲法における生存権の規定はなお理念的かつプログラム的な水準にとどまっていた。その点、ベバリッジ報告の構想はすぐれて具体的である。

W・H・ベバリッジを委員長とする「社会保険および関連サービスに関する検討委員会」、いわゆるベバリッジ委員会が任命されたのは一九四一年六月のことであるが、翌四二年の一一月にはやがてベバリッジ報告として世に知られることになる報告書「社会保険および関連サービス」を提出している。イギリスでは、第一次世界大戦後の慢性的失業と貧困が世界恐慌のもとでいっそう拡大するという厳しい事態のもとで、一九一一年に成立した社会保険と救貧法の伝統を継承する公的扶助とが並立・対峙し、何かと混乱や軋轢が生み出されるという状況が続いていた。ベバリッジ委員会に期待されたことは、直接的にはそうした状況のなかで既存の関連諸制度に根源的な検討を加え、適切な制度体系に再編成するということであった。一九四二年に提出されたベバリッジ報告は、社会保険を中軸にこれを公的扶助で補う所得保障としての社会保障制度を構想するというかたちでこの要請に応えることになるのであるが、ここでの文脈からいえば、その内容に言及する以前に、まずベバリッジ委員会に期待された歴史的な役割についてふれておかなければならない。

第二次世界大戦の特徴の一つは、それが国民をあげての総力戦として戦われたところに求められる。戦勝国、敗戦国いずれの側においても、戦争遂行のためにいかにして国家総動員体制を構築するかが最大の国家的関心事となり、政治、教育、文化などあらゆる媒体がそのために動員された。ベバリッジ委員会が設置されたのは、第二次世界大戦の緒戦、ドイツの攻勢のまえにイギリスが苦境に追い込まれている時期であった。まさに、ベバリッジ委員会の歴史的な任務は、形式的には一つの国家でありながら実質的には上流階級の国家と労働者階級の国家という二つの国家から構成されているといわれてきたイギリスにおいて、その二つの国家のあいだに架橋し、国民総動員体制を構築することにあった。上流階級と労働者階級とを一体化し、求心力の高い国家総動員体制を創出すること、それがベバリッジ委員会に課せられた任務であった。ベバリッジ委員会の報告書は、労働者階級の協力を取りつけ、国家総動員体制をつくりあげるために、かれらにたいして提示された戦後国民生活の青写真にほかならなかったのである。

ベバリッジ報告の具体的な内容についての検討に進むことにしよう。ベバリッジ報告はまず、既存の社会保険制度の不備を次のように指摘した。「……強制保険の適用を賃金労働者と一定所得以下の非筋肉労働者とに限定していることは、重要な欠陥である。自営で働いている多くの人びとは被用者よりも貧乏であって、公的保険をいっそう必要としている。非筋肉労働者用の所得限度も恣意的であって、家族扶養の責任を考慮に入れていない。また、病気の人も失業している人も所得のニードには実質的な差異はないはずなのに、これらの人々は異なった拠出条件のもとに異なった額の給付を受けており、年齢の差によって無意味な差別がなされている。」こうした認識のもとに、ベバリッジ報告は、社会保険における被用者と自営者との差別、非筋肉労働者の所得による差別、健康保険、失業保険、年金保険という保険種別間の格差を克服するために、国民のすべてを包括する単一の社会保険制度および関連制度を創設することを提案したのである。

もとより、国民のすべてを包括する生活保障システムの実現といってもそれは年齢やニーズの範囲について差別しないという意味であり、字義通り国民のすべてが単一の生活保障システムの実際的な対象になるというわけではない。たとえば、老齢年金の給付が高齢者にのみ適用され、児童手当の受給が子どもを扶養する家族に限定されるなど、個々の制度による適用上の区分がなされるのはあらためて指摘するまでもないことであろう。

ベバリッジ報告は、国民を、その年齢、労働力や就業の状態などに留意しながら次のような六通りの群に分類している。第Ⅰ群――被用者、すなわち、その正常な職業が雇用契約のもとで就業することにある人びと。第Ⅱ群――使用者、商人、およびあらゆる種類の独立労働者を含むその他の有業者。第Ⅲ群――主婦、すなわち、労働年齢にある既婚の女子。第Ⅳ群――労働年齢にある無業者。第Ⅴ群――労働年齢に達しない者。第Ⅵ群――労働年齢を過ぎた退職者、である。これらの各群のうち、第Ⅵ群には退職年金が支給され、第Ⅴ群には児童手当が支給される。第Ⅰ群から第Ⅳ群には疾病保険、失業保険など各種保険が適用される。さらに、第Ⅰ群から第Ⅵ群のすべてに広範な医療およびリハビリテーション・サービスが提供される。これがベバリッジ報告の構想であった。[4] この構想は、第二次世界大戦の終結とともに次々と具体化されていき、一九四五年には家族手当法が、四六年には国民保険法と国民保健サービス法が、四八年には国民扶助法と児童福祉法が制定された。いわゆる福祉国家体制の確立である。

このように、ベバリッジ報告は、第二次世界大戦終結後における包括的な社会保障制度の創設を約束することを通じ、イギリス国民を、枢軸国を支配したファシズム、全体主義、軍国主義と対決し、その侵略から民主主義を守り抜くための国の総力をあげての戦いに動員するという国家目的に大きく貢献し、同時にイギリスに世界最初の福祉国家の建設という栄誉をもたらすことになった。そして、第二次世界大戦後時期を置かずに顕在化してきた社会主義体制との厳しい対立と対決から社会主義体制崩壊前夜の八〇年代半ばにいたるいわゆる冷戦構造の時代を通じて、イギリスを先例としながら福祉国家体制の構築に邁進することは、広く先進資本主義諸国にとってもっとも優先的な政策課題であり続けた。その間、国民のすべてに最低限度の生活を保障するような生活保障システムの確立という、ワイマール憲法にはじまりベバリッジ報告によって具体的な姿を与えられることになった福祉国家の理念は、資本主義国家体制の求心力を維持し、その政治的安定と経済的発展を生み出すことに大きく貢献してきたのである。

わが国においても、第二次世界大戦敗戦後の戦後福祉改革のもとで、すべての国民を対象とする生活保障システムの構築がめざされた。一九四六年の日本国憲法の制定、なかでもその第二五条がすべての国民にたいして「健康で文化的な最低限度の生活を営む」ことをその権利として承認し、国にたいしてそれを保障する責務を課したことは戦後福祉改革に拍車をかけることになった。しかしながら、理念的にはともかく、制度的水準における改革や整備には相当の時間が必要であった。わが国において、国民のすべてを適用対象とする社会保険の制度が実現したのは、従来の職域保険に加えて、地域保険としての国民健康保険と国民年金制度が成立した一九五九（昭和三四）年のことであった。ただし、この国民皆保険皆年金体制にしても主婦の年金権を認めておらず、主婦を含めてそのことばの十全な意味において国民のすべてが社会保険の適用範囲に包括されたのは、実に四半世紀の後、基礎年金制度が導入された一九八五（昭和六〇）年になってからのことである。

社会福祉についてはどうか。戦後においては、社会福祉もまた、形式的・抽象的には、あるいは理念的には、国民のすべてに適用される制度として再編成された。しかしながら、いうまでもないことながら、公的扶助の現実の適用範囲は一定の基準＝生活保護基準によって制限されている。戦後社会保障の展開に強い影響力をもった社会保障制度審議会による「社会保障制度に関する勧告」（一九五〇〈昭和二五〉年）によれば、公的扶助の適用範囲は「他の制度による生活保障や民法上の扶養義務による扶養をもってしても、なお、最低生活を営むことができない国民」に限定されている。一九五〇（昭和二五）年に成立した現行生活保護法以後、わが国の公的扶助は明確に一般扶助主義をとっており、扶助の適用が出自や従前の職業、生活習慣その他の個人的属性によって制限されることはない。しかしながら、実際の適用は、政府の設定する資産の保有についての一定の基準によって制限されるのである。

福祉サービスについても事情は同様である。戦後に制定された福祉サービス諸法は、一九四〇年代後半に制定された児童福祉法や身体障害者福祉法を含めて、所得によるサービス受給の制限を排除している。福祉サービスの給付は、申請者の必要（ニーズ）についての認定によってのみ実施される建前をとっていた。そのことは、前出の社会保障制度審議会の五〇年勧告の社会福祉（福祉サービス）についての考え方をみても明らかである。すなわち、五〇年勧告は福祉サービスについて「国民扶助を受けている者、身体障害者、児童、その他援護育成を要する者が、自立してその能力を発揮できるよう、必要な生活指導、更生補導、その他の援護育成を行うことをいう」としている。ここにいう国民扶助はわれわれのいう公的扶助と同義である。五〇年勧告によれば、福祉サービスの対象は「国民扶助の受給者」と「援護育成を要する者」から合成される範疇である。そのうち後者の「援護育成を要する者」については、明らかに所得による制限がつけられていない。理念的には、福祉サービスの受給者は「援護育成を要する者」一般である。しかしながら、実態的には、福祉サービスの受給者である「援護育成を要する者」、すなわち身体障害者や児童の生活は、公的扶助の受給者と同様に、貧困そのものであった。社会福祉の適用対象は実質的には貧困階層に限定されていたのである。五〇年勧告もその実態は十分に承知していたはずである。

社会保障制度審議会はその一九六二（昭和三七）年の勧告では、国民を①貧困階層＝その生活程度が最低生活水準以下である階層、②低所得階層＝最低生活水準以下ではないが、その生活程度においてこれと大差のないいわゆるボーダーライン階層および老齢、廃疾失業等の理由でいつ貧困階層に落ちるかわからない不安定所得層、③一般所得階層＝以上二つの階層に属さないそれ以上の階層に分類し、そのうえで貧困階層には公的扶助を、低所得階層には社会福祉を、一般階層には社会保険を、それぞれ対応させている。この場合、社会福祉は、「国および地方公共団体が低所得階層にたいして積極的、計画的に行う組織的な防貧対策」として位置づけられている。ここでの社会福祉についての理解は、低所得階層を構成する人びとのもつ定型的な保険給付では対応しえないような生活上の事故や危機、貧困に結びつきやすい個人的属性などに対応し、貧困階層への転落を事前に防止することを目的とした施策というものである。社会福祉は、現物給付である場合も含めて、所得保障を積極的に補完する施策であるということになろう。

このような六二年勧告は、高度経済成長のもとで高齢者、母子家庭、精神薄弱者などを中心に徐々にはじまっていた社会福祉対象の潜在的拡大傾向を前提にするものであったが、結果的にはその適用範囲の拡大に拍車をかけることにもなったのである。すなわち、社会福祉の対象は、六〇年代後半から七〇年代にかけての高度経済成長を背景にしながら、六二年勧告による位置づけの範囲を超え、低所得階層から一般階層に拡大していった。そのような拡大の牽引車となったのは七〇年に高齢者率七％を超えたわが国社会の高齢化であった。七％を超えて急速に増大する高齢者たちにとって、社会的・経済的機能、身体的・運動能力的機能、さらには生理的・心理的機能の低下は、その資産のいかんにかかわらず、加齢とともに早晩避けられないことであり、しかもそうした機能の低下にともなう困難や障害を取り除き、あるいは緩和するためには所得保障とともに社会福祉の利用が不可欠であった。

社会福祉の利用者の範囲、すなわち社会福祉の適用対象の範囲は、八〇年代になるといっそう拡大する。そして、この傾向は、七〇年代後半から八〇年代にかけて社会福祉供給システムの多元化が進展したことによってさらに促進されることになった。保育所を除き、事実上、貧困階層と低所得階層に制限されてきた公的福祉サービスの周辺に福祉公社、相互扶助団体、生活協同組合や農業協同組合などによる法律によらない福祉サービスを供給する民間福祉サービスが発展したことによって、福祉サービスの適用範囲、あるいは利用者の範囲が拡大し、国民は当然のこととして社会福祉を利用しようとしはじめたのである。

三　生活者と自立生活援助

近年、とりわけ一九八〇年代以降における社会福祉対象に関する社会的認識の変化のなかで重要な意味をもつのは、次の三点であろう。すなわち、第一には、利用ならびに利用者概念の定着である。第二には、生活および生活者概念の定着である。そして、第三には、自立概念の再構成とその定着である。もとより、これらの変化は相互に深く関連する部分を内包させている。以下、そのことに留意しながら個別に取り上げてみよう。

1　利用者

残念なことに、社会福祉の利用ないし利用者という用語法の初出を明示するだけの情報をもちあわせていないが、それが頻繁に用いられるようになったのは八〇年代もなかば以降のことではなかったかと思われる。一時的には、利用者以外に消費者という類似の用語も用いられた。利用者概念についても消費者概念についてもいずれもユーザー（user）あるいはコンシュマー（consumer）として英米の社会福祉文献に多数使用例があり、わが国におけるこれらの用語の使用はあるいはその紹介ないし流用としてはじまったものかとも考えられる。しかしながら、後者の消費者という概念はわが国の社会福祉界に定着することなく姿を消してしまい、今日ではほとんどその用例がみられない。

利用者概念が定着し、消費者概念が姿を消した理由については、これといえるほどの確証はない。消費という用語には市場原理にもとづく物財やサービスの供給と購買が前提になるというイメージが強い。多分に、そのことが市場原理による福祉類似サービスの供給とみずからを区別しようとする傾向の強い社会福祉界で消費者概念を受容しがたいものとした理由の一つであろう。また、商品の品質についての評価能力に欠ける消費者の一般的な保護をめざす消費者保護という社会的施策の領域がすでに存在することも消費者概念を定着しがたいものにしたように思われる。いずれにせよ、利用者概念と消費者概念とを比較考量することがここでの課題ではない。ここでの課題は、社会福祉の世界で利用者や消費者という概念が用いられるようになったこと、そのことの意味を社会福祉における対象認識の変化という観点から論じることにある。

社会福祉において利用者概念が定着することになった背景として重要なのは、まず、社会福祉を利用する人びとを指示する用語として「対象者」という表現がとられてきたことにたいする批判である。次には、一九八〇年代以降社会福祉のいわゆる普遍化ないし一般化、さらには多元化とよばれる事態が進展してきたということである。

第一の論点、対象者という用語法に関していえば、社会福祉の対象という概念は、もともと社会福祉研究の領域で、社会福祉という社会的方策施設が対応している問題状況（事態）やそのような問題状況を担う人びとについて一般的・抽象的に分析し、議論することを意図して用いられてきた概念であった。本来、それは社会福祉の客体となる個々の具体的な人間を指し示す用語ではなかったのである。それがいつの頃からか末尾に人間を意味する「者」をつけ加えて対象者という用語に合成され、実際に社会福祉の援助を利用している人びとを指し示す具象的な用語として頻繁に用いられるようになったのである。このような、非科学的かつ無神経な合成語は、当然のことに実際に社会福祉を利用する立場に置かれた人びとに不快感を与えることになった。かれらは、対象者という用語法のなかにみずからを社会福祉の単なる客体として物化し、受身的・一方向的にその恩恵に与かる存在として取り扱おうとするある種の差別意識を感じ、それに反発した。

利用者という概念は、まず、このような対象者概念の非科学性や差別性、そこから生み出されてくるスティグマを克服するために多用されるようになったのである。

次に、利用者という概念が用いられるようになったもう一つの背景は、社会福祉の普遍化ないし一般化、さらには多元化とよばれる現象である。通例、社会福祉の普遍化ないし一般化という用語は、福祉ニーズの拡大化の傾向とそれに対応する福祉サービスの拡大化と常態化の傾向を意味して用いられている。すでにみてきたように、日本国憲法第二五条の生存権の規定とそれを前提とする福祉サービス諸立法の普遍主義理念の規定が存在したにもかかわらず、社会福祉の利用は実質的には戦後一貫して貧困階層や低所得階層に限定されてきた。それが、高齢化の波がおし寄せるなかで七〇年代ころからしだいに拡大する傾向をみせはじめた。この傾向は八〇年代にはいっそう確実なものとなり、いわゆる一般階層による社会福祉の利用も着実に拡大していった。他方、そのような福祉ニーズの拡大に呼応するように、従来の国や地方自治体による公設社会福祉と社会福祉法人を中心とする民間社会福祉からなる「法律にもとづく社会福祉」の周辺部分に、福祉公社、相互扶助組織、生活協同組合、農業協同組合などによる多様な「法律にもとづかない社会福祉」が生み出されていった。これがいわゆる社会福祉の多元化である。

こうした社会福祉の普遍化ないし一般化、多元化の傾向には、その一面において公的支出の削減、自助努力の拡大、民間活力の活用を求める行財政改革の影響を否定しえない。しかしながら、それは同時に、七〇年代このかたの福祉ニーズの拡大と措置制度やそれに付随しがちのスティグマに制約されることなく、しかも地域社会のなかで従前の生活のスタイルをできるだけ維持しながら、社会福祉を自由に利用してその生活を営みたいという国民の切実な期待によって生み出され、促進させられてきたものであった。社会福祉における利用者の概念には、したがって、国民の法的権利としての社会福祉、貧困階層や低所得階層のみならず一般階層による社会福祉の利用、社会福祉の選択権を前提とする自由な利用、社会福祉の利用にともないがちなスティグマからの解放、ノーマライゼーションなどの戦後の社会福祉に底流する諸理念や近年の発展のなかで定着させられつつある新しい諸理念や思想が組み込まれているのである。そして、加えてこのような利用者概念のなかには社会福祉の利用にともなう適正な費用の負担という観念もまた組み込まれている。利用者概念の導入にあたって見逃されてはならない側面である。

2 生活と生活者

周知のように、昨今、一般のジャーナリズムでも生活者の視点、生活者中心、生活者サイドなど、生活者という用語が頻繁に用いられるようになってきている。社会福祉の世界ではかねてから生活者という概念が重視されてきており、広く生活者概念が取り上げられるようになったこと自体は結構なことである。しかしながら、もとより生活者概念が頻繁に用いられるようになってきたといっても、社会福祉で用いてきた生活者概念がそのまま一般に浸透し、人口に膾炙《かいしゃ》されるようになったというわけではない。

一般のジャーナリズムの生活者概念は、輸出立国から内需拡大へ、生産重視から消費重視へ、あるいは競争社会からゆとり社会へ、というわが国の経済、政治、行政、文化などに関わる基本的な方向性の変化や退職後における老後生活時間の伸長、労働時間の短縮などによる国民生活の変化と結びついて用いられるようになってきたものである。このような状況はたしかにそれはそれとして歓迎されるべきことである。しかし、社会福祉の研究という観点からいえば、単純に喜んでばかりはいられない。それらの議論を社会福祉研究の蓄積、なかでもその対象研究の蓄積と結びつけなければならない。そうでなければ、世上の生活者概念にたいする関心について論じることの意味は薄いように思われるのである。ただし、議論を社会福祉研究の領域に限定する前に、次のことだけは指摘しておかなければならない。それは、生活者の概念には、国際化にともなう多様な人種や民族による混住の進展するなかで、伝統的な国民国家の垣根を取り払い、地域に居住する人びとを即自的に地域住民すなわち生活者として捉える契機が含まれているということ、これである。

社会福祉の世界で生活者概念が用いられるようになったのは一般よりも早いが、それでも初出は一九七〇年代、一般化してきたといえるのは八〇年代以降のことである。社会福祉の研究において生活者といえばすぐ誰もが連想するのは、岡村重夫や一番ヶ瀬康子による一連の研究であろう。しかしながら、岡村の『社会福祉学総論（初版）』（一九五八年）にしても一番ヶ瀬康子の『社会福祉事業概論』（一九六四年）にしても、そこには生活概念はあっても生活者概念はみあたらない。岡村にとっても一番ヶ瀬にとっても、「生活」はその理論体系においてもっとも重要な概念である。けれども、「生活」の主体は岡村の場合には「個人」であり、一番ヶ瀬の場合には「労働者」である。一九六〇年代の前半において、生活者という概念はまだ登場していない。生活者概念の登場、さらにその一般化はかなり新しい時代に属する。

ただし、ここでも念のために留意しておきたい。生活者概念の使用例はすでに戦前にみられるのである。戦前、一九三八年の時点で生活者概念に言及したのは社会政策学者の大河内一男である。大河内は、その「わが国における社会事業の現在および将来」という著名な論稿のなかで一箇所だけ生活者という用語を用いている。周知のように、大河内は、社会政策との対比において社会事業を論じたなかで、社会政策の課題としての要救護性が労働者、さらに厳密にいえば生産者としての資格において生まれてくるのにたいして社会事業の課題となる要救護性は「一般消費者ないし生活者[(5)]」としての資格において生まれてくると主張した。大河内は必ずしも生活者について積極的に論じているわけではないが、生活者概念の先行例として貴重なだけではない。わが国における社会福祉対象論の嚆矢としても再検討に値する重要な意味をもっているように思われる。

わが国の社会福祉対象論のなかに生活者概念が復活し、一般化するのは、前述のように一九七〇年代以降においてのことである。大河内以来この時期まで、生活者概念は省みられることがなかったということになろうか。しかし、重要なのは、その間において、前出の岡村や一番ヶ瀬らを中心に「生活者」の前提となるべき「生活」ないし「生活問題」もしくは「生活上の困難」についての研究に著しい進展が生み出されてきていたということである。もとより、生活といい生活問題（生活上の困難）といい、岡村と一番ヶ瀬とでは基本的にその見解を異にしている。岡村は、社会福祉に固有な視点として個人の生活を支える社会関係の主体的側面に着目し、そこにおける困難、すなわち社会関係の不調整、社会関係の欠損、社会制度の欠陥をもって社会福祉固有の課題＝対象として措定する。さらに岡村は、社会福祉的援助の原理として、生活の社会性、全体性、主体性、現実性をあげている[6]（ただし、後者の社会福祉的援助の原理は、『全訂版』では社会関係の社会性、全体性、主体性、現実性に改められている）。このような岡村の生活や生活上の困難についての理論的枠組は、それが提起されて以来三三年、基本的には修正されていない。その間のわが国の社会と社会福祉の変化をみるとき、岡村社会福祉体系の強靭性には驚くべきものがある。社会福祉の原理論というにふさわしい体系であろう。

一番ヶ瀬の社会福祉研究にたいする貢献は多岐にわたるが、ここでのわれわれの関心からいえば、もっとも重要なのは生活問題という範疇を社会福祉の対象として措定したことである。戦後における社会福祉研究の第一の局面は、社会福祉の社会科学的研究の登場であった。社会福祉の社会科学的研究に先鞭をつけたのは、いうまでもなく、孝橋正一である。孝橋は社会福祉を社会政策との対比において分析し、その基本的な性格、本質を明らかにしようとした。孝橋によれば、社会政策と社会福祉との違い、ひいては社会福祉の基本的性格は、両者の対象の違いとそして関連に求められる。すなわち、社会政策の対象は資本主義社会におけるもっとも基本的な社会問題としての労働問題であり、社会福祉の対象はそのような労働問題から「関係的派生的」に生み出されてくる社会的問題である。社会福祉の対象である社会的問題は社会問題の一部分であり、労働問題に基本的根源的な規定力がある。そこに、社会福祉が社会政策を代替しあるいは補充するという関係も生まれてくるのである[7]。

一番ヶ瀬は、孝橋とは異なり、社会福祉の対象を生活問題として把握する。孝橋の社会的問題と一番ヶ瀬の生活問題の違いはその労働問題との距離、あるいは労働問題の規定力についての評価の違いに求められる。孝橋は社会的問題は労働問題から「関係的派生的」に生み出されてくるという。「関係的派生的」に生み出されてくるという修辞にはそれ自体として理解しがたいところもあるが、それはともかくとして孝橋は社会的問題が労働問題から生み出されてくる、それによって規定されるという側面を強調している。これにたいして、一番ヶ瀬は労働問題と生活問題との関係を労働力の消費と再生産の過程を軸芯にして位置づけ、生活問題が労働問題――すなわち労働力の消費過程における賃金、労働条件その他をめぐって生み出されてくる諸問題によって規定されることを認めたうえで、その独自性を主張する。その根拠は、第一には生活問題がその基底において労働者のもつ身体生理的諸条件といういわば自然的諸条件の制約を受けながら展開されるということに求められる。第二の根拠は、資本主義社会における生活は生活自助（生活自己責任）の原則のもとに、個々人の動員しうる個人的ならびに社会的な諸資源の範囲内で展開されざるをえないということに求められる。したがって、労働者の生活およびそこに生み出されてくる生活問題はすぐれて個別的な性格をもつものとなる。すなわち、労働問題が労働者階級に普遍的な問題状況としてあるのにたいして、生活問題の特質はまさにそれが個別的な性格をもちながら生み出されてくるということ、そのことに求められるのである。(8)

このような一番ヶ瀬の生活問題把握、換言すれば社会福祉対象の把握は社会福祉の基本的な性格を理解するうえできわめて有効なものであったといわなければならない。すなわち、社会福祉の対象としての生活問題は、労働問題という普遍的な性格をもつ問題状況の規定を受けつつ、しかしなおすぐれて個別的な性格を帯びた問題状況として生み出されてくる。そしてそのような生活問題の特性こそが社会福祉を単なる社会政策の補充代替策以上のものとしているからである。しかしながら、このような一番ヶ瀬の生活問題把握にも難点がなかったわけではない。第一に、一番ヶ瀬の社会福祉の対象類型とマッチングさせられた生活問題類型は部分的には対象類型の年齢、性別などの属性に規定された労働力の態様を基準にするものであり、それだけによってそれぞれの対象類型の生活問題の全体像を描きだすことは困難なように思われた。第二に、一番ヶ瀬の生活問題理解の枠組は労働者を前提とするものであり、自営者を含めた国民一般――今日的にいえば、生活者――の生活問題論になっていなかった。

もとより、一番ヶ瀬の生活問題の探求がそこで終わっているわけではない。その後一番ヶ瀬は、一九五〇年代から六〇年代にかけて展開されてきた篭山や中鉢らによる生活研究の系譜、さらには今和次郎などの生活学に触発された生活学の探究というかたちで生活問題論の展開を試みている。一番ヶ瀬はその成果を踏まえて、みずからの生活学の方法について次のように指摘している。すなわち、「生活をたんに相互関連体系としてのみとらえるのではなく、――日常的連続性における生活力（その機軸は労働力）が、生活関係（家族、職場、地域……）を媒介として、主体的・創造的に生活手段（財、用具……）を駆使しての生活過程（生活リズム、ライフ・ステージ……）において、歴史的社会的に規制された生活条件（時間、空間……）に規制されながら、どういう状況で展開しているかを、生活展開として弁証法的にとらえる[9]」ことが必要である。

われわれは、ここに簡潔にして明瞭に示されている一番ヶ瀬の生活研究の方法論にその大筋において合意することができる。しかしながら、次の課題は、このような方法論によりながらいかにしてより具体的な、個々の社会福祉利用者の抱えている生活課題（福祉ニーズ）の記述や評価（アセスメント）に貢献しうるような固有の枠組を開発していくかということである。この課題を克服することなしには、生活問題論は政策論水準における分析や記述の枠組としてはともかく、援助（処遇）論の水準におけるそれとしては十分な有効性をもちえないとする一部の批判に適切に答えたことにはなりえないであろう。

3　自立概念の再構成

最後に、近年における「自立」概念の再構成について言及しておきたい。よく知られているように、国際連合によって国際障害者年の設定された一九八一（昭和五六）年以降、障害者問題の領域を中心に、従来の自立助長概念や更生概念とは明確に一線を画し、むしろそれを批判するかたちで自立概念の再構成が進行しつつある。それが直接的には障害者自身を中心とする自立生活運動の成果とその影響に由来するものであることはことさら指摘するまでもないことであるが、ことは社会福祉における対象把握、あるいは人間像の核心にふれる問題であり、これまでに考察してきたことを前提にしながらさらに若干の敷衍を試みておきたい。

今日における「自立」の意味を探究するためには、まず簡略にでも、近代市民社会＝資本主義社会の確立期以降今日にいたるまでの対象認識の変化を振り返ってみなければならない。産業革命期から一九世紀末にいたるまでの対象認識は被援助者を人格的ないし能力的に著しい欠陥をもち、その結果として不適切な生活習慣を身につけ、市民としての一般的水準から脱落した市民とみるような、すぐれて道徳主義的な色彩の濃いものであった。このような対象認識は世紀転換期以降になると困窮労働者という認識に、そして第二次世界大戦以降においては低所得貧困階層に属する国民というように変化してきた。そのことについてはすでに指摘してきたところである。

しかしながら、ここでの関心との関わりでいえば、われわれはさらに、これらの事実に加えてそれぞれの時期の生活保障システムが自立という問題をどのように取り扱ってきたかをあらためて検討しておかなければならないであろう。まず、救貧法の課題は、第二級の脱落市民にたいして求援抑制的に対処し、かれらの救済制度にたいする依存心を抑制することにあった。救貧法は救済を拒否することを通じて外側から、外在的に「自立生活」を強要したのである。次の時代の社会事業は、保護をあからさまに拒否することはしなかったものの、労働能力のある困窮労働者や困窮児童については、かれらをできるだけ早い時期に労働者の隊列に復帰させ、あるいはそこに組み込むことを通じて「自立生活」を助長しようとした。労働能力のないものには在宅や施設で最低水準の保護を与えた。最低限度の保障が国民の基本的な権利の一つとみなされるようになってからも、この方針はずっと継承されてきた。

このような傾向はわが国の場合にはとりわけ強くみられ、生活保護の課題は一貫していかにして被保護者の自立を助長し、「自立生活」に復帰させるかにあった。そこでいう自立は経済的自立であり、自立助長はできるだけ早期に生活保護を必要としない状況に復帰させることを意味した。ケースワークもそのための科学的な援助方法として動員されるという状況にあった。福祉サービスもまた、その受給者（利用者）たちを自立生活に復帰させ、あるいは組み込むための手段とみなされてきた。自活能力（労働能力）を獲得しうる見込みのある児童や軽度の障害児・者にはこの原則が優先的に適用され、それが福祉サービスの財政を支える納税者の期待に沿うことであると考えられてきたのである。

ここまで、それぞれの時期の施策という側面から「自立」の問題に関わる対象認識の変化をみてきた。援助（処遇）という側面についてもみておきたい。援助の方法をもっとも先駆的に発展させてきたアメリカを例にとれば、すでにみてきたように、一九世紀末までの援助の理念、なかでも援助方法の発展の母体となった慈善団体における援助の理念は、友愛訪問員による友情に満ちた訪問という人格的な接触を通じて困窮化した第二級の脱落市民を感化し、一般市民の水準の高みにまで引き上げることであった。このような理念は、社会保険や公的扶助の発展にともない所得保障制度が充実し、慈善団体が個人や家族にたいする相談援助に専念する時代を迎えるとともに、少しずつ影をひそめるようになり、それにかわって援助方法の科学化、体系化が志向されるようになる。

この援助方法の科学化、体系化は当初はみずからの活動体験の素朴な科学化、体系化という方向をとったが、やがてはその拠り処をS・フロイトの精神分析に求めるようになり、一九三〇年代にはいわゆる診断派ケースワークが形成される。疾病モデルともよばれるように、そこでは援助の対象、すなわちクライエントは病者とみなされ、もっぱら医師になぞらえられる援助専門職としてのケースワーカーにたいしてその専門的な援助を乞う立場にある弱者として扱われてきた。これにたいしてO・ランクの影響を受けて発展した機能派ケースワークは、援助を受けるクライエントにも「意思」を認め、そのような「意思」をもったクライエントと援助機関との相互関係のなかに新しい援助のあり方を探究しようとした。

このようなクライエントに「意思」を認めるという接近の方法は、たとえその「意思」が広義の精神分析のなかに源流をもつものであったとしても、クライエントにある種の主体性を賦与しているという意味において、対象認識に新しい段階を拓くものであったといってよい。第二次世界大戦以降、なかでも六〇年代から七〇年代以降になるとクライエントに主体性を認め、同時にクライエント自身の内部に一定の事態処理能力の存在を想定した援助方法の理論が展開されるようになってきている。たとえば、危機理論や課題中心的アプローチは、その適切な例示となりうるであろう。いずれも、事態解決の主導権をクライエントに委ね、しかもクライエントの過去の、人生初期の原経験や人格内奥に立ち入るのではなく、現在の世界のなかで問題ないし課題の解決を図るという枠組になっている。近年の生態学的接近法や対処行動（コーピング・ビヘイビア）に関する議論などもこうした潮流に属するものとみてよいであろう。

こうしたアメリカの援助方法に関する理論的な動向はほとんど同時進行的にわが国にも紹介され、わが国における社会福祉援助のあり方を大きく方向づけてきた。しかしながら、その事実とともに、われわれは、わが国の内部で生み出されてきた変化にも留意しておかなければならない。六〇年代から七〇年代にかけて、わが国では、生活保護研究の領域を中心に、生活力の形成という理念が発展させられてきた。それは、生活保護行政の経済主義的自立助長理念にたいして、被保護者の主体性を尊重しつつかれらの内部に自立生活の能力を創造し、さらにはその変革主体への展開を展望するという、先例をみない新しい理念であった。この理念は、生活力とよばれるものの内容、その形成の過程や可能性についての緻密な理論と分析に欠けるところがみられ、その意味ではなお問題提起の域にとどまるものであった(10)。

しかしながら、生活力とそれを基盤とする主体の形成という理念は、それが生活保護の現業経験と密接に関わりをもちながら提起されてきたということもあり、理論と実践とを問わず、社会福祉の広い範囲に影響を及ぼすことになった。さらに、七〇年代にはじまるわが国の障害者運動もまた、直接的、間接的に、こうした理念の生成とその浸透に関わっていた。障害者、保護者、さらには施設や教育関係者たちによる収容施設批判のなかには、明らかに、施設収容という形態による隔離的・差別的処遇やその背景にある経済主義的自立助長主義、さらには社会効用論的処遇観にたいする批判とともに、障害者の自己の生活に関わる主体性の回復にたいする要求が包含されていた。生活力の理念や障害者運動は、わが国の社会福祉における対象認識を対象を施策・処遇の単なる客体、受け手とみなす認識からそれを施策・処遇の利用者として捉え、そのなかに主体性、さらにはその中核としての自己決定権を認める方向に旋回させるうえで、その重要な礎石の一つとしての役割をもったのである。

自立生活理念の直接の母胎は、たしかにアメリカの重度障害者たちによる自立生活運動であった。しかしながら、自立生活の理念は突如として誕生したわけではない。自立生活の理念が誕生し、定着するには、これまでみてきたような社会福祉の対象についての社会認識の歴史的な変化が重要な素地となっていたのである。それがあればこそ、自立生活の理念は障害者福祉の領域に誕生したものでありながら、それにとどまらず、領域の境界を越えた社会福祉全体の理念として定着する力量をもつことができたのである。その間の事情はわが国においても同様であった。社会福祉の利用者を単なる客体としてではなく、主体性を備えた存在として捉え、さらにいえば変革の主体として位置づけようとする理念はこうして定着した。

自立生活理念の中核にあるものは、自己決定権、すなわち自分の生活については自分以外の何物にも制約されず、自分自身のみが決定権をもつという思想である。[11] この核心となる思想の重要性はいうまでもないことであるが、自立生活理念のもう一つの重要な側面は、それがいわば自立的依存を前提にしているということである。すでにみてきたように、自立とは生活保護や福祉サービスを必要としない状態を意味するというのが戦後一貫してわが国の社会福祉行政を支配してきた観念であった。自立的依存とは、生活保護や福祉サービスの利用を前提とし、そのうえにうちたてられる自立である。自立的依存とはすなわち依存を前提とする自立である。自立生活の理念は伝統的な自立助長的観念にたつ社会福祉行政にたいする重大な意義申立てであった。

八〇年代福祉改革を契機に、あたかもわが国の社会福祉は施設福祉型の社会福祉から地域福祉型の社会福祉へ移行しつつある。地域福祉型の社会福祉の課題は、地域社会のなかで所得保障や福祉サービスの利用を前提にしながらいかにして人びとの自立的生活の維持存続を図るかということにある。その意味では、まさしく自己決定権を軸芯とする自立的依存の確立こそが地域福祉型社会福祉の時代における新しい理念になりつつあるといいうるであろう。

今日、生活はようやく労働の残余概念であることをやめ、固有の論理をもつ自律的な事象としてみずからを主張しはじめている。将来ともに生活を支える所得が労働力の販売という水路を通じて確保され、したがってそれによる規定を受けるという状況に変わりはないであろう。しかしながら、労働は生活の重要な要素ではあるが、労働とそれに関連する諸問題が生活のすべてを支配する時代は過去のものとなりつつある。労働時間の短縮や老後生活の延伸は否応なしに生活の時間的・空間的な広がりを拡大させ、労働以外の生活の比重を増していくことになろう。生活はよりいっそうその主体みずからによって選択された内容をもつことにならざるをえないのである。

いまや社会福祉の世界にその利用者として登場してくる人びとは、そのような生活の主体としての生活者にほかならない。社会福祉の利用者がそのような生活の主体として認識されるまでには、これまでみてきたように、長い、しばしば苦い経験に彩られた歴史が必要であったし、これからも利用者自身による、またかれらによる自立生活の確立を側面から援助する社会福祉援助職による努力が必要であろう。しかしながら、向かうべき方向はすでに指し示されているのである。

〔註〕

(1) 山田雄三監訳『社会保険および関連報告』（至誠堂、一九六九年）六ページ。
(2) R・マルサス　永井義雄訳『人口論』（中公文庫、一九七三年）。なかでもその第5章を参照されたい。
(3) たとえば次の文献を参照されたい。Tuckerman, J., *On the Elevation of the Poor : A Selection From His Reports as Minister at Large in Boston*, 1874.
(4) 山田雄三監訳『社会保険および関連報告』一一～一二ページ。
(5) 大河内一男「わが国における社会事業の現在および将来――社会事業と社会政策の関係を中心として――」（同『増補社会政策の基本問題』日本評論社、一九五四年、所収）二七一ページ。
(6) 岡村重夫『全訂社会福祉学総論』（柴田書店、一九六八年）一六〇～六二ページ。
(7) 孝橋正一『全訂社会事業の基本問題』（ミネルヴァ書房、一九六二年）一四二～五六ページ。
(8) 一番ヶ瀬康子『社会福祉事業概論』（誠信書房、一九六四年）一九～二四ページ。
(9) 一番ヶ瀬康子『生活学の展開』（ドメス出版、一九八四年）二一五～一六ページ。
(10) 自立助長論および生活力論についてはそれぞれ次の文献を参照されたい。仲村優一「社会福祉行政における自立の意味」（社会保障研究所編『リーディングス日本の社会保障4　社会福祉』有斐閣、一九九二年、所収）。白沢久一・宮武正明編著『生活力の形成』（勁草書房、一九九一年）。
(11) 自立生活の理念、思想、運動については、定藤丈弘・岡本栄一・北野誠一編著『自立生活の思想と展望』（ミネルヴァ書房、一九九三年）に詳しい。

第5章 社会福祉の争点

はじめに

戦後の日本に限定しても、従来からさまざまのかたちで社会福祉の理論的な研究が進められてきているが、その過程において提起され、一時期激しい議論になりながらいまだに決着のついていないような争点、あるいは課題が数多く残されている。ここでは、そうしたいわば伝統的な争点のいくつかについて、新しい角度から再検討を試み、さらに近年の社会福祉の発展のなかで浮かび上がってきた争点、さらにわれわれが重要な意味をもつものとして設定した争点のうちからその一部を取り上げ、考察しておきたい。取り上げる争点は、①社会福祉の政策過程と援助過程、②社会福祉の原点—相互扶助と相互支援、③社会福祉の機能—社会的機能と即自的機能、④社会福祉の補充性と固有性、⑤社会福祉の供給体制と利用体制、⑥社会福祉の分権化と地域化、⑦社会福祉の範囲、である。

もとより、われわれは、これらすべての争点について、誰もが満足するような、最終的な解答を提供しうるなどと考えているわけでない。ただ、これらの争点は、そのいずれをとってみても、社会福祉の現状と将来についての多少とも行き届いた理論分析を試みようとすれば、誰もが一度は関心をもち、解答を試みなければならない課題である。誰しもそのことに異論はないであろう。以下、そうした観点から、それぞれの争点について、議論の筋道だけでもつけておきたいと思う。

一　社会福祉の政策過程と援助過程

社会福祉における政策（制度）過程と援助（技術）過程との関係をいかに処理するかという問題は、いまなお社会福祉の研究にとって古くて新しい問題であり続けている。この問題は、すでに第2章でみてきたように、社会福祉本質論争以来の争点であり、今日においても社会福祉研究における最大の争点の一つである。[(1)]

政策（制度）過程と援助（技術）過程との関係いかんという問題をめぐる議論には、三通りの局面が含まれている。議論をわかりやすくするには、そのことを明確にしておかなければならない。まず、社会福祉本質論争の当事者たち、すなわち政策論を展開した孝橋正一と技術論を展開した竹内愛二が、政策過程と援助過程を二者択一論的に把握しようと試み、それぞれ自己の関心の対象となる過程にこそ社会福祉の本質があると主張した。これが第一の局面である。第二の局面では、そのような政策論と技術論の非生産的な応酬にたいして、むしろ両方の過程は統一的に把握されるべきだとする議論が提起されてきた。たとえば、木田徹郎の所論がそうである。そして、第三の局面において、三浦文夫の、両方の過程はそれぞれ別個の論理によって運動しており、一度両者は分離して把握されるべきであるとする主張が提起されてくる。

ここでは、第一の局面についてはもはやあまり多くを語る必要はない。本質論争の二つの陣営はいずれも自己の社会福祉理解の方法を無限に拡張し、政策過程と援助過程とを二者択一論的に論じようとした。端的にいえば、政策論も技術論も社会福祉の本質の所在に関する議論にエネルギーを集中させるあまり、両方の過程を視野に入れ、その関係を論じるという方向にその問題関心が振り向けられることは少なかったように思われる。少なくとも、政策過程と援助過程との関係の探究という課題に関しては、本質論争は生産的な議論であったとはいいがたいであろう。

第二の局面についていえば、たしかに問題の立て方それ自体は適切であった。政策過程か援助過程のいずれかに本質を認め、他の過程をそのなかに収斂させてしまうという議論のあり方は、社会福祉の全体像を把握するという目的に照らしていえば適切とはいいがたいものであった。政策過程も援助過程ももう一方の存在がなければそれ自体としては存立しえないものであった。なかでも、政策過程はそうであった。援助過程はある意味でそれ自体として成立するようなこともありえないことではない。任意的、短期的、小状況的などという条件をつければ、援助過程が独立に存立するという状況も考えられないことはない。しかしながら、政策過程は、援助過程の存在がなければそれ自体独立して存立するということはありえない。また、政策過程が援助過程をその内側に包摂して成立するにしても、政策過程の規定力あるいは支配力が援助過程の全面に及ぶということにはなりえない。政策過程が一つの論理をもって運動しているのと同様に、援助過程もまた独自の論理をもって運動しているのである。その意味において、政策過程か援助過程かという二者択一論的な問題の立て方はたしかに適切とはいいがたいものであった。こうして、やがて本質論争に飽き足らない人びとのあいだから、政策過程か援助過程かではなく、その両方を包摂するかたちで社会福祉の全体像を構成すべきだとする見解が提起されることになる。これが第二の局面である。

けれども、これらの人びとは、政策過程と援助過程との全体をもって社会福祉とみなすべきであると指摘はしたものの、そしてその問題提起それ自体は適切なものであったにもかかわらず、両者をどのように結びつけるかということに関しては、残念ながら積極的な議論を展開することができなかった。こうした人びとの見解を代表するかたちの木田徹郎にしても、政策過程を制度体系に、援助過程を専門行動体系にそれぞれ置き換えながら、両者を社会福祉の不可分かつ表裏の関係にある構成要素として把握すべきだと指摘するにとどまっている。制度体系と専門行動体系を社会福祉の二つの構成要素として把握しようとする視点が導入されたこと、そのこと自体は重要な前進を意味した。けれども、その視点の導入によって懸案のすべてが氷解したわけではない。政策過程と援助過程、制度体系と専門行動体系の両者から社会福祉という一つの体系が構成されるものとして、それでは、そこにおける両者の関係、その内在的な連関構造はいかなるものであるのか。政策過程と援助過程、あるいは制度体系と専門行動体系を社会福祉の二つの要素ないし側面として把握するといってみても、両者の関係いかんという問題はなお未解決の問題としてそのまま残されているのである。結果的にいえば、本質論争のあり方に飽き足らなかった人びとも、この問題について、両者の統一的把握の必要性を指摘したこと以上に有効な解答を見出すことができなかった。

こうした状況にたいして重要な転機をもたらしたのは、やがては社会福祉経営論という独自の立場を構築することになる三浦文夫であった。三浦は年来の争点について、両者を統合することよりも、むしろそれぞれを分離して把握することを主張した。三浦は、政策（制度）過程と援助（技術）過程とは異なった論理によって運動しており、したがってその解明のためには相互に異なった科学的認識の方法が必要であるとした。先行する議論においては両者の統合がめざされたのにたいし、三浦は本質論争の二者択一論やその後の統合論の轍を踏むことを避け、より科学的な認識の方法として両者をひとまず分離して分析、把握すべきことを指摘したのである。このような三浦の主張は、議論をさらに一歩前進させる可能性をもつものであった。三浦は、政策過程と援助過程とを分離し、それぞれの過程が必要とする方法によって個々に分析を進めることを主張すると同時に、その延長線上に両者の再統合を予定していた。

しかしながら、その後の議論は期待されたようには進展しなかった。三浦自身は、政策過程と援助過程のうち前者の過程についての分析をみずからの課題として設定し、両者の再統合、さらにいえば再統合の方法についてはほとんど言及しなかった。ただし、念のためにいっておけば、三浦が再統合の試みをまったくしなかったというわけではない。実際、三浦は、政策過程と援助過程との統合は論理的にではなく具体的・歴史的な展開過程のなかにおいて実現されると主張し、そのような観点から戦後日本における社会福祉の展開過程についての分析と記述を試みている。[(2)] けれども、この三浦の歴史のなかでの統合という方法については、統合の方法論としては疑問が残るといわざるをえない。その後、三浦自身も、またその影響のもとにある人びとも、再統合という課題についてはほとんど言及していないように思われる。政策過程と援助過程はもともと別のものであると指摘することによって、あたかも両者の関係や統合という問題それ自体がすでに解決ずみの争点として、かれらの問題関心の領域から追放されてしまったかの印象すら与えられるのである。

しかしながら、もとより三浦の問題提起によって争点が氷解したわけではない。三浦の問題提起とは別に、それに前後しながら、さまざまのかたちで政策過程と援助過程とを結びつけようとする試みがなされてきた。その一つは、いわゆる運動論による両者の統合である。一般に運動論とよばれる社会福祉理解の方法をとる人びとは、日常的な実践を基盤とする社会福祉運動のなかで政策過程と援助過程との統合を達成しようと試みた。端的にいえば、運動論は、援助過程を支える日常的な実践活動のなかで援助過程の改革に取り組み、さらにはそのことを通じて援助過程を支配し、方向づけている政策を批判し、改革を実現していくことを社会福祉実践の基本的な課題として位置づけていた。[3] こうした社会福祉実践の過程は、取りも直さず政策過程と援助過程とを運動を媒介として統合しようとする試みにほかならなかった。社会福祉における運動の位置や意義についての運動論の見解については、基本的に同意しうる部分が多い。しかしながら、運動による政策過程と援助過程との統合ということについていえば、政策過程はあくまでも批判と改革の対象として援助過程を構成する実践活動やそれに関連しながら展開される社会福祉運動のなかに取り込まれているだけである。そこでは、両者の内在的な関係、連関構造は直接的には論じられていないのである。

他方においては、社会福祉における援助の方法を間接的援助法と直接的援助法とに区分するという方法によって、政策過程と援助過程との分離と統合という問題に一定の解決をもたらそうとする考え方が提起されたことがある。また、これに類するものとして援助の方法をマクロ的援助法、メゾ的援助法、ミクロ的援助法に分類するという考え方も提起されている。いずれも理解の届きやすい枠組となっている。けれども、間接的援助法と直接的援助法という分類の方法は援助の方法を援助者と利用者との距離によって分類したものであり、またマクロ的援助法、メゾ的援助法、ミクロ的援助法という分類の方法も、前者の分類と同様に、援助の方法を同心円的な距離の違いに沿って分類しているに過ぎない。間接的援助法やマクロ的援助法とわれわれのいう政策過程とは同一ではなく、同様に直接的援助法やミクロ的援助法は援助過程と同一のものではない。いずれにせよ、間接的援助法と直接的援助法という分類法にしてもマクロ的援助法、メゾ的援助法、ミクロ的援助法にしても、政策過程と援助過程との分離と統合という年来の問題を解決する手掛りにはなりえないのである。[4]

さらに、これまでみてきたものとはいくぶん異なった角度からこの課題に挑戦しているのが京極高宣である。京極は、社会福祉学の構築という野心的な試みのなかで、政策過程と援助過程の統合という問題に密接に関わりをもつ問題提起を行っている。京極によれば、構築されるべき社会福祉学は基本的には、福祉政策学、福祉臨床学、福祉経営学、そしてそれらの中核に位置し、社会福祉学の基本的な原理を取り扱う社会福祉学原論から構成されることになる。このうち、福祉政策学と福祉臨床学は、それぞれ、われわれのいう政策過程と援助過程をその固有の研究の対象とする領域である。ここまではよい。三浦によって一度分離された政策過程と援助過程についての個別的研究、それがすなわち福祉政策学と福祉臨床学の課題である。次に、京極は、その福祉政策学と福祉臨床学との接点を扱い、両者の内在的な関係のあり方を研究の課題とする固有の領域として福祉経営学を構想する。

この構想は京極独自のものであり、たいへん興味深いものがある。しかしながら、政策過程と援助過程との接点を固有の研究領域とする福祉経営学という範疇を立ててみても、それによって直ちに政策過程と援助過程との内在的な統合が可能になるということにはなりえないであろう。たしかに、社会福祉の機関や施設は、社会福祉の政策過程と援助過程とが正面からぶつかりあい、切り結ぶ場所である。これをどのように経営するかは社会福祉の要諦であり、十分に独立した研究の領域を構成しうる。しかしながら、もしその範疇を立てたとしても、福祉経営学の課題は、政策過程と援助過程の直接的・内在的な関係のあり方を論じるということよりも、むしろ両者の論理のぶつかりあいをどのように処理し、社会福祉の機関や施設をいかに円滑かつ効率的に経営するかという問題を取り扱うことにあるというべきであろう。つまり、福祉経営学はどちらかといえば政策過程の最先端部分を取り扱う領域であって、その成立が政策過程と援助過程との内在的・理論的統合の実現をもたらすということにはならないであろう。政策過程と援助過程との内在的・理論的統合いかんという課題は、京極の社会福祉学の構想でいえば、むしろ社会福祉学原論の課題として残されるということになろうか。(5)

われわれのいう政策過程と援助過程の関係に関して、これまでのところ誰よりも明快な議論を展開しているのは飯田精一である。飯田によれば、社会福祉（福祉サービス）は、これを内容と形式に分けることができる。内容とは、社会福祉の機能的な側面であり、形式とはその構造的な側面である。一般に、「ある一つの機能はそれに対応する特殊な構造の中でのみ有意に機能する。つまり構造とはある機能を有意に働かすための仕掛けまたは仕組みである。構造のない機能は無意味だし、機能のない構造は形骸に過ぎない」。このような機能と構造の関係を前提にしていえば、構造の変化にともない、機能としての社会福祉のあり方は変化する。逆に、社会福祉の機能の新たな発展は、それにみあうような構造を生み出すことになる。そして、その構造は、歴史的に、また文化的に変化するのである。

飯田によれば、社会福祉的機能の基本的機能は、補充機能（受援者の欠乏や困難を与援者が補給充足する働き）と施療機能（受援者の事故、疾病等を与援者が修繕し治療する働き）であるが、その具体的な発現形態は構造によって異なってくる。すなわち、それは、中世封建社会では、それにみあうような、たとえば封建領主による慈恵的な救済活動のかたちをとり、資本主義社会においては救貧法や社会保険などのかたちをとる。同じ資本主義社会においても、イギリス、アメリカ、そしてわが国とでは、社会福祉のあり方はそれぞれに異なってこざるをえないのである。(6)

社会福祉における政策過程と援助過程との関係は、こうして形式と内容、あるいは構造と機能という関係において統合的に把握されることになる。社会福祉の本質いかんという本質論争の世界に戻っていえば、社会福祉の本質は政策過程、援助過程、そのいずれかに存するのではなく、社会福祉にとって外部環境をなす全体社会のありようを土台に政策過程と援助過程の両者が相互に規定しあいながら螺旋的に発展する、その弁証法的な展開過程のなかにこそあるというべきであろう。

さて、この問題に関するわれわれの見解は次のようなものである。われわれは、すでに『社会福祉論』（庄司洋子、定藤丈弘との共著）において、政策過程と援助（処遇）過程との関係をそれぞれ「形式」と「内容」あるいは「容器」と「内容」との関係において把握することを提案しておいた。形式あるいは容器と内容の関係は、相互に依存的であり、同時に相互に規定的である。内容が流動体である場合を考えてみれば、そのことはすぐにも理解される。流動する内容物は一定の形式ないし容器が与えられなければ一定の状態を保つことができず、逆に内容物が一定の限界を超えて定量的、定性的に変化すれば、形式ないし容器は内容の新しい状態に適合するように変更されなければならない。もとより、このような一方による他方の規定が交互に入れ替わるという関係がつねに円滑に推移するというわけではない。ある時期には、形式や容器の変化が遅れ、あるいはそれが意図的・外圧的に変更され、内容の発展が抑制されるということもあれば、内容の発展が頂点に達し、一挙に形式や容器に変化が生まれるということもありうることである。いずれにせよ、形式ないし容器と内容との関係、換言すれば政策過程と援助過程との関係は、相互に一方が他方を規定するという関係にあり、社会福祉の発展は基本的にはこの両者の相互的規定関係のなかから螺旋的に生み出されてきたものとみなすことができるのである。(7)

われわれは、ここまで社会福祉の政策過程と援助過程との関係を社会福祉をめぐる形式ないし容器と内容との関係に置き直すことによって理解しようと試みてきた。以下、事柄をより理解の行き届きやすいものとするため、その形式ないし容器をもう一度「枠組」というタームで置き直しながら、社会福祉における枠組と内容、および両者の関係についてさらに考察を進めておきたい。

二　社会福祉の原点——相互扶助と相互支援

これまでの議論をもう一度整理しておこう。従来、社会福祉における政策過程と援助過程との関係についての議論は、基本的には政策過程かそれとも援助過程かという二項対立論的な文脈において展開されてきた。孝橋正一や竹内愛二らによるいわゆる社会福祉本質論争においては、社会福祉の本質が政策過程に存するのかそれとも援助過程に存するのかが激しく争われた。これにたいして、三浦文夫は、両者はもともと社会福祉を異なる水準において抽出したものであるが、しかしながら両者はそれぞれ別個の論理にしたがって運動しており、それぞれにふさわしい方法にもとづいて研究され、しかるのちに統合される必要があると主張した。このような議論にたいして、飯田精一はこれとは別の視点を提示した。飯田は、社会福祉をその基本的な機能とそれに一定の形式を与える構造との関係を基軸に、それら両者の相互規定関係のなかにおいて理解するという新しい方法を提起したのである。

われわれは、そのような飯田の提案を援用しながら、社会福祉の政策過程と援助過程との関係を社会福祉における「形式＝容器＝枠組」と「内容」の関係に置き換え、両者の相互規定関係を基軸にしながら分析するという方法を採用した。この、われわれの方法によれば、援助過程とはすなわち社会福祉の内容的側面であり、政策過程とはすなわちそのような援助過程にたいして制度、施設機関、財政、マンパワー、さらにはイデオロギーを動員することを通じて一定の枠組を賦与し、方向づけようとする行為として理解されることになる。端的にいえば、これが、現時点における、本質論争以来の政策過程—援助過程論争に関するわれわれの一応の結論である。しかしながら、無用の誤解を避け、われわれの結論についての理解を求めるためには若干ではあれさらに議論が必要であろう。

まず、社会福祉における「政策」概念をどのように理解するのかという問題、これである。わが国における社会福祉研究の伝統のなかでは、社会福祉といえばそれはまず何よりも国家の政策を意味するものとして理解されてきた。なかでも、政策論による社会福祉理解は明瞭端的であり、社会福祉は資本主義国家の政策であり、さらに遡及するならばそれは国家機構を介在しながら発現してくる総資本ないし資本総体の利害を反映した特有の政策であると主張されてきた。本質論争にいう「政策」はまさにそうした意味での社会福祉政策であった。[8] このような社会福祉「政策」理解の方法にたいして、政策論的な接近法を批判し、社会福祉経営論を提起した三浦文夫は、社会福祉における「政策」概念を政策論の制約から解放し、それを相対化することを主張した。三浦は、社会福祉の本質をそれが資本主義国家の政策であることに求める政策論にたいして、政策の策定やその運用、評価ということそれ自体は国家以外にも地方自治体や民間の団体や機関・組織・施設などにもみられる事象であり、社会福祉における政策を国家の政策にのみ限定すべきではないと指摘した。[9] このような三浦の指摘は、政策概念を辞書的な水準に引き戻そうとするものといえなくもない。社会福祉を資本主義国家の政策として理解しようとすることの社会科学研究方法論上の意義を雲散霧消させかねないからである。この懸念はいかにも否定しがたい。しかし、それにもかかわらず、われわれは、社会福祉の理論的・実際的研究をより現実化し、その内容を豊かなものにするために、この政策概念の相対化に同意しなければならない。

一九八〇年代以来の社会福祉の急激な変貌ぶりを物語る要素に社会福祉に関する権限の分権化と供給組織の多元化がある。分権化に関していえば、一九八六年と九〇年の法改正にともなって、従来の社会福祉施設に関する事務などの機関委任事務が団体委任事務に改められ、老人福祉や身体障害者福祉の領域では町村への権限の委譲が実施されるとともに都道府県や市区町村に老人保健福祉計画の策定が義務づけられた。後者についていえば、前出の法改正によって、社会福祉協議会、福祉公社、社会福祉施設、相互扶助組織などにたいする在宅福祉サービスに関する業務委託が可能になったこともあり、いわゆる住民参加型の供給組織の急激な拡大がみられる。すなわち、社会福祉に関わる政策を国家の政策、さらには資本の政策に収斂させながら把握するという従来の分析方法によっては十分に把握されえないような現実が拡大してきているのである。なかでも、分権化にともなう地方自治体への権限の委譲は、地方自治体にたいする期待を大きく変化させた。これまで、地方自治体はややもすれば国の政策の下請的実施機関としての役割に甘んじてきた。けれども、今日では、地方自治体にたいする期待は著しく変化し、本来的な統治機関としての役割を遂行することが求められるようになってきているのである。

もとより、社会福祉の分権化や多元化の進展とともに、国の政策の比重が一面的に低下してしまったというわけではない。たしかに、今日では、都道府県や市町村、全国および地方の社会福祉協議会、民間の団体・機関・施設などが、それぞれの水準において一定の自律性をもちながら、それぞれに独自の政策を展開するようになってきている。けれども、それらの政策を最終的に統括し、方向づけているのはやはり国の政策である。国の政策は今日においてもなお中心的・基軸的な地歩を確保しているのである。その限りにおいては、国家による政策の比重は決して低下したわけではない。実は、国の役割は従来の政策の企画立案者兼実行者としてのそれから施策の企画立案者兼統括的運営者としてのそれに転換してきているのである。われわれは、むしろそのことに留意しておかなければならないであろう。

いずれにせよ、今日のわが国の社会福祉は、このような、国による政策およびそれを基軸としながらもそれぞれの水準において一定の自律性を保持しつつ展開される地方自治体や各種の民間の団体・機関・施設などによる政策から構成されるところの、総体としての政策によって、その存立の枠組と方向性が与えられているのである。

さて、このように政策概念を相対化してみると、そこから浮かび上がってくるのは、政策が包摂し、一定の枠組や方向性を賦与しようとする、その場合の客体、すなわち社会福祉の内容、社会福祉の援助とはいったいいかなるものかという問題である。伝統的な政策論の文脈でいえば、社会福祉は資本主義国家がそれを政策として展開しはじめた時点において成立することになる。しかしながら、もとより、文字通りその時点から社会福祉の援助活動がはじまったというわけではない。社会福祉に先行して展開されてきた一定の援助活動があり、それが一定の意図のもとに資本主義国家によってあらためて政策として掌握し直されたとき、そこに社会福祉が成立するのである。すなわち、やがて政策としての社会福祉のなかに包摂されることになる援助活動それ自体は、それに先行する枠組のもとにおいて、一定の論理をもちながら、歴史的に独自の展開を示してきたものである。そのような援助活動とはいかなるものであり、いかにして生成発展してきたのであろうか。

われわれがここで取り組もうとしている問題は、前出の飯田精一の枠組でいえば、社会福祉の基本的機能とはいったいいかなるものかという問題である。飯田は社会福祉の基本的な機能として、①補充機能と②施療機能の二つをあげている。飯田によれば、補充的機能とは「受援者の欠乏や困難を与援者が補給充足する働き」であり、施療的機能とは「受援者の事故、疾病等を与援者が修繕し治療する働き」である。[10] これを今日的にいえば、飯田のいう①補充機能は(a)自立を支える生活援助（重度の傷病者や障害者、高齢者などにたいして、現状において生活の維持を可能にし、あるいは生活の質をより高いものにすることを目的に実施される生活援助）に、②施療機能は(b)自立を促進する生活援助（子ども、傷病者、障害者など、現状においては依存状態にあるがその原因が解消され、あるいは緩和されれば自立状態への移行が可能な人びとにたいして実施される生活援助）にあたるものといえよう。すなわち、社会福祉の基本的機能（内容）とは、生活上の困難や障害を軽減緩和し、自立的な生活を確保するための援助、生活援助ということにほかならない。[11]

このように、飯田のいう補充機能と施療機能、われわれのいう生活援助こそが社会福祉のそれ自体の内容、その本来的機能ないし即自的機能であるとして、それではそれらの機能は、われわれの社会のなかにいかなる基盤あるいは根拠をもち、いかにして登場してきたのであろうか。より一般化していえば、人びとはいかなる基盤（根拠）にもとづいて近親者以外のものによる援助を期待することができるのであろうか。このような設問にたいする通常の回答は、「国民には最低生活を営む権利が認められているから」とか、あるいは逆に「国には国民の生活について最終的な責任を負う義務があるから」とかいうものになろう。たしかに、これはこれで十分に回答になっている。しかしながら、その形態を別にしていえば、それが国民の権利として承認され、国家の義務として認識されるようになる以前の社会においても、困窮者や傷病者にたいする近親者以外のものによる第三者的な援助は連綿として行われてきたはずである。そのことに留意すれば、援助は国民の権利であり、国家の責務であると指摘してみても、先の設問にたいする十全な回答にはなりえていないのである。このような設問は一見荒唐無稽ともみえるが、しかし決してそのようなものではない。社会福祉をもっぱら国家の政策的所与として位置づけようとする伝統的な政策論的制約から解放し、その主体性と自律性の再構築を図るためには、社会福祉の原理的な出発点がどこにあるのか、そしてそれがいかなる論理と経過のなかで国民の権利とみなされるようになり、国家の責務とみなされるようになったのかを、あらためて問い直してみなければならないのである。

このような社会福祉の原理的な出発点という問題に関連して重要な問題提起を試みているのは、ほかならぬ岡村重夫である。[12]岡村は、社会福祉をまず「法律による社会福祉」と「法律によらない民間の自発的な社会福祉」とに分類し、そのうえで後者による「社会福祉活動の存在こそ、社会福祉全体の自己改造の原動力として評価されなければならない」と主張し、自発的社会福祉の重要性を強調している。そして、そのような岡村が自発的社会福祉の原点として重視しているのは、人類社会とともにはじまり、姿かたちを変えながらも連綿として受け継がれてきている相互扶助の伝統である。さらに、岡村は、自発的社会福祉の原点として相互扶助に言及するだけでなく、「近代的社会福祉が全国民に対する普遍的サービスを必要とする反面において、なお地域社会における個別化的援助の要求に対応するコミュニティ・ケア・サービスをも含まなければならないならば、地域住民相互の連帯や自発的な共同、すなわちなんらかの相互扶助の存在を必要とするであろう」として相互扶助の現代的意味を問いなおすことを求めている。

岡村はその相互扶助論を展開するうえで二宮尊徳とP・クロポトキンという東西二人の思想家を援用している。世上不運のうちに生涯を終えたアナキストとして知られるクロポトキンは、一九世紀末の適者生存や個人主義の優位を説く世俗的な進化論である社会ダーウィン主義の浸透に対峙することを意図して著した『相互扶助論』のなかで、人類のみならず動物にさえみられる相互扶助や相互支持こそが人類や社会の発展における起動力であるとし、その基盤にある相互扶助的道徳感情について次のように論じている。

愛や、同情や、犠牲は、われわれの道徳感情の進歩的発達に、確かに莫大な役目をなすものである。しかし社会が人類の間によってもって立つ基礎は、愛でもなく、また同情でもない。それは人類共同の意識、よしそれがわずかに本能の域にとどまっているとしても、とにかくこの意識の上にもとづくものである。相互扶助の実行によってえられる勢力の無意識的承認である。また各個人をして他の個人の権利と自己の権利とを等しく尊重せしめる、正義もしくは平衡の精神の無意識的承認である。この広大なかつ必然的な基礎の上に、さらに高尚な幾多の道徳感情が発達する。……

個人の散漫な集合を基礎として、自らが個人の結合の唯一の縁になろうとした国家は、その目的を果たすことができなかった。ついに相互扶助的傾向が国家の鉄則を破ってしまった。すなわちこの傾向が、ふたたびその頭をもたげて来て、無数の団結のなかに確立してしまった。そして、それらの団結は、今や社会生活のあらゆる方面に及んで、人類がその生活のために要する、いっさいのものの所有を企てている。(13)

このようなクロポトキンの相互扶助についての見解が今日の科学的な批判に耐えうるものであるかどうか、議論のあるところであろう。また、引用の後段に垣間みるようなアナキスト的な含意についても賛否議論の分かれるところであろう。けれども、クロポトキンの『相互扶助論』はこの領域では今日でも唯一ともいえる古典であり、相互扶助や相互支持の観念や相互扶助組織の歴史的な展開過程についての分析などは社会福祉研究にとっても被益するところが少なくない。クロポトキンによれば、地理的範域や共同意識の存在という制約条件をもつ相互扶助の活動は、人びとの交易や交流が増加し社会の範域が拡大するにつれて一時的に低迷し、社会の前面から後退する。なかでも中世国家の成立はその停滞をもたらした。しかしながら、それによって相互扶助の観念や感情が消滅したわけではない。それは、中世都市の同業組合に受け継がれ、やがて近代社会の夜明けとともに隆盛の時期を迎える。クロポトキンは、一九世紀の欧米諸国において著しく発展した労働組合、産業組合、友愛組合、慈善団体、老人クラブ、医療クラブ、水難救済会など、多様な目的のもとに設立された団体や組織のなかに相互扶助的感情の表出を見出そうとしている。そして、クロポトキンは、引用の後段にみたように、これらの団体や組織が国家に代わって人びとの社会生活をすみずみまで支配するようになることを期待していたのである。

歴史的には、よく知られているように、このクロポトキンの期待は、一九世紀末以降民間団体や組織の機能を次々に吸収する近代国家の機能拡大によって裏切られることになる。しかしながら、相互扶助の観念や感情の重要性がそれによって消滅してしまったわけではない。それは二〇世紀を迎えたのちにおいても、一面においては国家や地方自治体によって管理運営される生活保障システムのなかに組み込まれ、他面においては民間の任意的団体や組織のなかに受け継がれてきた。そして、欧米においては一九七〇年代以降、わが国においては八〇年代以降、「福祉国家の失敗」が指弾されるなかで、民間の相互扶助や相互支持的な活動にたいする期待はふたたび拡大してきている。また、それとは別に、インテグレーションやノーマライゼーションを理念とする地域福祉活動の展開には地域社会における相互扶助や相互支持の観念や感情の活性化にたいする強い期待が込められている。それなくして、地域福祉活動の発展はありえないのである。

しかしながら、岡村も指摘するように、今日における相互扶助や相互支持はかつてのそれではない。相互扶助や相互支持の母胎としての村落的共同体社会は社会の発展とともに崩壊し、近代における共同体社会は出自の地縁や血縁から切り離され、相互に孤立した人びとのなかに意識的に形成されるべきものとなっている。われわれは、岡村とともに地域福祉活動における相互扶助や相互支持の重要性を認めたいと思う。しかしながら、われわれは、まずその前提として、相互扶助や相互支持の母胎としての共同体社会の変化、国家の政策や地方自治との関係を含め、現代および将来における相互扶助や相互支持の意義やそのあり方について、あらためて全面的かつ根源的な検討を試みなければならない。そうでなければ、地域社会の相互扶助や相互支持的な活動を基盤とする地域福祉活動は、国を基軸とする社会福祉政策の単なる受け皿として機能することにもなりかねないからである。

三　社会福祉の機能——社会的機能と即自的機能

前節においては社会福祉の内容、本来的機能あるいは即自的機能およびその歴史的・社会的な基盤について検討した。次には社会福祉の社会的機能を取り上げ、その後両者、すなわち社会福祉の社会的機能と即自的機能の関係について検討する。

ここでいう社会的機能とは、社会福祉が社会全体のなかで、あるいは社会制度全体の一部分として果たしている機能、もしくはそのはたらきを意味している。それは、社会福祉が現に果たしているはたらきであり、同時に社会の側から社会福祉に期待されているはたらきでもある。このような意味での社会福祉の機能、すなわちそのはたらきはさまざまであり多岐に及ぶが、ここではそれを大きく社会制御的機能と社会統合的機能に大別することにしたい。

社会制御的機能とは、社会福祉が社会を秩序だて、統制し、あるいは一定の方向に誘導するための方策施設となっている場合の、その機能を指している。そのような社会福祉の機能は、たとえば、社会福祉が失業者にたいしては就労を強制し、社会的不適応者にたいしては再適応を図り、高齢者には老齢年金を支給することによって労働市場の調整を試みるなど、さまざまな経路を通じて社会の秩序を確保し、あるいは社会体制の維持・再生産を図るための方策手段となっているような場合に、見出すことができる。これにたいして、社会統合的機能とは、社会福祉が児童、傷病者、障害者、高齢者、貧困者など社会的不利益層や少数者集団の社会への統合、参加を促進し、社会それ自体の求心力を高めるための方策手段となっているような場合の、その機能を指している。

社会福祉の社会制御的機能について少し具体的にみておきたい。周知のように、社会福祉の原初的な淵源の一つは、イギリスの中世封建社会から近代市民社会へ移行する過渡期である絶対王政の時代に、社会の「法と秩序」を維持することを目的に展開されてきた方策施設のなかに見出すことができる。すなわち、社会福祉につながるもっとも原初的な施策である救貧法は、絶対王政期の大規模な社会変動の過程で生み出されてきた浮浪者や乞食にたいする懲罰的かつ抑制的な施策として制定された。わが国の場合にも未曾有の社会変動を引き起こした明治維新直後の時期に類似の施策が策定されている。恤救規則がそうである。こうした貧民施策の関心は、必ずしも浮浪者や乞食の運命や境遇そのものに向けられていたわけではない。周辺地域から侵入してくる浮浪者や乞食という「厄介者」たちからいかにして都市共同体の「法と秩序」を守るかが地域社会の有力者たちの最大の関心事であった。

このような社会福祉の社会制御的機能にたいする期待は、産業革命を経験し、その対象が困窮脱落市民に変化したのちにおいてもそのまま受け継がれる。産業革命直後に制定された求援抑制的な新救貧法は、生活に窮する下層社会の人びとに低賃金と苦汗的労働条件による工場労働を受け入れさせ、かれらを近代的な賃金労働者に陶冶する恰好の手段となった。産業資本の確立とともにもたらされた資本主義の発展期には、イギリスだけでなく、アメリカにおいても、景気循環の谷間にあたる恐慌から不況の局面には例外なく救済制度の緩和と救済人員の膨張がみられた。救済制度は、失業者や貧困者の生活の不安や社会にたいする不満を鎮静化させ、かれらの体制批判エネルギーを吸収し、拡散させるための方策施設として期待されていたのである。これらの事実はいずれも、イギリスのみならず、わが国を含めた先進資本主義国において、社会福祉が社会秩序を維持するための方策施設とし活用されてきた歴史の一端を物語るものである。

また、一九世紀から二〇世紀にかけての世紀転換期以降になると、社会福祉はより直接的・積極的に、産業社会の必要とする良質の労働力や兵力を確保するための方策施設として活用されるようになった。すでに一部言及してきたように、社会福祉は、初期救貧法の時代から貧困者の就労や雇用、求援抑制的施策による就労の強制など、直接間接に社会的生産組織に関わる施策を展開してきた。しかしながら、社会福祉により明瞭なかたちで労働力や兵力の確保に貢献することが求められはじめたのは、一九世紀の末から二〇世紀の初頭にかけてのことであった。この時期、西欧先進資本主義諸国は、国内的に処理しえないまでに過剰化してしまった社会的生産力のもたらす閉塞状況を商品や資本を海外への輸出や投資に振り向けることによって打開しようと試み、こぞって海外植民地獲得競争に乗り出した。こうした帝国主義的な膨張政策を維持していくためには、強力な兵力と労働力が必要であった。

こうして、世紀転換期のイギリスにおいては、妊産婦や乳幼児の保健衛生、児童や青少年の栄養や健康に関わる劣悪な問題状況の改善が、社会福祉を含む社会改良政策の重要な課題となった。第一次世界大戦後のアメリカにおいては、優生思想が浸透し、妊産婦や乳幼児のための保健福祉サービスにたいする社会的な関心が拡大した。わが国もその例にもれなかった。第一次世界大戦以後、都市のみならず農村地帯における妊産婦や乳幼児の保健衛生問題や児童青少年の劣悪な栄養状態や体位の低下が社会問題化し、その対策が講じられることになった。

戦後のわが国では、一九六〇年代の急速な高度経済成長にともなって若年労働力の逼迫が予想されるという状況のもとで、子どもを将来労働力として位置づける観点から、将来における一定量の労働力を確保することを目標に妊産婦や乳幼児を対象とする各種の保健福祉的な諸施策が導入された。三歳児健診制度はそのような施策を代表するものとして創設された。高度経済成長期の第Ⅱ期にあたる一九六〇年代の後半になると、労働力の逼迫が進むなかで、障害児・者の社会復帰問題や保育所問題についても社会的生産力の拡大という観点から論じられるようになった。障害児・者のうちでも労働能力の回復や獲得が期待できるものについては労働力市場への参入を促進するという方針が導入され、そのための施策としてリハビリテーション施策の充実が図られた。保育所は、保育に欠ける児童にたいする福祉サービスを提供するための施設であり、同時に母親を育児から解放し、その労働市場への参入を可能にするための方策施設として位置づけられるようになった。六〇年代後半における大規模な保育所増設の背景には、明らかに産業界の労働力の逼迫にたいする深刻な懸念があったのである。

このような歴史的事実は、そのいずれもが、社会福祉が社会的生産力の中核に位置する労働力の量質両面における維持確保という産業界の関心と密接に結びついてきたことを物語っている。

このほか、社会福祉は国民の購買力を拡大する手段にもなりうるものと考えられた。たとえば、一九三〇年代のアメリカにおいてニューディール政策の一環として導入された社会保障制度、なかでも老人扶助制度や要扶養児童扶助制度にたいしてはそのような期待がかけられていたとされる。一九二九年大恐慌に引き続く長期的不況のなかで、高齢者や母子家族はもっとも深刻な影響を受けた社会集団に属していた。高齢者、母子家族の母親、さらに児童たちは、たとえわずかの額であれ、収入を求めて労働市場にとどまり、あるいは新たに参入しようとした。このような高齢者、母親、児童の存在は労働市場を圧迫し続ける主要な要因の一つであった。こうして、老人扶助や要扶養児童扶助の制度化には二通りの期待が込められた。第一の期待は、困窮老齢者や困窮母子家族にたいして一定の所得を与えることを通じてかれらを労働市場から分離し、失業圧力を緩和することであった。第二の期待は、困窮老齢者や困窮母子家族に一定の所得、すなわち必然的に消費に振り向けられる最低生活費を給付し、そのことを通じて、国民の購買力を拡大するということにあった。老人扶助制度や要扶養児童扶助制度には、連邦政府の直轄事業として展開された大規模な失業救済事業（雇用創出事業）とともに、政府資金による購買力の拡大を先行させ、それを梃子に景気の回復を図ろうとする「ポンプのよび水」政策の重要な一環として位置づけられるという側面が含まれていたのである。

最後に、イギリス福祉国家の青写真として知られるベバリッジ報告の社会制御的機能について言及しておかなければならない。第二次世界大戦の最中に準備され、戦後における福祉国家体制の成立に決定的な意味をもつことになったベバリッジ報告は、直接的には、第一次世界大戦後の長期的な不況にともなって生み出されてきた大量の慢性的構造的失業に対応するなかで混乱を重ね、破綻状況に陥っていた失業保険を中心とする救済制度の再構築の方向を探り、その具体策を献策することを課題としていた。W・H・ベバリッジを委員長とする委員会は見事にこの期待に応えた。さらに、そのことに加えて、ベバリッジ報告はもう一つの重要な役割を果たすことになった。ベバリッジ報告は、労働者階級にたいして、過去最大の懸案事項であった失業、老齢、疾病にともなう生活の不安と困窮に対処するための諸施策のあり方を中心に、戦争終結後の国民生活についての明確な青写真を描きだし、そのことによってそれまで戦争に二の足を踏んでいた労働者たちの協力を取りつけ、国家総動員体制をつくりあげることに成功した。それまで同じ国土に支配者階級の国家と労働者階級の国家と二つの国家が存在するといわれてきたイギリスにおいて、ベバリッジ報告は、二つの階級のあいだに橋を架け、一つの国家として統合するという未曾有の課題にたいして大きく寄与することになったのである。

以上、垣間みるように、社会福祉の社会制御的機能にはさまざまな側面がみられる。近代以来の発展のなかで、社会福祉にはさまざまの役割が期待され、社会福祉はそれなりの仕方でそのような期待に応えてきた。社会福祉は、社会の治安や秩序を維持するための方策施設であり、労働力や兵力の確保、陶冶、育成のための、あるいは購買力を拡大するための方策施設、さらには労働者を体制化し、国民の一体化を図るための方策施設であった。もとより、こうした社会制御的機能は、今日の社会福祉にも決して無縁なものではない。その装いや程度を異にしながら、今日の社会福祉といえどもこのような社会制御的機能を果たしているのである。しかしながら、社会福祉にたいする期待は社会制御的機能に関わるものだけではない。社会福祉にたいするもう一つの期待はその社会統合的機能にある。

人類の歴史を通じて、社会はいつも孤児や遺児、傷病者、障害者、高齢者、失業者、貧困者など、多数の社会的弱者や社会的不利益者、あるいはマイノリティ・グループ（少数者集団）をかかえてきた。かれらにたいする社会の側の反応はさまざまであったが、一般的にいってそれは好ましいものとばかりはいいきれなかった。むしろ、消極的・否定的な反応が多かったというべきであろう。社会福祉それ自体がかれらを抑圧し、求援抑制のための見せしめの対象にすらしてきたのである。一九世紀から二〇世紀へかけての世紀転換期、社会的弱者集団や社会的不利益者集団、少数者集団が多少とも積極的に社会福祉の対象とされる時代を迎えたのちにおいても、対象化の視点は、すでにみたように、どちらかといえば社会制御的な期待にあった。

しかしながら、戦間期における社会権的基本権思想の発展、国民生活に関する政府の役割についての発想の転換、第二次世界大戦後における福祉国家体制の発展などを契機に、徐々に社会的弱者集団や社会的不利益者集団、少数者集団の社会への統合や参加を促進し、社会それ自体の求心力を高めていこうとする社会的な趨勢が醸成されていった。そうしたなかで、一九六〇年代以降、とりわけ八一年の国際障害者年を契機に、北欧の障害者教育の領域に淵源をもつ障害者のインテグレーション（統合化）とノーマライゼーション（平常化）思想が普及していく過程において、社会福祉にたいする社会的な期待は大きく変化していった。それまで社会制御的な視点から捉えられることの多かった社会福祉を、社会的弱者集団や社会的不利益者集団、少数者集団の社会への統合や参加を促進し、そのことを通じて社会それ自体の求心力を高め、社会統合を実現するための方策施設として捉え直そうとする傾向が強まっていったのである。

再三指摘してきたように、社会福祉に関わる政府の政策は、歴史的には社会制御的な施策からはじまった。それだけに第二次世界大戦以後になっても社会福祉の施策は社会制御的な視点に立脚することが多かった。社会福祉の関係者や運動団体などはそのことを批判し、社会統合的な視点を強調してきた。けれども、もともと社会制御的機能と社会統合的機能との関係は完全に相互排除的なものではありえない。実際問題として、現実の社会福祉の施策や援助活動はある程度は社会制御的であり、ある程度は社会統合的であった。あるいはその両面の機能をもつことが求められてきた。違いは両者にかけられた比重にあった。戦後も七〇年代頃までは、社会福祉にたいする社会的期待の比重は明らかに社会制御的機能に置かれていた。八〇年代以降になると、それが社会統合的機能の側面に徐々に傾斜してきたのである。社会福祉の現実もまたそのように機能しはじめたといって過言ではないであろう。いずれにせよ、われわれは、社会福祉が社会から果たすことを期待されている機能であれ、あるいは現に社会福祉が社会のなかで果たしている機能であれ、社会制御と社会統合の両方の側面から捉え、分析してみなければならない。そうしなければ、これからの社会福祉をその全体像において過不足なく把握することは困難であろう。

われわれは、前節において、社会福祉の即自的機能を、(a)自立を支える生活援助（重度の傷病者や障害者、高齢者などにたいして、現状において生活の維持を可能にし、あるいは生活の質をより高いものにすることを目的に実施される生活援助）、(b)自立を促進する生活援助（子ども、傷病者、障害者など、現状においては依存状態にあるがその原因が解消され、あるいは緩和されれば自立状態への移行が可能な人びとにたいして実施される生活援助）、として整理しておいた。より簡潔にいえば、社会福祉の即自的機能とは、すなわち個人、家族、あるいは地域社会の生活に介入し、自立的生活の回復・維持・向上を援助し、支援する活動、これである。もとより、社会福祉の即自的機能は、そのときどきにおける多種多様な社会的期待を反映しつつ、しかもそれ自体の論理を貫こうとする政策過程と、そのもとに包摂されながら、これまたそれ自体独自の論理をもって展開しようとする援助過程との相互規定関係のなかから紡ぎ出されてきたものである。それは、歴史的な規定を免れえない。その意味では、われわれのいう社会福祉の即自的機能は、近年、なかでも八〇年代以降における社会福祉の動向を前提にしたものである。

実際、社会福祉にたいする社会の要請が社会制御的な方向に著しく傾斜していた時代、たとえば求援抑制による自助の強制が追求されていた時期には、積極的には何事にも手をつけず、劣等処遇に徹することこそが社会福祉の即自的機能であるとみなされた。労働力や兵力の育成が期待された時期には、栄養の補給、障害や傷病の早期発見、治療、訓練などに邁進することが社会福祉の即自的機能として求められた。あるいはまた、貧困者の経済的自立が期待される場合には、被保護者の自立助長を促進するような施策と援助活動のあり方が社会福祉の即自的機能を構成することになる。高齢者や重度者を含む障害者の自立的生活の回復、維持、向上が社会福祉の即自的機能とみなされうるためには、社会の関心が高齢者や重度者を含む障害者の社会への統合を促進させ、社会全体の求心力を高める方向に、すなわち社会統合的な方向に傾斜することが必要であった。もとより、そのような社会の側の関心の変化は、社会福祉と無関係に生まれ出てきたものではない。そのような変化は、マクロ的には自由と民主主義の再確認、基本的人権の尊重、多元主義、自然的環境の重視など世界史的な理念の転換によってもたらされたものであった。しかしながら、同時にそれは、少なくともミクロ的、メゾ的には、社会福祉それ自体の内側に生み出されてきた理念、すなわちインテグレーション（統合化）とノーマライゼーション（平常化）の理念によって触発されたものであった。

われわれは、社会福祉とは何かを考えるにあたり、議論の端緒として社会福祉の機能を取り上げた。社会福祉の機能は、まず即自的機能と社会的機能に分類された。社会福祉の即自的機能とは、社会福祉それ自体の内部において果たしている機能、すなわち社会福祉がその対象との関わりにおいて果たしている機能とされた。これにたいして、社会福祉の社会的機能とは、社会福祉が社会との関係において果たしている機能であり、同時に社会の側が社会福祉に果たすことを期待している機能と考えられた。社会的機能は、さらに社会制御的機能と社会統合的機能に分類された。

このような分類を前提としていえば、従来の社会福祉の研究には、伝統的に、これらの機能のうちどれかを、さらにいえば、どれかだけを取り上げて社会福祉の全体を論じるという傾向がみうけられた。たとえば、孝橋正一らによる社会福祉政策論の系譜は、社会的機能のうちでも社会制御的機能を取り上げ、そこに社会福祉の本質を見出そうとしている。岡村重夫の社会福祉固有論の系譜は、社会福祉の即自的機能を取り上げ、そのなかに社会福祉の固有の視点を見出そうとしている。三浦文夫の社会福祉経営論の系譜もまた、社会福祉の即自的機能を取り上げ、その枠組となる供給体制の分析に専念している。しかしながら、社会福祉の即自的機能とその社会的機能は相互に規定的であり、いずれか一方のみを重点的に取り上げるのでは不十分である。また、今日の社会福祉は社会制御的機能と同時に社会統合的機能を果たしている。歴史的にみれば、かつての社会福祉は社会制御的機能を中心とする方策施設であった。けれども、今日の社会福祉は社会統合的機能に大きく比重を移しつつある。社会福祉のよりよい理解のためには、そうした傾向を十分に踏まえながら、社会福祉の個々の機能のみならず、機能相互の規定関係を含めて、いっそう多面的・複眼的な分析を試みなければならないであろう。

四　社会福祉の補充性と固有性

社会福祉の制度としての特性が補充性ないし補充代替性にあるという見解は、わが国の社会福祉学界ではほとんど通説的な所説となっている。もとより、等しなみに社会福祉補充性説といっても、社会政策にたいする補充代替性を説くものもあれば、いわゆる一般施策にたいする補充性を主張するものもあり、その内容は必ずしも一様というわけではない。しかしながら、社会福祉補充性説は戦後日本における社会福祉研究が産み落とした重要な成果であり、これまで繰り返し論じられてきただけでなく、今日においても重要な争点の一つとなっている。それだけに、社会福祉補充性説の影響は社会福祉の理論研究の領域にとどまらず広く社会福祉界の全体に及んでいるが、その一部には論者たちの意図とは別に、思わざる結果も含まれている。社会福祉補充性説には、一見したところ、社会福祉についてあたかもそれがそれ自体としては何らの固有性をもちえない、副次的・第二次的な制度であると主張するかのようにみえるところがある。そのことが、社会福祉の施策や活動それ自体を価値的にみて副次的・第二次的な存在とみなすような根拠のない偏見を生み出す遠因にもなっているのである。

社会福祉補充性説の理論的意義は今日においても決して失われてはいない。しかしながら、それが提起された時期と今日とでは社会福祉をめぐる諸状況は、まったくといっていいほどに、様変わりしてしまっている。それにも関わらず、社会福祉補充性説の社会福祉学界にたいする影響はほとんどそのまま受け継がれてきている。近年における社会福祉の変化を前提にしながら、社会福祉補充性説について、もう一度、考え直しておきたい。

社会福祉補充性説の出発点は、いうまでもなく孝橋正一の社会福祉論である。孝橋は、社会福祉の研究に社会科学的な方法を適用し、特徴的な社会福祉論を展開したことで知られている。社会福祉の補充性および代替性という概念は、そのような孝橋の理論体系のなかでももっとも重要な概念の部類に属している。孝橋の社会福祉論は、まず資本主義社会のもっとも重要かつ基本的な政策として社会政策を位置づけ、その社会政策との関連において社会福祉の生成する必然性およびその過程を論じ、そこから社会福祉の基本的性格を明らかにするという論理構造のもとに展開されている。

孝橋によれば、資本主義社会における社会問題の核心的な位置を占めているのは、資本主義的生産関係の維持・再生産にとって不可欠の生産要素である労働力のバーゲニングならびに消費の過程において惹起する低賃金、失業、長時間労働、労働災害などの労働問題にほかならない。そして、そのような労働問題に対応する施策が社会政策である。けれども、そのような社会政策をもってしても理論的ならびに現実的な限界は避けきれない。社会政策は個別資本の範域を越えた資本総体の意思として国家を通じて展開されるが、しかし、当然のことに、社会政策の内容や水準が利潤の追求という資本の前提条件を割り込むほどの状況に達するということはありえないことである。また、社会政策は、基本的には雇用関係にある、あるいは一時的・短期的にそれを離脱している労働者たちを対象とする施策である。さらには、労働問題の成立が直ちに社会政策の成立をもたらすわけではない。他方、資本主義社会の社会問題のなかには、基本的には労働者階級の一員あるいはそれに連累する存在としての低賃金労働者、失業者、高齢者、児童、傷病者、障害者を担い手としながら、社会問題から関係的・派生的に生み出されてくる諸問題、すなわち社会的問題が含まれている。社会福祉が対応しているのは、この社会的問題である。こうして、社会福祉は、それが対象とする問題の性質と社会政策の限界とに規定され、社会政策の不備を部分的に代替し、あるいはその限界を補充するという特質をもつことにならざるをえない。これが孝橋の説く社会福祉補充性説の概略である。(14)

このような孝橋の社会福祉補充性説とは別に、社会福祉と一般諸施策とのあいだの補充関係に着目する議論も提起されている。たとえば、コロンビア大学を拠点に社会福祉の国際比較研究を含め社会福祉の広範な分野について精力的な研究活動を展開しているA・J・カーンとS・B・カマーマンの見解がそれである。カーンとカマーマンは、イギリスにおける議論を援用しながら、パーソナル・ソーシャル・サービス（個別的社会サービス）を所得移転、住宅保障、保健医療、教育、雇用訓練政策につぐ第六番目の社会サービスとして位置づけながら、その内容と特質について国際比較を試みている。国際比較の対象となったアメリカ、カナダ、イギリス、フランス、旧西ドイツ、ポーランド、ユーゴスラビア、イスラエルで、パーソナル・ソーシャル・サービスには概略次のような事業が含まれていた。

すなわち、①通常の、平均的な人びとに日常生活および成長を支援する事業、②すべての社会サービスについてサービスの内容や利用資格についての情報を提供し、その利用を促進する事業、③虚弱老人、障害者、労働不能者にたいして地域社会やそれに代わる生活施設のなかにおける日常生活を支援するのに必要とされる基礎的な水準の社会的ケアや援護を提供する事業、④親が必要な役割を果たすことのできない子どものために代替的な家庭や施設ケアを提供し、あるいは新しい、永続的な家族関係をつくりだす事業、⑤問題、危機、病理的状況に直面した個人や家族に援助、カウンセリング、ガイダンスを提供し、その日常生活能力の回復や困難の克服を助長する事業、⑥その予防を目的とする相互扶助、自助努力、社会活動を支援して地域社会における生活上の問題を克服し、施策や制度、サービス計画の改善を促進する事業、⑦個人や家族に提供される多様な施策やサービスを統合し、最大の効果が上がるように調整する事業、⑧自分自身や周囲の人びとを傷つけるおそれのある人びとや危機に直面している人びとを監護し、ケアや援助、ガイダンス、成長、変化のための機会を提供する事業、である。

ここには、補充的なものから固有なものまで、多様なサービスが含まれている。カーンとカマーマンによれば、豊かで社会福祉制度が発展している社会においては、パーソナル・ソーシャル・サービスのうちでも個人や家族の成長や社会化の促進に関わる事業に焦点があてられ、それが発展しはじめたばかりの社会では代替的ケア、直接的援助、社会制御が重視されているだけでなく、しばしば物質的な援助の提供と緊密に結びついている。(15)

わが国では、仲村優一が、その定評のある概説書『社会福祉概論』のなかで、社会福祉の基本的な特質を補充性に求め、独自の社会福祉補充性説を展開している。仲村は社会福祉について「個人または家族が社会の基礎的な単位として自立的な生活を営むことができるよう、個別または集団の対人的援助を組織的に行う仕事である」と規定し、補充性を以下の三通りの類型に分類するところから、その社会福祉補充性論をはじめている。すなわち、仲村は、補充性を、①「社会福祉独自の領域」における補充性、②「一般対策の周辺領域」における補充性、③「一般対策の領域」における補充性に分類し、それぞれ(a)並立的補充性、(b)補足的補充性、(c)代替的補充性と命名する。これら三通りの補充性のうち、まず(a)並立的補充性は「一般対策に対し、社会福祉が独自の領域をもち、相互補完的に並立している場合」を指し、たとえば特別養護老人ホームへの入所措置、在宅福祉サービスがこれにあたる。次に、(b)補足的補充性は「一般対策をより効果的にするための働きをしているもの」を指し、医療社会事業、就学奨励事業、保護観察事業がそれにあたる。最後に、(c)代替的補充性は「一般対策の不満のため、社会福祉が代替的役割を果たしている場合」を指し、福祉年金、生活保護（なかでも住宅扶助や教育扶助）がその例として取りあげられている。(16)

これら三通りの社会福祉補充性説のうち、孝橋と仲村の所説についてさらに検討しておきたい。検討の視点は、第一に、孝橋、仲村、それぞれの所説が今日における社会福祉を理解する枠組として現実的妥当性をもちうるかどうかということである。まず孝橋の所説であるが、それは、先にもみたように、社会問題（労働問題）を対象とする社会政策をもって資本主義社会におけるもっとも基本的な政策として位置づけ、次に社会的問題を対象とする社会福祉をそのような社会政策を補充代替する政策として位置づけるという理論構造をもっている。そのような理論構造をもつ孝橋説について吟味するということになれば、最初に問題とすべきは、社会政策それ自体、資本主義社会におけるその位置と性格についての孝橋の所説の理論的ならびに現実的な妥当性いかんということであろう。しかしながら、ここでは、そのことはひとまず措いておこう。いまは、社会福祉の補充性という論点に集中したい。

まず、社会福祉が社会政策を補充代替するということについてはどうであろうか。孝橋の所説が理論的にみて十全なものになっているかどうかの判断は別にしても、現実的・実態的に社会福祉が社会政策を補充代替する状況が存在したということ、そのこと自体については異論をさしはさむ余地はないであろう。孝橋の説くように、社会福祉はたしかに現実的・実態的には部分的に社会政策を代替し、またそれを補充してきたのである。ちなみに、「社会事業は社会政策の周囲に働き、社会政策の以前と以後とに場所をもつ」という指摘は戦前期の大河内一男のものである。(17) 社会福祉が社会政策にたいして代替性と補充性をもつという孝橋の所説は、明らかにこの大河内の指摘とほとんど重なりあっている。社会福祉は社会政策の登場する以前にあっては社会政策を代替し、それが登場した以後においては社会政策を補充する、というわけである。孝橋は、社会政策と社会事業とのあいだに、それぞれの施策が対象とする社会問題と社会的問題の関連性と異質性という論理を介在させることによって、大河内の社会事業論を手際よくソフィスティケイトしているのである。

社会福祉の社会政策にたいする現実的・実態的な補充性を承認するとなれば、次の問題は、社会福祉の補充性が発揮されるのははたして孝橋のいうように社会政策にたいしてだけなのかということである。孝橋の理論構造からいえば、社会福祉が社会政策以外の一般施策を直接的に補充するなどということはありえない。しかしながら、社会福祉の実態をみれば、社会福祉の補充性は社会政策のみならずそれ以外の多様な一般施策にたいしても同様に発揮されているようにみえる。この点に関しては、仲村の所説は孝橋のそれと明確に異なっている。仲村は、社会福祉が社会政策以外の一般施策にたいしても同様に補充性を発揮しているという事実を積極的に認めている。そして、仲村が補充性の例示としてあげている社会福祉の領域もおおむね妥当なものである。社会福祉の対象とする生活問題（孝橋的にいえば、社会的問題）は労働問題のみに規定されて生まれ出るわけではない。それは、労働問題に関連する領域だけでなく、生活のさまざまな領域において、属人的、環境的など多様な要因に規定されながら生み出されてきている。それだけに、その解決や軽減緩和には多様な施策との接点が必要となってこざるをえないのである。

以上の議論を前提にしながら、もう一度問題を立て直してみよう。社会福祉補充性説に関わってもっとも肝心な問題は、社会福祉とは何か――それは結局は何か別の施策を補充するという関係においてしか存立しえないのか、という疑問これである。社会福祉における補充性問題の核心は、実にこの疑問につきるといって過言ではない。その『社会福祉概論』の所説からみる限り、仲村はどうやら社会福祉の基本的な位置と性格をその補充性に求めているようである。しかし、われわれは、このことでは仲村に同意することができない。

仲村は、すでにみておいたように、社会福祉の補充性を、(a)並立的補充性、(b)補足的補充性、(c)代替的補充性の三通りに類型化し、そのうえで最近では(a)並立的補充性の領域が拡大する傾向にあると指摘している。いま、この仲村の三類型を歴史の経過を軸にして並べ変えてみよう。歴史的にいえば、社会福祉の補充性は、(c)代替的補充性、(b)補足的補充性、(a)並立的補充性という序列をもって展開してきたということになろう。仲村もおそらくはこの序列の入替えに異存はないであろう。仲村の社会福祉理解の枠組を借用していえば、社会福祉は当初代替的補充性をもつ施策として登場したものが、徐々にその周辺に補足的補充性をもつ施策を追加し、今日では並立的補充性をもつ施策を中心に展開することになっている、ということになろう。

われわれは、仲村の補充性のうち(c)代替的補充性、(b)補足的補充性についてはこれに同意することができる。しかしながら、(a)「並立的補充性」とは何か。おそらく、どのような施策であれ、施策どうしの関係のあり方は、基本的にみて、相互に排他的であるというよりはむしろ相互に協働的であろう。ここでの表現でいえば、両者の関係は相互に補充的であろう。「並立」している、つまり相互に固有独自性をもつ施策相互の関係をあえて「補充性」として捉え、「並立的補充性」という性格づけを試みる必然性があるのであろうか。おそらく、代替的補充性、補足的補充性という社会福祉の歴史的履歴に引きずられ、並立している部分にまで補充性を見出すことによって理論としての一貫性を確保しようとする意識が先行したのであろう。

われわれは、むしろ現在を起点に、今日の社会福祉の実態に即して、その歴史的過程を含む社会福祉の全体像を捉え直してみよう。そうすれば、社会福祉は、基本的にはすでにそれに固有の課題と機能をもち、一般施策と並立する位置関係にある独自の施策の体系として浮かび上がってくるはずである。社会福祉はまずもって固有の施策として存立し、それがその機能の一部として特定の施策を補充しあるいは代替している、そのように理解されるべきものであろう。補充的な社会福祉がまずあり、それが固有な社会福祉に発展してきたのではない。もともと固有性をもつ施策としての社会福祉が一定の時代状況や特定の領域との関連のなかで、社会政策その他の施策を補充し、代替してきたのである。社会福祉は社会政策がまず成立し、その結果として、あるいはその副産物として成立したわけではない。社会福祉は、「社会政策の以前」

から存在していた。それが、社会政策の成立と前後して、社会政策と接点をもつ部分においては、社会政策を補充し、代替するという機能を引き受けることになったのである。その間においても、社会福祉それ自体は固有独自の性格と機能を保持し続け、それが今日において全面的な展開の時期を迎えたのである。

最後に、社会福祉の補充性のもつ現代的な意義についてこれまでとは別の水準において論じておきたい。わが国では、六〇年代の高度経済成長期以来、社会の産業化、都市化、雇用者化、さらにはサービス社会化の傾向が急速に拡大し、家族の核家族化、少子化、女性の有業化が進展するのにともない、家族や地域共同体に内在していた生活機能はますます外部化させられ、家族や地域共同体の外側に制度化させられる傾向が強まっている。個人、家族、地域、どの単位をとっても、生活の社会的諸制度にたいする依存の程度はますます拡大するという状況にある。個人や家族、そして地域がその生活ニーズを充足するにあたって社会的諸制度といかなる接点をもち、いかなる相互作用を展開するのか、そのことが個人、家族、地域にとっても、また広く社会の側からみても、重要な課題になってきている。換言すれば、個人や家族、地域の生活ニーズと社会的諸制度との調整、およびその過程にたいする援助が社会福祉にとっての新しい課題になってきている。八〇年代以来、社会福祉の一般化、普遍化の必要性が指摘されてきているが、その背景には社会福祉にたいするこのような新しい期待が存在しているのである。

社会福祉にたいする新しい期待は、個人や家族、地域が、その生活ニーズの充足のために、一度外部化され、専門分化された諸制度を選択し、利用する過程をその側面から援助していくことに向けられている。新しく社会福祉に期待されている機能は、家族や地域社会の外側に外部化され、専門分化させられた社会的諸制度の供給する諸サービスのなかから、個人や家族、地域の抱える生活の困難や障害を解決緩和し、自立的生活を確保するうえで必要とされるものを選択し、それらを組織化し、総合しながら、その適切な利用を促進するという機能である。このような社会福祉の諸サービスを総合し、社会諸制度と個人、家族、地域など利用者とのあいだを媒介調整する機能は、社会福祉が一般的諸施策にたいしてもっている補足的な機能と表裏の関係にあるものであり、それなくしては期待しえない機能なのである。

社会福祉の補充性については、その固有性との関係において、多面的に論じられなければならない。社会政策その他の一施策にみずからの姿を鏡写させ、その映像をもってみずからの位置や性格を確定するという方法では、社会福祉についての十全な理解に到達することは困難であろう。このような接近方法によるかぎり、みずからを映す鏡を取り去られてしまえば、社会福祉はみずからのアイデンティティを確認する手掛りそのものを見失うことにならざるをえないからである。

五 社会福祉の供給体制と利用体制

一九八〇年代以降のわが国における社会福祉の展開は、社会福祉の供給の組織や方法のあり方を著しく多様化させてきた。社会福祉の供給組織に関していえば、戦後福祉改革以来、伝統的に社会福祉の供給過程を担ってきた国、地方自治体、社会福祉法人以外にも一九八〇年に設置された武蔵野市福祉公社に象徴的にみられるようないわゆる第三セクターが登場し、やがては当事者団体、相互扶助団体、生活協同組合その他の民間非営利組織もまた社会福祉の供給過程に参入することになった。そして、そのような供給組織の多元化に連動するかたちで、社会福祉の援助方法にも多種多様な通所サービスや在宅サービスが新たに追加され、その多様化が促進されてきている。かつて、社会福祉サービスの中心が施設入所サービスであった時期には、社会福祉サービスが創出（生産）され、利用者（対象）の利用（消費）に供されるまでの過程についての議論は、社会福祉行財政論や社会福祉施設運営管理論などとして、また援助過程論として取り扱われてきた。しかしながら、供給の組織や方法の多元化・多様化とともに社会福祉における諸資源――資金、施設設備、マンパワー、情報などの動員・組織化の過程も徐々に複雑なものとなり、新たにそこに適合的な分析の方法が必要とされるようになってきたのである。

このような、これまでの伝統的な社会福祉行財政論や援助方法論の枠組では十分に包括しえない新しい状況を処理することを目的に登場してきたもの、それがほかならぬ社会福祉供給体制論である。社会福祉供給体制論の特質は、端的にいえば、社会福祉サービスの創出（生産）から配分（流通）、利用（消費）にいたるまでの過程を一体的に扱おうとするところにある。すなわち、社会福祉の供給の組織（主体）、供給の過程、供給の方法、供給されるサービスの形態や内容に関する議論を、個々別々にではなく、それらを相互に関連づけながら一つの過程として一体的に扱おうとするのが社会福祉供給体制論の試みである。(18)

こうして、社会福祉供給体制論の登場は八〇年代以降における社会福祉の新しい展開に導かれつつ、社会福祉分析の方法に新たな一石を投じたのであるが、その特質としていま一つ重要なことは、それが社会福祉を社会計画論的あるいは社会工学的な視点から議論の対象にするという関心と深く結びついているということである。その意味では、社会福祉供給体制論は、現状分析の枠組であると同時に、社会福祉計画を策定し、それを運営管理するための分析の枠組として発展させられてきた。一九九〇（平成二）年には福祉八法改正によって地方自治体に老人保健福祉計画を策定することが義務づけられたが、そのこともあずかって、社会計画論的あるいは社会工学的な視点にもとづく社会福祉研究の方法にたいする関心はいっそう拡大することになったのである。

周知のように、従来の社会福祉研究のなかにも社会福祉をその政策としての側面に焦点をあてながら分析するという手法があり、重要な成果をあげてきている。ただ、その意味での社会福祉政策論においては、研究の主要な関心は社会福祉政策をいわばマクロの次元において捉え、資本主義社会総体のなかにおける社会福祉の位置や性格、機能を明らかにするということに向けられてきた。このような研究関心による社会福祉研究のなかでは、社会福祉はどちらかといえばその外部環境、たとえば社会政策、完全雇用政策、財政政策、経済政策、あるいは司法政策、教育政策などのいわゆる一般諸政策、なかでも社会政策との関係を中心にしながら、社会福祉の基本的性格やその政策的な意図や効果などが論じられてきたのである。このような社会福祉分析の方法は、社会福祉の歴史的な性格や資本主義体制との関連などについてみるべき成果をあげてきたが、しかし一方において、社会福祉の内部体系、すなわち社会福祉の内部における資源配分や組織のあり方、個別具体的な処遇過程などにたいする関心は、ややもすれば希薄になりがちであった。これにたいして、社会福祉の内部体系、なかでも資源配分や供給組織のあり方、その運営管理の過程に焦点をあてる、新しい議論が提起されてきた。それがすなわち、社会福祉供給体制論である。

この文脈でいえば、社会福祉供給体制論は、社会福祉研究の焦点を社会福祉とその外部環境との関係から内部体系の分析に大きく移行させ、新しい研究の領域と方法を開発することに貢献した。もっとも、社会福祉供給体制論は、社会福祉研究の焦点をその内部体系の分析に移行させた反面、逆に社会福祉の外部環境を与件とみなし、国家の政策体系の総体、あるいは社会全体のなかにおける社会福祉の位置や機能の分析にたいする関心を拡散させる傾向が見受けられる。社会福祉供給体制論の効用を評価しつつも、それが過剰に内部志向的になることのもたらす制約には十分留意しておかなければならないであろう。

社会福祉供給体制を構成する要素は多岐にわたるが、それらは、①供給の枠組、②供給の組織（主体）、③供給の計画、④配分の原理、⑤供給の形態、⑥供給の機関、⑦施設体系、⑧措置・決定制度、⑨費用支弁・負担制度、⑩権利擁護制度、⑪職員組織などに分類することができる。以下、それぞれの要素に関して議論すべき課題について簡単に説明を加えておきたい。

①供給の枠組に関する論点には、福祉サービスが供給される制度的な枠組とその運営管理の方法が含まれる。具体的には、供給に関わる公的セクターと民間セクターとの関係、公的セクター内の国、都道府県、市町村の関係、それぞれのセクターや団体の役割、供給体制全体を運用管理する原理や方法、などに関する議論である。②供給の組織（主体）に関する論点には、福祉サービスの供給組織としてみた場合の、国、地方自治体、社会福祉法人、あるいは住民参加型供給組織の性格や特質、役割、運営などの問題が含まれる。ただし、社会福祉全体の、マクロ的な意味での、主体に関する議論は、ここでは扱わない。いわゆる政策主体をめぐる議論や政策主体と他の主体との関係などについての議論は、社会福祉主体

論として供給体制論とは別のかたちで論じることになる。③供給の計画については、計画策定の方法と技術、計画の運用と管理ならびに評価の方法などが問題となる。④配分の原理に関する論点は、福祉サービスを供給するにあたって、それをどのような基準にもとづき、どのような範囲に配分するかということである。たとえば、かつて一九六〇年代のイギリスにおいて話題となった選別主義―普遍主義論争はそのことをめぐる代表的な議論である。⑤供給の形態については、まず、現金給付および現物給付の特徴、両者の違いや関連が問題となる。次には、供給の場による供給形態の違い、それぞれの特質や相互の関連などが問題となる。入所サービス、通所サービス、訪問サービス、宅配サービスなどの特質や関連についての議論がそうである。⑥供給の機関について議論するには、まず福祉サービスの実施機関と福祉サービスの提供機関とを区別することが重要である。サービス実施機関は供給の開始や廃止に関する決定の権限をもつ機関である。それにたいして、サービス提供機関は具体的に福祉サービスの提供に携わっている機関である。実際には、福祉サービスに関わる決定とその提供とが同一の機関によってなされることも多いが、機能的には決定と提供とは別のものである。供給の機関には、このほか、住民による福祉サービスの利用を促進し、支援する利用支援機関がある。⑦施設体系については、施設の形態と機能、さらには施設設備の最低基準が問題となる。施設の形態ということでは、入所（生活）施設、通所施設、一般利用施設の区別が重要である。施設の機能ということでは、治療、訓練、矯正などを目的とする専門施設、長期にわたる養護を必要とする児童、高齢者、障害者などのための滞在施設、そして中間施設の異同や役割が論点となる。最低基準については、敷地、建物、設備などに関わる設置基準のあり方が問題となる。⑧措置・決定制度は、措置権、措置権者、措置基準、措置の手続きなどの要素から成り立っている。それぞれの要素についての検討が課題となる。⑨費用支弁・負担制度については、まず費用支弁の財源、支弁の区分、範囲などが問題となる。負担制度については、受益者負担の考え方、負担の程度などが問題となる。⑩権利擁護制度に関しては、利用の申請と決定の過程における利用権の擁護、利用の過程における利用者の権利擁護、知的障害者や痴呆高齢者など十全に権利能力を行使しえない人びとの権利擁護などの問題が検討の課題となる。最後に、⑪職員組織については、各機関・施設の種別ごとの職種、資格、職員数、さらには専門職資格制度、養成の施設や課程などが議論の内容となる。このように、社会福祉供給体制に関して論じられるべき課題は多い。列挙した課題のなかには、供給体制論とは個別のかたちで論じてよいものも含まれているが、いずれにせよ供給体制論の意義は供給の枠組、組織、過程、方法などを一つの全体として取り扱うことにある。今後に議論の発展が期待される分野である。

さて、われわれは、これまで社会福祉供給体制論の可能性とその重要性について論じてきた。しかしながら、われわれはいま一歩前進しなければならない。従来、社会福祉の供給に関する議論はいつでも供給者側から、供給者の視点から論じられてきた。社会福祉の供給が利用者ないし当事者の視点から論じられることはほとんどなかったといってよい。われわれは、かつて、そうした状況にたいして、社会福祉供給体制のパラダイムを「供給者サイドの社会福祉から利用者サイドの社会福祉」を目指す方向に転換させる必要があると論じたことがある。(19) 社会福祉供給体制論の深化の必要性を提起するにあたって、供給体制論のなかに利用体制の視点を導入することの重要性をあらためて指摘しておかなければならない。

社会福祉は、その一方においてこれを供給する主体＝国や地方自治体、社会福祉法人、非営利組織などが存在し、他方においてこれを利用する対象＝利用者が存在していることによって成立する。そして、その社会福祉の主体と対象との中間に位置して、両者を媒介し、結合するシステムが存在する。これまでの社会福祉に関する議論は、このシステムを供給者側の視点から把握し、議論してきた。すなわち、供給体制論である。これにたいして、社会福祉の利用者（地域住民）が福祉サービスにたどりつく（アクセスする）までの過程、機関や団体などの窓口における対応のあり方、利用過程のモニタリング、利用終結後のフォローアップのあり方などが議論の対象となるようなことは、これまでほとんどなかったことである。しかしながら、これからの社会福祉にとってもっとも重要な課題の一つは、社会福祉を供給する立場にある組織と社会福祉を利用する立場にある顕在的ならびに潜在的利用者との対応関係（インターフェイス）をいかにしてよりよいものに改善するかということにある。そのことは、第一義的には、利用者による社会福祉の利用の効果と効率とを最善のものに高めるために必要とされる。しかし、同時に、社会福祉の供給組織と利用者との対応関係の改善は、社会福祉の供給の効果と効率を高めるためにも必要とされる。

戦後福祉改革以来、わが国では、社会福祉の制度は、社会福祉を利用することは国民の権利であり、したがって社会福祉の利用の過程はそれを希望する国民の自発的な申請を契機にしてはじまるという考え方にもとづいて運営されてきた。このような、社会福祉の利用はそれを希望するものの申請によってはじまるという考え方は申請主義とよばれる。申請主義は、それに先行する職権主義にたいする批判によって定立された。社会福祉の前史的な段階を特徴づける職権主義は、社会福祉的援助をもって給付者の専決的判断にもとづいて提供されるべきものとみなした。生活問題の担い手は、社会福祉を供給する組織にたいして扶助やサービスの提供をみずから要請することはできず、ひたすら供給組織による認知とその職権的判断に期待するほかはなかったのである。生活問題の担い手に可能なことはひたすら待ち続けることであった。わが国の社会福祉供給体制には、戦後福祉改革のなかで、このような職権主義の弊害、すなわち官僚主義的専断、恣意的判断の混入、福祉ニーズ掌握の遺漏などかつての職権主義にまつわる弊害を回避するために申請主義が採用され、行旅病人、重度の障害者その他、申請主義がその効果を期待しえないような場合にのみ、補足的に職権主義を採用するという方式が導入された。

この新しい方式は、戦前の職権主義の弊害を回避するということでは、それなりに成果をあげてきた。福祉サービスの利用をみずから、権利として申請することができるという申請主義の思想は、社会福祉を国民のあいだに定着させ、利用者の裾野を広げるうえで多大の功績をあげてきたといって過言ではない。しかしながら、一九七〇年代から八〇年代にかけて福祉ニーズの多様化、複雑化、高度化が進むにつれ、申請主義の欠陥が露呈されてきた。申請主義が成り立つためには、まず、①申請者がみずからの福祉ニーズとその内容を的確に自覚し、②期待しうる福祉サービスの種類や申請の手続きなどについての適切な情報をもち、③申請の前提となる状況判断能力と、④申請手続きを実施するに必要とされる精神的身体的能力をもっていること、さらには⑤許容された福祉サービスを利用して自己の福祉ニーズを適切に充足するに必要な身体的・精神的生活管理能力をもっていることなどが前提的な条件となる。しかしながら、このような条件はいつでも満たされるというわけではない。

次に、申請主義にもとづく供給体制は、利用者による申請を優先するという枠組のなかで、結果的には申請主義を方便とするような「待ちの姿勢」を生み出してきた。供給体制の中心的な機関である福祉事務所には、本来、児童、母子、寡婦、老人、身体障害者、精神薄弱者などの福祉について日頃から「実情の把握に努めること」が求められている。児童相談所にたいしては、児童や妊産婦の実情について把握することを前提に、家庭その他からの相談に応じ、調査・判定のうえ、必要な指導を行うことが要請されている。けれども、福祉事務所においても児童相談所においても、積極的に地域住民の「実情を把握」し、そのなかに潜在する利用者を掘り起こすまでの態勢はとられてこなかった。こうして、福祉事務所や児童相談所は「待ちの姿勢」に陥り、多くの人びとが福祉サービスを利用する機会を失うことになった。これまで、申請主義を補完するはずの職権主義はほとんど機能してこなかったのである。そうしたなかで、社会福祉の潜在的、顕在的な利用者が老人夫婦世帯、独居老人、在宅の障害者などに傾斜していくにつれ、結果的には申請主義を方便とするような供給機関の「待ちの姿勢」はやがて社会福祉の適切な供給を阻害する要因として認識されるようになっていったのである。

このような申請主義を機軸とする供給体制の短所を克服するために提起されたのが、いわゆる「アウトリーチ戦略」である。アウトリーチ戦略の課題は、第一には、申請主義を前提にしながらも、職権主義を積極的に活用し、地域住民の福祉ニーズを掘り起こし、その意識化を図ることである。第二には、地域住民の福祉サービス利用の申請を積極的に助長し、場合によって申請手続きの一部を代行するようなことも、課題達成のための重要な戦略の一つとみなされる。アウトリーチ戦略の要点は、まさに社会福祉の供給体制に関するパラダイムの大幅な転換を試みるということにある。伝統的に社会福祉の供給体制は供給者側から構想されてきた。逆に、それを利用者の側から見直そうということである。

われわれは、このような社会福祉にとって比較的新しい課題をより科学的・組織的に分析し、必要とされる制度改革、その方向や内容を明確なものにするために、すなわち「供給体制」を利用者の側から捉え直し、そのことによって社会福祉の供給組織と利用者との間に介在するさまざまの問題や課題を明確化し、地域住民による社会福祉の利用をいっそう円滑かつ効果的なものとする方向を探るために、新たに「利用体制」という概念を導入することを提案しておきたい。「利用体制」は、供給体制のあり方を顕在的ならびに潜在的な利用者（地域住民）の視点から捉えたときに浮かび上がってくる概念であり、利用支援のための機関・組織・施設、利用支援過程、利用申請過程、利用過程、利用後のフォローアップ過程、利用者の権利擁護の機関と体制、モニタリング体制などから構成される。

このうちでもとくに重要な意味をもつのは、利用支援のための機関・組織・施設と利用支援過程である。よく知られているように、国は一九八九年の「高齢者保健福祉推進十か年戦略」にもとづき、地域福祉型の高齢者福祉サービスを推進するうえでの機軸となる機関として「在宅介護支援センター」の設置を推進してきている。東京都もまた、ほぼこれに相当する機関として「高齢者在宅サービスセンター」を設置する計画を推進してきている。こうした「在宅介護支援センター」や「高齢者在宅サービスセンター」は、福祉サービスを利用者（地域住民）の側から捉え直し、その活用を促進するという社会福祉の新しい供給理念を具体化しようとする試みとして位置づけることができる。われわれのいう利用支援のための機関・組織・施設に相当するものである。「在宅介護支援センター」や「高齢者在宅サービスセンター」の活動はいうまでもなく高齢者福祉の領域に限定されるものであるが、このような利用者（地域住民）の身近に位置して「福祉サービスの利用を支援するシステム」は、高齢者福祉の領域のみならず社会福祉の全領域に導入されるべきものであろう。

児童権利条約にいう児童の意見表明権や医療領域におけるインフォームド・コンセントなど、児童や傷病者など社会的弱者の権利擁護をいっそう推進しようとする社会的傾向が強まるなかで、福祉サービスの選択権、なかでも比較的長期の生活の場となる入所施設についての利用者の選択権や施設生活のなかでの個人の選択の自由やプライバシーの確保ということが重要な争点になってきている。こうした問題は、従来の供給者サイドの社会福祉行政論や施設管理理論のなかでは取り上げられがたい主題であった。わが国においては、ある面においては建前的な色彩が強く、別の面においては方便としての色彩が強いとはいえ、申請主義が認められている。しかしながら、その申請主義も福祉サービスにたいする限り、請求権を前提とするものとはいいがたい。福祉サービスの利用は「法の反射的利益」として実現するものであり、国民に請求権を認めたものではない、とするのが一般的な法解釈である。こうした状況のもとにおいて、施設の選択権、広くいえば福祉サービスの選択権や施設生活のなかにおける個人生活の自由、すなわち、社会福祉における市民としての権利を確保することは必ずしも容易ではないであろう。けれども、供給者サイドから利用者サイドに視点を移していえば、選択権や自由権の確保はむしろ焦眉の急である。社会福祉の世界では、そうした側面がなおざりにされ過ぎてきたのである。社会福祉の市民権化が必要なのである。

社会福祉にたいする期待が拡大し、その普遍化・一般化の必要性が主張されている今日、早急に論点を整理し、改善の方向が見出されなければならない。われわれは、社会福祉供給体制論に、こうした状況を含め、社会福祉の供給に関わる諸状況をできるだけ全体的に把握し、問題点を摘出しかつ改善の方向を探るうえで有効な枠組となることを期待したい。そして、社会福祉供給体制論は、利用体制論の契機を包摂したとき、いっそう豊かな内容を獲得することが可能となろう。

六　社会福祉の分権化と地域化

八〇年代福祉改革のなかで社会福祉をめぐる国の権限が地方自治体に委譲されたことにより、社会福祉の供給体制における国と地方自治体との関係は著しい変化を経験することになった。このような状況の変化は、しばしば、それが国の地方自治体にたいする補助金の削減を求める行財政改革によって先導されたこともあずかって、社会福祉にたいする国の責任そのものの解除や縮小をもたらしたとして批判の対象となってきている。しかしながら、今日においてもなお、社会福祉の供給にたいする最終的な責任が国に帰属することは従来通りである。八〇年代福祉改革においては、そのことを前提に、社会福祉の供給過程における権限や責任の一部が地方自治体に委譲されたのである。

八〇年代福祉改革、なかでもその最終的な段階において実施された福祉八法改正を先導した理念は、誰もが、いつでも、どこででも、必要に応じて、適切な福祉サービスを利用しうるような、社会福祉の供給体制を整備するということであった。換言すれば、八〇年代福祉改革の眼目は、戦後福祉改革以来の社会福祉の発展の過程において中央集権的化が進み、中央優先主義や官僚主義の弊害を免れえなくなった伝統的な社会福祉供給体制、供給の組織とその運営管理のあり方について抜本的な改革を試みるということにあったはずである。しかしながら、福祉改革の過程においては、戦後の社会福祉制度の骨格が国を中心に構成されることになった経緯を戦後という特殊条件に由来するものとみなす見解が提起され、その一方においては、地方自治体への権限が委譲されたのちにおいても国、地方自治体の双方が新しい体制にとまどい、分権化がなかなか実質化しないという状況もみられるようである。以下、社会福祉における集権化の過程にも言及しながら、分権化と地域化の意義について若干の考察を試みておきたい。

よく知られているように、社会福祉の淵源である慈善事業や中世都市における貧民対策は、共同体的な相互扶助や相互支持が基盤となっているだけに、地理的には限定された小地域の内部ではじまった。イギリスのように、歴史的にかなり早い時期から貧民対策が法律にもとづいて展開されるようになってからも事情は同様であった。救貧法それ自体は国家法であるが、内容的には救済事業の運営管理を地方団体、すなわち教区に義務づけ、そのための行財政の枠組を規定するというにとどまっていた。イギリスでは一八三四年の新救貧法にもとづいてようやく救貧法を管理する中央機関が設置されたが、世紀転換期を迎えて社会改良が国家的な関心事になるまではその機能は限定されたものであった。アメリカにおいても事情は類似していた。救貧対策は、植民地の時代以来ながらくタウンやカウンティなど地方政府の責任とされ、一九世紀の後半になってようやく州政府の責任として認識されはじめるという状況にあり、連邦制の制約もあってニューディールの前夜においても救貧対策の責任は州の水準にとどまっていた。

このように、イギリスにおいてもアメリカにおいても、そして、遅ればせながらわが国の場合においても同様に、救貧対策は地方の責任としてはじまり、それが徐々により広い、高次の地域を管轄する行政体（政府）の責任と考えられるようになっていった。社会の産業化の進展とともに、循環的失業に典型的にみられるように失業や貧困の発生やその影響が地方団体の範域と行政的・財政的対処能力を越えて全国に及ぶようになり、おのずとそれへの対策もより広域かつ高次の政府の責任において実施されざるをえなくなっていったのである。

先進資本主義社会において、社会経済のみならず、国民生活の維持全般についての国家の役割が強調されるようになったのは、第一次世界大戦以後、とりわけ一九二九年にはじまる世界恐慌以降のことであった。第一次世界大戦後に制定されたドイツのワイマール憲法は、「経済生活の秩序は、すべての人に、人たるに値する生存を保障することをめざす、正義の諸原則に適合するものでなければならない」と規定し、世界で初めて国民の最低限度の生活を維持する権利を承認したことで知られている。いわゆる社会権的生存権の思想である。このような国民の生存権とそれに照応する国家の義務という思想は、その後一九三〇年代のアメリカにおけるニューディール政策の経験、第二次世界大戦の渦中において建議されたベバリッジ報告などを通じて熟成され、戦後における福祉国家体制の構築というかたちに結実することになった。一九四六（昭和二一）年に制定されたわが国の憲法も、このような世界史的な潮流を継承し、その第二五条の第一項において国民に固有の権利として社会権的生存権を規定し、第二項においてそれを担保すべく社会福祉、社会保障および公衆衛生の向上に努めることを国家に義務づけた。以後、社会福祉に関する国の政策、その法的表現としての社会福祉関係諸法は、そのことが明示されているといないとに関わらず、行政上は、そのいずれもがこの憲法二五条の規定に淵源するものと解されてきた。この行政解釈は八〇年代福祉改革を経過した今日においても継承されている。

このような、社会福祉における国家の位置と責務に関する世界史的な経緯に照らしていえば、戦争直後のわが国において再構築された社会福祉供給体制のなかで国（中央政府）が重要な役割と権限をもつことになった背景を、もっぱら戦後の混乱期という特殊事情に求めようとする見解は、決して妥当なものとはいえないであろう。たしかに、戦後の混乱期においては地方自治体、なかでも市町村の行政能力は極度に低下しており、とても社会福祉についての全面的な権限を全うしうるような状況ではなかったのである。その限りでは、戦後における社会福祉供給体制が国を中心に構築されたことはやむをえないことであったという解釈も成り立ちうるであろう。しかし、戦後福祉改革の経過、なかでもその過程に重要な影響を及ぼすことになったGHQの対日福祉政策の内容をみれば、国を中心とする供給体制の構築は、わが国社会福祉の近代化における重要な階梯を意味するものといわなければならない。戦後社会福祉行政に何らかの問題があったとすれば、それは国が戦後一貫して社会福祉政策の企画立案の機関でありながら、同時にその実務的実行機関として振る舞ってきたということであろう。そこに、過度の中央集権化による中央優先主義、官僚主義などの弊害が深くからみあってきたのである。八〇年代福祉改革は、そのような弊害を除去するための改革として位置づけられたときにのみ、妥当性をもちうるのである。

さて、そのことはそのこととしても、一九八六（昭和六一）年と九〇（平成二）年の大幅な法改正によって、わが国の社会福祉供給体制には大幅な変化がもたらされた。社会福祉のなかでも老人福祉や身体障害者福祉の領域については、そのほとんどの権限が市町村に委譲された。それ以外の領域でも、在宅福祉サービスを中心に市町村の比重は著しく増大した。これからの社会福祉は、主要には市町村の責務として実施されることになる。改革の意味はそのことにとどまらない。八〇年代福祉改革は、単なる権限の下方委譲であることを越え、その当初の意図がどのようなものであったにせよ、結果的には市町村にたいして地方自治としての社会福祉、すなわち自治型社会福祉[20]の可能性を与えることになったからである。

地方自治とは、簡潔にいえば、地域共同体の構成員相互の自己責任と連帯によって地域の共同の役務を自主的に処理することである。この意味での地方自治は、しばしば地域共同体の固有の権利であるといわれる。しかし、もとより、今日の地方自治は、そのように一般的に規定された地方自治ではありえない。今日の地方自治は、地域共同体を越える政治団体としての国家の体制を前提とし、その枠組のなかにおける地域的な統治の単位としての市町村に認められたそれとしての地方自治である。しかしながら、他方、今日のわが国における地方制度は、戦前の中央政府の末端機関としての官治的なそれとは異なり、憲法第九二条にいう「地方自治の本旨」をその前提としている。今日の地方自治体は、旧体制下における「公共サービス業務」のみをつかさどる「事業団体」ではなく、大幅な自治立法権、自治行政権、自治財政権を認められた「統治団体」であるとみなされているのである。(21) 八〇年代福祉改革のなかで、社会福祉に関する国と地方の関係が機関委任事務関係から団体（委任）事務関係に改められ、さらにその一部分については委任の対象が都道府県から町村に移行されている。当然のことながら、このような今日のわが国における地方自治の思想と制度のあり方が前提になっているものとみなければならない。

一般に、社会福祉の事務が機関委任事務から団体（委任）事務へ移行されたことによってもたらされる効果は、地方自治体の裁量権の範囲が拡大され、地方自治体がそれぞれの地域の実情に応じたかたちで独自の社会福祉行政を展開しうるようになったことに求められる。とりあえずの理解として実態的にいえばその通りであろう。けれども、八〇年代福祉改革のもたらした結果は、単にそのような裁量権の範囲の量的な拡大にとどまるものではない。多少とも原則論的な水準でいえば、社会福祉に関する事務の団体（委任）事務化は、委任された事務が委任した団体（ここでは、国）の監督権を離れることを意味しているからである。機関委任事務の場合には、受任機関は国の機関として委任事務を遂行するのであり、したがってこれにたいする国の監督権は留保されるものと考えられる。これにたいして、団体（委任）事務は、受任とともに委任した団体の監督権を離れ、地方自治体は公共事務（固有事務）の場合と同様に、その権限と責任にもとづいて自主的にこれを処理することができるとみなされるからである。すなわち、社会福祉に関する事務の団体（委任）事務化は、地方自治体のサービス実施機関としての裁量権を拡大したというにとどまらず、社会福祉を自治立法権、自治行政権、自治財政権をもつ統治団体としての地方自治体の固有の事務として位置づけたことを意味しているのである。

八〇年代福祉改革は、地方自治体にたいして、固有条例の制定、規制行政の導入、独自財源の調達など、地方自治体の固有の権限を動員し、地域共同体構成員の福祉の向上に努めることを義務づけたのである。地方自治の趣旨からいえば、社会福祉を地方自治体の課題として位置づけるにあたって、その主要な担い手として市町村があてられたことは当然のことであった。国民の生活にもっとも密着した統治＝自治の単位は市町村をおいてほかにはありえないからである。

社会福祉の分権化は、供給過程における市町村の役割と責務を著しく拡大した。従来においても、社会福祉供給体制のなかで市町村は重要な役割を演じてきた。けれども、まず国の、そしてその次には都道府県の施策制度があり、市町村の役割は限られた範囲でそれらを実施し、補充するというものであった。より具体的にいえば、市町村の役割は、第一には国や都道府県による制度の補充、すなわち櫛の歯的、縦割的に設定されている国や都道府県の施策の隙間を埋めるような、あるいは国や都道府県の施策にたいして「上乗せ的」、あるいは「横出し的」な、施策を展開することであった。第二に、市町村の役割は、櫛の歯的、縦割行政的な国、都道府県の施策にたいして、これを横の関係において相互に関連づけ、施策相互間の連携、調整を図るというものであった。市町村の役割は、従来どちらかといえば受身的・消極的なものにとどまっていた。実際、それを越える活動を展開するだけの権限も財源ももちあわせていなかったのである。

八〇年代福祉改革は市町村にたいしてその社会福祉施策を、これまでの国や都道府県による施策の後追い的・落ち穂拾い的な施策から、計画的なそれに大幅に転換し、積極的に住民の福祉の向上に努めることを義務づけたものといってよい。これからの市町村を中心的な供給の主体とする社会福祉の課題は、従来のように国や都道府県から委任された事務の単なる遂行であってはならない。それぞれの地域共同体の構成員の福祉を最大限度に向上させること、つまり、いわばコミュニティ・マキシマムを達成すること、それが地方自治（統治）の基礎的単位としての市町村とその社会福祉施策に求められる基本的な課題でなければならないのである。

八〇年代福祉改革のなかでは、このような社会福祉の分権化と同時並行的に、その地域化が推進されてきた。もとより分権化と地域化は密接不可分に関連しあい、重なりあう関係にある。ここに地域化というのは、社会福祉が従来の国および都道府県を主要な供給主体とする施設福祉型の社会福祉から市町村を主要な供給主体とする地域福祉型の社会福祉へ移行してきた事実を指している。端的にいえば、地域福祉型社会福祉とは、すでにこれまでの行論からも明らかなように、市町村を基礎的実施主体とする地方自治型の社会福祉のことである。そのことを前提に、以下、われわれのいう自治型社会福祉の意味内容についてさらに若干の敷衍を試みておきたい。

まず、自治型社会福祉を枠組的に規定する要件として、①住民・利用者主体の原則、②参加・自己決定の原則、③在宅・統合化の原則、④予防・自己実現の原則、⑤協同・総合化の原則をあげておきたい。自治型社会福祉は、在宅による福祉サービスの利用、それによる地域住民の自立的生活の維持確保、さらには生活の質の向上を図ることを目標として展開される。それは、同時に、個々の利用者の生活問題を解決し、利用者の身体的ならびに人格的な成長を助長促進することを目標として展開される。また、自治型社会福祉は、個々の利用者の生活のみならず、利用者を含む家族全体の生活にたいする支援とその向上を図ることを目標として展開される。

次に、自治型社会福祉の構成要素的な特質について取り上げる。

第一に、自治型社会福祉は、①市町村を主要な実施主体とする公的福祉サービス（法律にもとづく福祉サービスであって、民間に事業委託して実施されるものを含む）と②利用者を含む地域住民によって主体的・自主的に展開される民間福祉活動という二つの要素をもって構成される。

第二に、自治型社会福祉の軸芯をなす公的福祉サービスはホームヘルプ・サービス、デイサービス、ショートステイ・サービス、日常生活機器の供与などの在宅型福祉サービスを中心に組織されるが、同時にその内部には在宅福祉を中心とする新しい施策体系に適合するように再編成された施設型福祉サービスが包摂されていなければならない。

第三に、自治型社会福祉の一端を担う民間福祉活動は、利用者を含む地域住民による当事者援助活動、相互扶助的援助活動、近隣支援活動、ボランティア活動、さらには福祉のまちづくり運動などから構成される。民生委員・児童委員活動も基本的には民間福祉活動の重要な構成要素となる。

第四に、公的福祉サービスと民間福祉活動とは相互に不可欠の存在としていわばパートナーとしての関係に位置づけられるが、両者の関係は協働を主軸にしながらも、同時に緊張の契機を含むものでなければならない。民間福祉活動による試行的先導、モニタリング、そして建設的批判は公的福祉サービスを活性化するための最善の良薬である。社会福祉の分権化と地域化は、市町村を基礎単位とする公的福祉サービスと民間福祉活動とがこのような諸条件を充足するようなかたちで展開されて初めて実質的な意味をもちうるのである。

さて、これまでみてきたように、社会福祉の分権化や地域化は、福祉ニーズの個別性や多様性に木目細かく対応しながら利用者の地域社会における生活の維持とその向上を目ざす改革であった。もっとも社会福祉は、イギリスにおいてパーソナル・ソーシャル・サービス（個別的社会サービス）ともよばれるように、もともと利用者のニーズの個別性と多様性に留意し、サービスを個別化して供給するところにその基本的な特質をもつ施策であり、八〇年代福祉改革による分権化や地域化は、遅ればせながらそのような社会福祉の本来的な特性に対応すべくしてとられた措置であったといえよう。その意味では、市町村を主要な供給の単位とする方向での社会福祉供給体制の改革は、社会福祉の本来の趣旨に適合する改革として大いに歓迎されなければならないのである。

しかしながら、その一方において、供給体制の市町村化による個別性や多様性への関心の増大が逆に社会的な不公平や不公正を拡大することにもなりかねないとする懸念のあることも事実である。個別性や多様性の尊重と社会的な公平や公正の確保とがあたかもトレイド・オフの関係にあるかのように主張する向きもなくはないからである。実際問題として、このような懸念は決して理由のないことではない。今日、社会福祉施設の全国的な整備状況、それを支えるマンパワー、援助の技術水準、それらの基礎になる財政能力などをみると、都道府県間、さらには市町村間に、明らかに無視しえない格差が存在している。しかも、この格差は短時日に解消されうるものではない。こうした状況を前提にしながらいえば、社会福祉の分権化が不平等や不公平に結びつきかねないという先程の懸念を否定することはそれほど簡単なことではない。同じ国民である、児童、高齢者、障害者など社会的不利を担う人びとがその居住する市町村の違いによって享受しうる福祉サービスの種類や水準に著しい格差が生まれてくるという事態は十分に予想されうることである。実際、すでに一部には、高齢者がより高度な福祉サービスを享受する機会を求めて、地方自治体の境界を越えて居所を移転するというような事態も生み出されてきているようである。

こうした状況を前に、福祉サービスについても国民的最低限（ナショナル・ミニマム）を確立する必要性のあることを強調する見解がみられる。しかし、これにたいしては、福祉サービスの領域では国民的最低限を設定すること、そのこと自体が困難であるとする見解も見受けられる。たしかに、最低生活費の算定などに比較すれば、福祉ニーズの定量的把握の困難さは認められなければならない。また、国民的最低限の確保が福祉サービスの画一化や定型化を結果するとすれば、それは個別的社会サービスとしての社会福祉の趣旨にもとるような選択といわなければならないであろう。けれども、福祉サービスにおける最低限設定の技術的困難性は、最低限確保の必要性や可能性を否定する論理的な根拠にはなりえないはずである。国民的最低限の確保と個別性・多様性の確保は二者択一的な政策課題とみなされるべきものではない。むしろ、その両立を可能にするような方策施設のあり方が追求されなければならないのである。

社会福祉の分権化と地域化の時代においても、国は、都道府県の協力をえながら、在宅福祉サービスならびに施設福祉サービスの種類と規模、福祉サービス提供決定基準、施設・設備、援助方法などについて、ガイドラインの設定、地方交付金制度による財政援助などを通じて、福祉サービスにおける国民的最低限を設定し、それを維持する責任を負わなければならない。こうしたガイドラインは、それぞれの地域の、人口構造、就業構造、疾病構造、高齢化率、障害の出現率、女性の就労率、利用しうる社会資源の質量や地域分布など、可能なかぎりの客観的な基準に依拠しながら、同時に市町村の選択の余地や範囲をできるだけ考慮したものでなければならない。市町村の役割と責務は、このような国民的最低限を前提に、コミュニティ・ウェルフェア・マキシマムを達成するところに求められる。つまり、社会福祉における個別性と多様性の追求は、このような国、都道府県、そして市町村の協業と分業が実現して初めて達成されうるのである。

七　社会福祉の範囲

八〇年代福祉改革はわが国の社会福祉にたいしてさまざまの変化をもたらしたが、その一つに社会福祉供給主体の多元化がある。

戦後福祉改革以来七〇年代にいたるまで、わが国の社会福祉は原則として国、地方自治体および社会福祉法人という三者体制によって供給されてきた。その間、社会福祉事業団制度の導入があったものの、それは内容はともかくかたちとしては社会福祉法人の枠を活用するものであり、基本的には国、地方自治体および社会福祉法人という三者体制は堅持されてきた。そうした戦後福祉改革以来の供給体制の基本的な骨格に迫るような変化をもちこんだのは、一九八〇（昭和五五）年に設立された武蔵野市福祉公社であった。武蔵野市福祉公社は、武蔵野市が必要な資金の一部を拠出し、福祉サービスの利用者による費用負担とあわせて、民間ベースで福祉サービスを供給する機関として設立された。武蔵野市福祉公社は、その民間性を活用して法律による枠組を越えて福祉サービスを提供したこと、資産はあっても現金収入のない高齢者に有料もしくは死後の清算を前提に福祉サービスを提供したことなど、その新しい運営方式によって脚光を浴びたが、同時にむしろ高額所得者にたいして福祉サービスを提供することになったこと、有償ボランティアを導入したことなどで厳しい批判にさらされることにもなった。

しかしながら、そうした批判にも関わらず、福祉公社方式は、八〇年代を通じて福祉改革が推進されていく過程においては、福祉サービスの普遍化・一般化に先鞭をつけた先駆的供給システムとして徐々に受容されていき、名称や組織のありように若干の違いはあるものの、今日では全国に三〇余の福祉公社が設置されるに至っている。八〇年代には、福祉公社以外にも、行政の支援を受ける相互扶助組織、当事者組織、生活協同組合など、戦後福祉改革以来の伝統的な供給体制に大幅な再編成を求めるような新たな供給組織の参入がみられた。これにたいして、国もまた、地方自治体を実施主体とする一部の在宅福祉サービスについては社会福祉協議会や各種施設、さらには営利的事業体にたいしても、これを委託して運営することを認めるなど、供給主体のいっそうの流動化、多元化を推進してきたのである。

このような供給主体の多元化は、福祉サービスの利用を貧困低所得階層を越えて一般階層にまで拡大し、費用負担の拡大や一部有料制度の導入によって福祉サービスの利用者をスティグマから解放し、さらには福祉サービスの供給の過程にたいする住民の参加を促進するなど、戦後福祉改革以来のわが国の社会福祉のあり方に著しい変化をもたらすことになった。そして、こうした変化の多くは、基本的には積極的な意義をもつものとして歓迎されてきたといってよいのであるが、しかしその一方においては、社会福祉の概念それ自体を流動化させ、社会福祉とそうでないものの境界を一挙に曖昧なものにするという、理論的にもかつ実践的にも、深刻な問題を生み出してきたのである。この問題は、社会福祉の供給組織の流動化・多元化が非営利組織の範囲を越え、営利事業体による福祉サービス類似の生活サービス商品をも社会福祉の範疇に含めようとするような見解が提起されてきたことによっていっそう深刻なものとなった。

われわれは、かつて、こうした社会福祉供給主体の多元化について理論的に整理し、それぞれの主体の位置と性格を確定するために、わが国における生活保障システムの大枠的な分類を試みたことがある。ちなみに、ここで生活保障システムとよぶのは、生活維持システムと対になる概念であり、生活の主体としての個人もしくは家族が基本的に市場メカニズムを通じて供給される生活資料を購買・消費し、みずからの生命を維持再生産するシステム、すなわち生活維持システムになんらかの不具合が生まれ、あるいは個人や家族の生活の質を維持し、さらに向上させるうえで社会的協働的な営みが必要となったとき、社会的、第二次的に動員される、フォーマルならびにインフォーマルな各種の福祉サービスその他の生活保障活動の総体である。われわれは、そのような生活保障システムを構成する各種のサブシステムを市場原理を前提とする部門と社会原理を前提とする部門とをその両端とする尺度のうえに位置づけてみた。**図1**がそれである。[22] さらに、事柄を福祉サービスに限定し、語句の統一を行うなど理論的な整合性の不備を補い、さらに生活支援型生活保障システムを新たに取り入れるなど、**図1**に補正を加えたものが**図2**である。以下、**図2**によりながらさらに検討を加える。

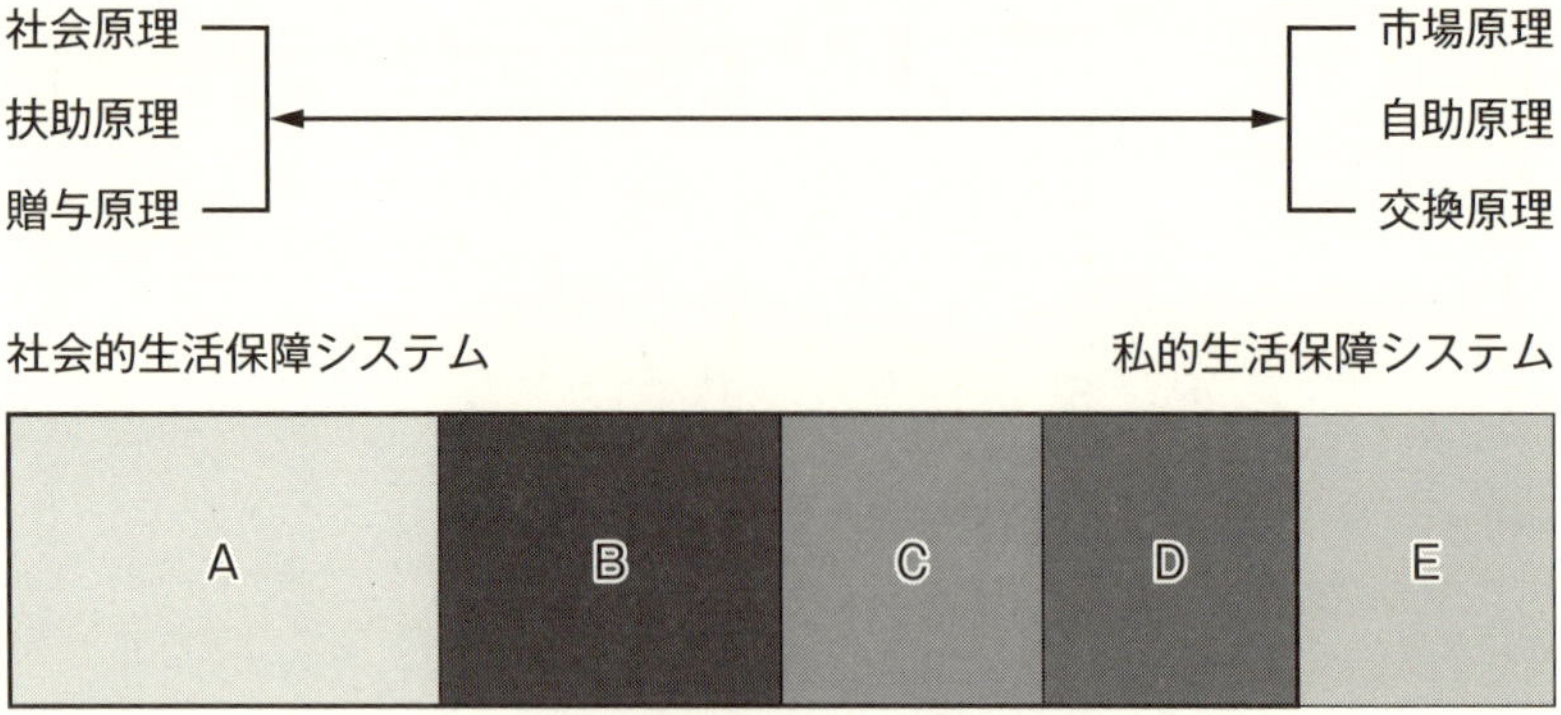

A …… 公設公営型生活保障システム

B …… 認可団体型生活保障システム

C …… 公民混成型生活保障システム

D …… 住民主体型生活保障システム

E …… 営利企業型生活保障システム

図 1　生活保障システムのパラダイム　　古川孝順　作成

ここでいう社会原理部門とは、各種の福祉サービス（生活保障サービス）が社会的・公共的に組織され、計画化されたかたちで、贈与あるいは一方向的な移転として提供される部門を意味している。社会原理部門は、扶助原理と贈与原理の支配する世界である。逆に、その対極にあるのが市場原理部門である。市場原理部門とは、市場における等価交換を前提に、生活サービスが商品として生産され、供給されている部門を指している。市場原理部門は、別の視点でいえば、自助原理と交換原理の支配する部門である。人びとは、ここでは、それぞれの必要と所得の範囲で、市場に流通している生活サービス商品を購買し、それによって生命を維持再生産するのである。社会原理部門と市場原理部門との中間には互酬を原理とする部門が存在する。互酬原理部門とは、交換と贈与の中間にあって、市場的な意味での対価を期待することはないが、しかしながら、一定の、通常は非貨幣的なかたちをとる見返り（たとえば、同一種類のサービスの相互的な提供）にたいする期待を前提にしながら、相互扶助的な支援活動が展開される部門である。もとより、これら市場原理部門、互酬原理部門、社会原理部門は、相互に直截に区分しうるものではない。部門間の境界は連続線上のものであり、各

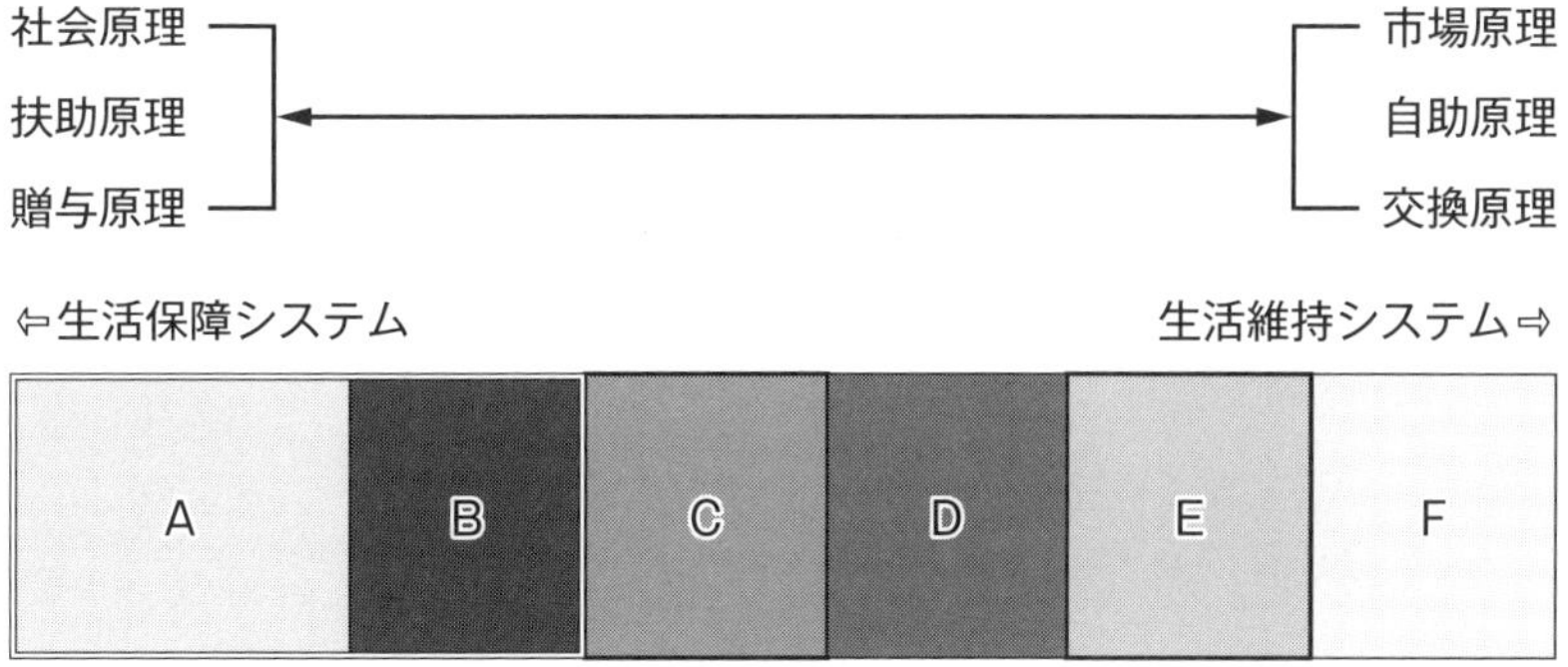

（フォーマル部門①――公的福祉部門）……………………

A …… 公設公営型生活保障システム

B …… 認可団体型生活保障システム

（フォーマル部門②――民間福祉部門）……………………

C …… 公民混成型生活保障システム

E …… 住民主体型生活保障システム

（インフォーマル部門）……………………

D …… 相互支援型生活保障システム

（営利部門）……………………

F …… 営利供給型生活維持システム

図２　生活保障システムのパラダイム　　古川孝順　作成

部門内にもさまざまの中間部門が存在しうる。

生活保障システムは、まず、フォーマル部門とインフォーマル部門に大別される。次に、フォーマル・システムは、タイプAの公設公営型生活保障システム、タイプBの認可団体型生活保障システム、タイプCの公民混成型生活保障システム、タイプEの住民主体型生活保障システムの四通りの生活保障サブシステムに分類される。これら四通りの生活保障サブシステムのうち、タイプAの公設公営型生活保障システムとタイプBの認可団体型生活保障システムは公的福祉システム（法定福祉システム）を構成し、タイプCの公民混成型生活保障システムとタイプEの住民主体型生活保障システムは民間福祉システム（任意福祉システム）を構成する。インフォーマル部門を構成するのはタイプDの相互支援型生活

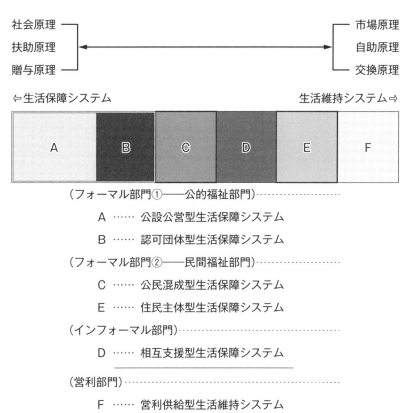

保障システムである。営利部門を構成するのはタイプFの営利供給型生活維持システムである。

生活保障システムを構成するタイプA、B、C、D、Eの各生活保障サブシステムのうち、もっとも社会的な性格の強いのは、タイプAの公設公営型生活保障システムであり、ついでタイプBの認可団体型生活保障システムである。伝統的な法律にもとづく社会福祉、すなわち公的扶助および福祉サービスの供給主体は、このいずれかのタイプに含まれる。より具体的にいえば、タイプAの公設公営型生活保障システムを構成するのは、生活保護や福祉サービスの供給過程を運営管理し、あるいは実務的に社会福祉施設の設置運営にあたる都道府県および市町村である。社会福祉施設を設置運営し、あるいは在宅福祉サービスを実施する社会福祉協議会、社会福祉事業団、社会福祉法人はタイプBの認可団体型生活保障システムに属する。

タイプCの公民混成型生活保障システムに属するのは、行政の出資と規制をともなう福祉公社や事業委託を受ける相互扶助組織などである。タイプEの住民主体型生活保障システムに属するのは、相互扶助組織、生活協同組合・農業協同組合などの行政から独立した供給組織である。タイプCの公民混成型生活保障システムとタイプEの住民主体型生活保障システムはいずれも、その供給する福祉サービスを利用するにあたって、支払いや時間貯蓄の取崩しなど一定の費用の負担、すなわちある種の「購買」を前提としている。タイプCもタイプEも営利的事業を目的とする供給組織ではない。しかしながら、それらは、利用者にたいして福祉サービスのある種の「購買」を求めるということにおいては、タイプBの認可団体型生活保障システムとタイプFの営利供給型生活維持システムとの中間に位置している。ただし、タイプCとタイプEを比較すれば、タイプCの公民混成型生活保障システムのほうが、その内容や提供の過程が行政的に規制されているということにおいて、タイプBの認可団体型生活保障システムに近い。それとは逆に、相対的にみて市場的な性格が強く、その意味でタイプFの営利供給型生活維持システムに近いところに位置するのが、タイプEの住民主体型生活保障システムである。

タイプFの営利供給型生活維持システムにあたるのは、シルバービジネスやチャイルドビジネスである。シルバービジネスといっても多岐にわたるが、有料老人ホーム、生活機器の製造・販売・リース、家政婦派遣業などが代表的なものである。チャイルドビジネスを代表する業種には、ベビーホテル（有料託児業）やベビーシッターがある。国による一定の奨励と規制の対象になっているが、基本的には市場ベースで利益を追求することを本来の課題とする事業である。その利用にあたっては対価による支払い（購買）が前提となる。

タイプDの相互支援型生活保障システムは、当事者や地域住民、ボランティアの自発的自主的活動にもとづいて展開されている生活保障システムである。具体的には、当事者間の互助活動、近隣住民や民生・児童委員による独居老人や障害者の見守り活動、生活支援ネットワーク、福祉のまちづくり運動などがこれにあたる。福祉社会あるいは福祉コミュニティの形成ということもあって、八〇年代以降特に注目されるようになった領域である。

さて、ここまで八〇年代福祉改革以来の社会福祉の多元化の動向を踏まえながら、生活保障システムの類型化を試みてきた。次の論点は、第一には、それではこれまでみてきたような各種生活保障関連システムのうち、いったいどこまでを社会福祉とよびうるのか、という問題である。すなわち、タイプDの相互支援型生活保障システムについては私的な生活維持活動と生活保障活動との境界線いかんということが問題となり、タイプFの営利供給型生活維持システムについてはそれ自体を社会福祉の範疇に含めるかどうかということが問題となる。次に、これまでわれわれは各種生活保障関連システムを、社会性の濃淡、逆にいえば市場性の濃淡という基準にもとづいて類型化し、序列化してきたが、サブシステム相互間の位置関係や個々のサブシステムの性格はどのようなものとして理解されるべきであろうか。これが第二の論点である。

最初の論点からはじめよう。社会福祉の範囲を問題にするときに通常採用されるのは社会福祉の概念規定を試み、そこから演繹的に社会福祉の範囲を明らかにするという方法であろう。それが理論的には当然の手続きであろうが、しかしながら、実際の問題としては、この方法で個別に社会福祉の境界線を定めるということはなかなかむずかしい。たとえば、仲村優一は、先にも紹介したように、社会福祉を「個人または家族が社会の基礎的な単位としての自立的な生活を営むことができるよう、個別または集団の対人的援助を組織的に行う仕事」と規定している。この規定は簡潔にして要をえており、いくつかの留保をつければわれわれもこれに同意することができる。けれども、この規定から出発して、さまざまの施策や活動の一つひとつについて、どれが社会福祉でどれがそうでないのか、多少とも厳密な線引きを試みようとすれば、それは思いのほかやっかいな仕事になる。

その点、参考になるのがH・L・ウィレンスキーとC・H・ルボーの方法である。ウィレンスキーとルボーは、実際の施策や活動を観察し、そのなかにいくつかの共通の要素を見出し、それを基準ないし要件にして社会福祉の境界線を明確化しようとしている。すなわち、ウィレンスキーとルボーは、社会福祉の範囲を確定する基準ないし要件として、①フォーマルな組織として機能していること、②社会的な資金によって運営されており、したがって社会にたいして責任を負っていること、③営利の追求が事業の主要な動機になっていないこと、④人びとのニーズを統合的に捉えていること、⑤人びとの消費的ニーズの充足を直接の課題にしていること、の五点をあげている。[23]

この基準を援用して、われわれのいう生活保障システムについて検討してみよう。われわれのいう生活保障システムのうち、タイプAの公設公営型生活保障システムとタイプBの認可団体型生活保障システムは、もとよりすべての基準ないし要件を充足している。タイプCの公民混成型生活保障システムとタイプEの住民主体型生活保障システムは、その有料ないし有償というサービス利用形態に関して疑議がないわけではない。しかしながら、いずれも営利追求を目的としているわけではない。その点からいえば、ウィレンスキーとルボーの③の基準をかろうじて充足するものとみてもよいであろう。

さて、タイプDの相互支援型生活保障システムとタイプFの営利供給型生活維持システムについてはかなり明確に適合性を欠く部分がみられる。まず、Fの営利供給型生活維持システムから検討しよう。営利供給型生活維持システムは、①、⑤の基準については充足しているといってもよいが、しかし②、③についてはいずれも明確に逸脱している。④の基準についても逸脱しているといってよいであろう。営利供給型生活維持システムは、利用者の求めに応じて、細分化された生活サービス商品を販売するだけだからである。そこに利用者のニーズを統合的に捉えようとする配慮が組み込まれているとはいいがたいであろう。ウィレンスキーとルボーの基準を援用すれば、営利供給型生活維持システムは社会福祉とは異質なものである。また、ウィレンスキーとルボーの基準には含まれていないが、R・M・ティトマスが社会福祉政策の類型化にあたって留意しているように、再分配的機能の有無も社会福祉のその重要な特性の一つである。[24] 営利供給型生活維持システムは、その点からみても、社会福祉とは別なものである。

もともと、営利供給型生活維持システムは、それを市場に商品として流通させ、利潤を回収することを前提として、生活サービスを生産、販売する。利用者（消費者）は、そのような生活サービスを、必要に応じて、市場において購買し、消費する。すなわち、生活サービスは、近代市民社会の自然的組織である家族と市場という自然的なチャンネルを通じて購買され、消費されている商品であり、生活保障サービスとは基本的にその位置と性格を異にするものである。その意味では、**図1**におけるように、営利供給型生活維持システムを私的生活保障システムとして特徴づけることは適切ではないであろう。ここで補正しておきたい。

次に、タイプDの相互支援的生活保障システムは、ウィレンスキーとルボーの①の基準に抵触する。フォーマルということの意味を社会的、さらにいえば公的な組織になっているという意味にとれば、相互支援的生活保障システムはフォーマルなものであるとはいえないであろう。その限りでは、相互支援的生活保障システムは社会福祉ではないということになる。たしかに、当事者活動、ボランティア活動、近隣者による見守り活動、社会的支援ネットワーク活動などは、それを個々別々の活動としてみれば社会的な組織として恒常的に維持されていくという性格のものではない。しかしながら、それらの活動は個々人による単なる恣意的・一時的な活動ではなく、一定の社会的な意図と継続性をもちながら展開されており、そのようなものとして地域社会の社会福祉供給体制のなかに独自の地歩をしめている。すなわち、地域社会を基盤にする社会福祉は、フォーマルな（社会制度化された）社会福祉の援助活動に加えて、当事者活動、ボランティア活動、近隣者による見守り活動、社会的支援ネットワーク活動などのインフォーマルな活動がなければ、十全に機能しえないのである。相互支援的生活保障システムは、実は現代社会福祉の重要な構成要素であるといわなければならない。フォーマル、インフォーマルという概念の解釈にもよろうが、社会福祉の現代的な展開、その基盤となるべき福祉社会、あるいは福祉コミュニティの形成という観点からいえば、ウィレンスキーとルボーの基準①の適用はこの際解除されてしかるべきであろう。

次に、第二の論点である。**図1**においても**図2**においても、生活保障システムを構成する各サブシステムは単一の尺度のうえに序列化されている。その意味するところは、基本的には、より左端近くに位置づけられたサブシステムほど社会性、すなわち社会原理、扶助原理、贈与原理の支配する度合いが強い、ということ、もう一度換言すれば、市場原理、自助原理、交換原理にたいする修正の度合いが強い、ということである。個々のサブシステムを示す区画の大きさにはそれぞれ若干の違いが与えられており、生活保障システムの総体においてそれぞれのサブシステムのもつ比重の違いが象徴的に示されている。しかしながら、その意味するところは各サブシステム間の位置関係にまでは及んでいない。

生活保障システムの総体のなかでフォーマル部門、なかでも公的福祉部門が圧倒的な比重と意義をもつことはいうまでもないが、八〇年代以降における発展は民間福祉部門やインフォーマル部門を中心とするものであった。そうした状況にたいして、一方においてこれを社会福祉の発展、現代化とする肯定的な評価があり、他方において社会福祉にたいする公的責任を解除するものとみる批判的な評価が存在する。しかも、これら二つの評価を隔てる溝は深い。議論は一面的になりがちである。しかし、ここではその議論の細目に言及するだけの十分な余裕はないし、また別のところで批判的な検討を試みてきている。ここでは、次のいくつかの点だけをつけ加えておきたい。

まず第一には、現実的な問題として、高度成長期以降、著しい拡大を示してきた公的福祉部門、なかでも公設公営部門における官僚主義やセクショナリズムのもたらす弊害は、その自己改善能力を超える状況にある。その原因はさまざまに考えられるが、その中心には中央、地方の政府が政策立案運営者の機能と実行者の機能を同時的に引き受けてきたことがある。多くの徴候は、両機能の分離が望ましいことを示している。その意味では、社会福祉の実務的な権限が都道府県や市町村に委譲され、さらに事業の民間委託が拡大していることは、安上がり行政にたいする歯止めという留保条件をつけていえば、歓迎されてよいことであろう。行政部門が現業における実行者として機能した場合の限界はしばしば指摘されている。

第二に、われわれのいう民間部門の拡大に国による政策的誘導が深く関与してきたことはたしかである。しかしながら、それ以上に、民間部門の著しい拡大は、福祉サービスの利用範囲の拡大、スティグマの排除、供給システムへの自発的参加など民間部門の意図が地域社会に広く受容されてきたことの結果である。

第三に、インフォーマル部門の拡大は、社会福祉の成熟の結果であり、同時にその前提条件である。ここでも、インフォーマル部門の拡大が行政責任の解除につながりかねないという危惧が存在するが、しかしながら地域社会における生活のすべての領域について行政による実務的関与を期待することは現実的ではないし、また住民の自己決定権やプライバシー権などの市民権的諸権利の確保という観点からいえば私的生活領域への行政の介入は必要最小限度にとどめられなければならない。インフォーマル部門の活動の場は、フォーマル部門と住民の私的生活領域との接点にあり、その役割は両者の接点を滑らかにする潤滑油的機能を果たすことにある。

第四に、生活保障システムを構成するサブシステム相互間の関係は、つねに相互批判を含む緊張関係でなければならない。認可団体型生活保障システムを含めて、民間部門やインフォーマル部門を構成する生活保障システムは、国や地方自治体にたいする依存を避け、自主性、自律性を維持しなければならない。公設公営型生活保障システムの下請的な機関にならないようにするためには、自己批判の契機を含めて、つねに批判的なスタンスを保つことが肝要である。

最後に、最初の論点に関連することであるが、今後国や都道府県の社会福祉にたいする公的責任のあり方として期待されることは、実務的現業実行者として関与する範囲をできるだけ縮小し、むしろ市町村、社会福祉法人その他の民間部門、さらにはインフォーマル部門が適切に機能しうるように、積極的に制度的、財政的な支援のための枠組を整備し、それぞれの部門のいっそうの活性化を図ることである。それぞれの部門が、それぞれのもち味を十分に発揮しうるようなハード、ソフト両面にわたる環境条件の整備、それこそが最終的に国にたいして期待される公的責任のあり方であろう。

〔註〕

(1) この問題については、戦後社会福祉理論についての批判的検討を試みた第1章においても取り上げている。参照されたい。

(2) 歴史のなかでの統合ということについては、三浦文夫『社会福祉経営論序説――政策の形成と運営――』（碩文社、一九八〇年）五〇～五六ページを参照されたい。

(3) たとえば、こうした議論は一番ヶ瀬康子に典型的にみられる。一番ヶ瀬の著書論文は多数かつ多岐にわたるが、最近の論稿を集成したものに、一番ヶ瀬康子『現代社会福祉の基本視角』（時潮社、一九八九年）がある。近年の一番ヶ瀬の理論的傾向を知るうえで参考になる。

(4) ケースマネージメントを通じて方法論と政策論の統合を志向する白澤政和は、ここにいうマクロ―メゾ―ミクロ統合論者の一人であろう。白澤政和『ケースマネージメントの理論と実際』（中央法規、一九九二年）二三九～五〇ページ。

(5) 京極髙宣の「社会福祉学」の構成をめぐる見解については、京極髙宣「社会福祉にとって原論とは何か」（日本社会事業大学『日本社会事業大学研究紀要』第三八集、一九九二年）を参照されたい。

(6) 飯田精一の福祉サービス構造―機能論については、飯田精一『福祉を哲学する』（近代文藝社、一九九二年）、なかでもその第3章「福祉サービスの基本問題」を参照されたい。

(7) 同様の指摘は、庄司洋子・定藤丈弘との共著『社会福祉論』（有斐閣、一九九三年）一〇～一一ページでも試みている。参照されたい。

(8) たとえば、孝橋社会事業体系における主体論については、孝橋正一『全訂社会事業の基本問題』（ミネルヴァ書房、一九六二年）一五六～六二ページを参照されたい。

(9) 三浦文夫の政策概念については、三浦文夫『増補社会福祉政策研究――社会福祉経営論ノート――』（全国社会福祉協議会、一九八七年）五〇～五一ページを参照されたい。

(10) 飯田精一・前掲書、六二～六三ページ。

(11) これら二種類の生活援助については、庄司洋子・定藤丈弘との前掲共著の第5章「社会福祉の対象(2)――生活問題の展開――」（庄司稿）を参照されたい。

(12) 岡村重夫『社会福祉原論』（全国社会福祉協議会、一九八三年）二二ページ。

(13) 大杉栄選『相互扶助論（クロポトキン）』（現代思潮社、一九七一年）一〇、二九九ページ。

(14) 孝橋正一『全訂社会事業の基本問題』（ミネルヴァ書房、一九六二年）六一～七二ページ。

(15) Kahn, A. J. & S. B. Kamerman, *Social Services in International Perspective*, U. S. Department of Health, Education, and Welfare, 1976, pp. 1-6.

(16) 仲村優一『社会福祉概論』（誠信書房、一九八七年）一七〜二〇ページ。

(17) 大河内一男「わが国における社会事業の現在および将来——社会事業と社会政策の関係を中心として——」（同『増補社会政策の基本問題』日本評論社、一九五四年、所収）二七三ページ。

(18) 三浦文夫・前掲書、一一〇ページ。

(19) 拙編『社会福祉供給システムのパラダイム転換』（誠信書房、一九九二年）の序章「社会福祉供給システムのパラダイム転換——供給者サイドの社会福祉から利用者サイドの社会福祉へ——」を参照されたい。

(20) 「自治型社会福祉」は右田紀久恵の卓越した「自治型地域福祉」の構想を援用した概念である。右田紀久恵「分権化時代と地域福祉」（同『自治型地域福祉の展望』法律文化社、一九九三年、所収）を参照されたい。

(21) 原田尚彦『地方自治その方途しくみ』（学陽書房、一九八三年）二三ページ。

(22) 図1の所出は、庄司洋子・定藤丈弘との共著『社会福祉論』（有斐閣、一九九三年）三〇ページである。

(23) Wilensky, H. L. & C. H. Lebeaux, *Industrial Society and Social Welfare*, The Free Press＝四方寿雄監訳『産業社会と社会福祉（上巻）』（岩崎学術出版社、一九七一年）一五四ページ。

(24) Titmuss, R. M., *Social Policy*, George Allen & Unwin, 1794＝三友雅夫監訳『社会福祉政策』（恒星社厚生閣、一九八一年）二六ページ。

第6章

社会福祉政策史分析の基準

はじめに

社会福祉学における歴史研究の意義については、ここでことあらためて指摘するまでもないことであろう。

歴史研究は過去の世界を舞台にして行われる実験であるといわれる。歴史は、事件、出来事、エピソードなどの単なる編年史、年表ではない。歴史研究は、そのような事件や出来事やエピソードなどが、なぜ、そのときに、そこで、ほかではありえないようなかたちで生起したのか、その背景、原因と経過、そして結末にいたる事柄の顚末を、具体的な事実に沿いながら、しかも理論的に、明らかにしていこうとする、社会科学研究の一つの方法である。社会科学は、自然科学と違って、実験ができない。統制すべき条件が多過ぎるだけではない。歴史には一回性や偶発性とよばれる性格がある。そのような歴史の性格が実験という自然科学的な方法を寄せつけないのである。しかしながら、われわれは、歴史という過去の世界を借用して、一つの事件、出来事、エピソードが、なぜそのようなものとして生起したのか、繰り返し繰り返し角度を変えながら吟味を重ね、あるいは類似の事件、出来事、エピソードを発掘し、両者を比較検討することができる。われわれは歴史研究という実験室を通じて、社会や経済、政治、文化あるいは民俗などの歴史について、さまざまの知識を獲得することができるのである。

わが国における社会福祉史研究の蓄積は、戦後に時期を限定しても、すでにかなりの分量と内容を誇っている。しかしながら、残念なことに、その一部にはファクトファインディングとその編年史的な記述に終始するようなものも見受けられる。社会福祉における歴史研究を少しでも実りあるものにするためには、社会福祉史、すなわち社会福祉の展開の過程をできるだけ理論的に分析し、記述していくうえでの一般的な基準ないし枠組が必要なように思われる。

従来のわが国の社会福祉史の研究においては、周知のように、イギリスにおける社会福祉の歴史とそれについての知見が、事実上、社会福祉史の分析と記述の基準ないし枠組として位置づけられてきている。すなわち、ここでのわれわれの課題は、そのような社会福祉史研究の基準ないし枠組を、イギリス社会福祉史だけでなく、アメリカさらにはわが国における社会福祉史についての知見をも加味しながら、より一般的・普遍的で、かつ理論的なものに精錬しようと試みることにある。

一　基本的視角

われわれの社会福祉の解明は、そのための端緒として次の二点の視角を強調することからはじめられる。第一の視角は、社会福祉を最終的・基本的には国家＝全体社会による政策体系の一環として理解するという接近の仕方である。第二の視角は、社会福祉を近代社会、すなわち近代市民社会＝資本主義社会に固有のものとして把握し、その成立と展開の過程を近代社会それ自体の展開と関連づけ、段階論的に理解するという視角である。

第一の視角についていえば、社会福祉には、かつてその一部が民間の慈善事業家や慈善事業団体、社会事業家や社会事業団体、さらには地方行政体などによって担われてきたという歴史的な経緯が認められる。今日においても民間のインフォーマルな援助活動や社会福祉法人、地方自治体の参画を抜きにして社会福祉を語ることは不可能である。けれども、今日総体としての社会福祉にたいしてその存立の根拠を与え、制度的な枠組や財源を設定し、その実現の過程を方向づけ、管理しているのは最終的には国家でありその政策である。歴史的・沿革的にはともかく、今日においては、社会福祉はこのような文脈において国家の政策であり、現代国家の政策体系のなかにその重要な一環として組み込まれているのである。地方自治体の設置する機関や施設、そこで働く職員、民間の社会福祉法人やそこで働く職員は、そのような国家の政策としての社会福祉の実現の過程を担う機関・施設であり、職員である。実際の社会福祉の実現の過程においては、そこに関与する機関・施設・職員は、それぞれの水準と容認された権限のもとに明示的・黙示的に裁量権を行使することが認められ、それぞれの機関・施設・職員による弾力的な制度の解釈や運用、創意工夫が介在してくる余地が開かれていないわけではない。

また、国や地方自治体による社会福祉の周辺には、福祉公社、民間の自助団体や互助団体、さらには生活協同組合や農業協同組合などによる法令にもとづかない社会福祉が存在し、近年その規模や役割はいっそう拡大する傾向にある。これらの法令にもとづかない社会福祉は、国・地方自治体や社会福祉法人による法令にもとづく社会福祉に比較し、一定の自立＝自律性を備えている。しかしながら、そこにもおのずと制約や限度のあることは誰しも否定しがたい事実であり、弾力的な制度の解釈や運用、創意工夫、民間の自立＝自律性といえども時代と社会によって制約された政策的枠組の大筋を乗り越えることは容易なことではない。

第二の視角についていえば、われわれはまず、社会福祉を近代社会、すなわち近代市民社会＝資本主義社会に固有のものとして捉え、中世封建社会や社会主義社会における類似の施策とはこれを明確に区別することにしたい。社会の基本的な構成が異なれば施策が対応しようとする問題（福祉ニーズ）の生成の過程も内容も、また施策それ自体の位置や性格もおのずと別個のものとならざるをえない。それらを一様なものとして同列に論じるわけにはいかないからである。次に、われわれは、そのように規定された社会福祉の展開の過程に、資本主義の展開の過程とそこにおける施策の基調を基軸に、第Ⅰ期＝旧救貧法と慈善事業の時代、第Ⅱ期＝新救貧法と慈善事業・共済事業の時代、第Ⅲ期＝社会事業の時代、第Ⅳ期＝社会福祉の時代、第Ⅴ期＝地域福祉の時代という、五通りの発展段階的な時期区分を設定する。すなわち、第Ⅰ期の旧救貧法と慈善事業の時代、第Ⅱ期の新救貧法と慈善事業・共済事業の時代は資本主義の生成期＝重商主義期と発展期＝自由主義期にそれぞれ対応し、第Ⅲ期の社会事業の時代は資本主義変質期のうちでもその前期の（古典的）帝国主義期に、そして第Ⅳ期の社会福祉の時代は資本主義変質期後期の国家独占資本主義期に、そして第Ⅴ期の地域福祉の時代はポスト冷戦後の多元的資本主義期に、それぞれ対応するものとして位置づけられる。[1]

このような段階区分は、資本主義社会における政策の基調が、資本主義経済のそれぞれの展開の過程において支配的な地位を獲得する資本の形態に対応するかたちで、資本主義生成期における重商主義から資本主義発展期の自由主義へ、さらには資本主義変質期前期における（古典的）帝国主義から同後期の国家独占資本主義へと推移してきたという理解を前提にしている。もとより、資本主義のそれぞれの発展段階において、一定の方向をとる政策のみが展開されるというものではない。それぞれの時期に支配的な政策の基調が、重商主義や自由主義であり、また古典的帝国主義だということにほかならない。われわれは、社会福祉もそのような政策基調のもとにある諸施策・諸活動の一つとして存立し、展開してきたものとして理解しようとしてきたのである。

われわれは、このような社会福祉史理解の方法は、今日においてもなお、基本的には妥当かつ有効なものであると考えている。しかしながら、われわれがこのような社会福祉史理解の枠組を構想した時期からすでに相当の時間が経過し、その間において社会福祉は、その外部環境においても内部構造に関しても、大きな変化を経験してきている。そのことでは、一九七〇年代の後半以降、なかんずく八〇年代以降における国際的・国内的な諸状況の変化、そしてその影響のもとにおける社会福祉の変化を念頭におきながら、さらに一歩を進め、社会福祉史理解の方法についてのいっそうの深化をめざさなければならない。

われわれは、この課題を、近代社会を構成する諸要素のうちからその共同体的な要素に留意し、それを社会福祉理解のキー概念の一つとして復権させることからはじめようと思う。近代社会は、その一面においては自由で平等な市民による民主主義的な統治を志向する近代市民社会であり、同時に他の側面においては資本主義的な生産関係の支配する資本主義社会である。近代社会については、従来、それが近代市民社会と資本主義社会という二つの側面をもつこととその相互の関連のありようが重視されてきた。しかしながら、近代社会は近代市民社会的、資本主義的な要素だけからなる社会ではない。それは、近代市民社会であり資本主義社会でありながらその基盤はあくまで共同体社会である。むしろ、近代市民社会や資本主義社会という側面は社会の実質をなす共同体社会が近代においてまとうことになった外皮であるといって過言ではないであろう。

近代社会の三通りの側面である近代市民社会、資本主義社会、共同体社会は、それぞれに、それに固有の論理をもって展開している。これまで、近代社会の問題は近代市民社会や資本主義社会の問題として論じられることが多く、その共同体社会としての側面についてはほとんど言及されることがなかった。それが論じられることがあっても、多くは近代社会の消極的な、克服されるべき側面として取り上げられてきたように思われる。けれども、社会の根源はむしろ共同体的な要素のなかにこそあり、近代市民社会も資本主義社会も実体的にはそれを前提とすることなしには存立しえないのである。現代社会の諸問題を解明するためにはわれわれはあらためて社会の共同体的要素とその意義に着目しなければならない。なかでも、社会保障や社会福祉の問題を理解するうえで共同体的要素の存在は決定的ともいえるような意味をもっている。われわれは、以下、そのことに留意しつつ、社会福祉の生成と展開の過程を分析する方法を尋ね、その基本的な性格への接近を試みてみようと思う。

なお、以下の行論において、社会福祉およびその先行諸形態である救貧法、慈善事業、社会事業、また関連施策である社会保険、社会保障などそれぞれに歴史的な背景や性格を異にする諸制度について、個々の制度の名称をそのつど列挙する煩を避けるため、生活保障システムという用語で総称する場合のあることを断っておきたい。

二　生活自己責任の原則——近代社会の生活原理

近代社会の歴史はブルジョワ革命による近代市民社会の誕生によってその幕をあける。重苦しい中世封建社会の抑圧と束縛の殻を脱ぎ捨て、新しい自由な社会をつくりあげることは商人、地主、手工業者、独立自営農民など、いわゆるブルジョワジーたちの血と汗で紡がれてきた長いあいだの夢であった。けれども、そのブルジョワジーたちの夢もすぐに、そしてかれらの想い描いた姿かたちそのままに実現したのではなかった。革命によって一部の政治機構の改革は実施に移された。しかし、人びとの意識や生活様式はその後も長く封建的残滓を受け継いだ。市民生活の実態の水準において近代市民社会が本格的に成立し、発展をとげるのは産業革命以降のことであった。産業革命による資本主義的生産関係の確立が実態的な基盤を提供することによって、近代市民社会は開花しえたのである。われわれはまずこのような近代市民社会の展開を念頭におきながら――ここでは世界でもっとも早く、そしてそれゆえにもっとも典型的なかたちを取りえたとされるイギリスにおける資本主義発展期の社会状況を思い浮かべながら、そこにおいて人びとの生活とそれに関連する諸施策がどのようなものとして位置づけられていたかをみることから議論をはじめようと思う。

近代市民社会建設のスローガンとなった自由と平等の主張は、人間の自然状態の想定にその立論の根拠が求められていたとはいえ、決して抽象的な性格のものではなかった。それは封建的束縛や身分的不平等に対峙し、その克服をめざすものとしての具体的な自由権や平等権の要求であった。市民革命を推進したブルジョワジーたちはそうすることによって封建的支配階級による契約の一方的破棄や履行の延伸、私的生活にたいする不当な介入などからかれらの生命や家族、家産や家業を防御しようとしたのであった。

したがって、理念的にいえば、近代市民社会の秩序は財産（私的所有）権、自由権、平等権の保証を要求する市民の存在を前提として構成されることになる。近代市民社会の法規範である市民法の世界においては、社会の構成員は何よりも商品交換の主体、抽象的な法的人格として措定される。市民法的秩序のもとでは、市民は互いに平等で、みずからの責任において自由に意志決定を行うことのできる、したがってまたみずからの判断と選択の結果については本人のみが責任を負う自立＝自律的な存在でなければならない。

市民法的な秩序のもとにおいては個々の市民がどのような生活手段によって、いかなる内容の生活を営んでいるかは、第三者や全体社会の関知するところではない。人びとは財産権、自由権、平等権の保証があればいつでも自立＝自律的にその生活を維持しうるはずである。かりに生活を維持しえないとすれば、その原因は社会のありようではなく、その人自身のうちに求められなければならない。もともと近代市民社会の主人公たる市民は家産や家業をもつ生活力の豊かな、自足的な人びとである。かれらにとって、財産権、自由権、平等権の存在とその履行さえ保証されていれば、それですべてが事足りたのである。

このような近代市民社会の理念はやがて産業資本の確立とともに夜警国家・安上がりの政府とよばれるような特有の国家・政府観をつくりあげ、個人の自助努力や生活責任を無限に追求するような思想を生み出すことになった。なるほど市民革命は封建領主の君臨する国家や政府を拒否し、その権力的・暴力的な支配から人びとを解放することに成功した。けれども、市民革命以後においてもしばらくのあいだは、国家や政府にたいするブルジョワジーの期待は大きかった。資本主義の生成期において、国家は関税政策や軍事力によって対外交易を保護し、同時にまだ幼少期にあった国内の製造業や商業を保護育成すべき存在とみなされていた。いわゆる重商主義政策への期待である。しかしながら、産業資本の確立を背景に近代市民社会が全面的に開花する時期を迎えると新興ブルジョワジーを中心に国家や政府にたいする期待は大きく転換する。国家の機能は夜警のそれを越えるべきではない。政府はできるだけ安上がりでなければならないと考えられるようになった。必要なのは産業活動の自由であった。そのことさえ保証されていれば、社会はA・スミスのいわゆる「見えざる神の手」に導かれて調和を保って発展するはずであった。こうして、国家や政府の役割をできるだけ消極的なものにしようとする自由放任主義（レセフェール）の風潮が生み出されていったのである。

このような背景からすれば、国家あるいは政府が個々の市民の生活の維持にたいして直接的な責任を引き受けるなどという思想はとうてい近代市民社会に許容されうるものではなかった。個々の市民にたいする国家や政府の役割は、あくまでも財産権、自由権、平等権などの自由権的＝市民権的基本権の法認による自由な経済活動の保証、国防および社会的秩序の維持や防災、道路や港湾施設の整備、公衆衛生の確保という市民生活の外枠的諸条件の整備に限定されるべきものであった。自由な経済活動の結果についての責任は個人に帰せしめるべき事柄であった。個人生活にたいする国家・政府責任の解除は、産業活動の自由を保証したことへの代償的な措置であった。こうして、個人の生活の維持については個々の市民が、その当人のみが、全面的に責任を負うべきだとする観念が形成され、それが近代市民社会を貫徹する生活の原理となっていったのである。

さて、これまでみてきたように、近代市民社会における生活の原理は、一方において人びとに財産権、自由権、平等権を法認することで自由な経済活動の展開を保証し、他方そのことと表裏の関係において生活維持にたいする個人の責任を強調するという特有のものであった。われわれはこのような生活原理を「生活個人（自己）責任の原則」、あるいは簡略に「自助原則」とよぶことにしよう。「生活個人（自己）責任の原則」は個々の市民の生活にたいする個人の責任を無限に追求するという側面をもつが、その基底には近代市民社会を構成する人びとはみな一様に自活の能力を備えている生活能力者であるという明示的・黙示的な前提が横たわっている。その限りでは、近代市民社会のなかで自活の能力を欠く生活困難者の生活維持の方法が積極的な話題となることはありえないのである。しかしながら、現実の近代市民社会には数多くの生活困難者が存在している。そうした人びとの生命と生活はいかにして維持されうるのであろうか。

三　困窮脱落市民の実態的救済——共同体維持原理

近代市民社会を構成する市民は、法的には財産権、自由権、平等権などの自由権的＝市民権的基本権の主体であり、経済の水準でいえば商品交換の主体である。市民はきわめて抽象的かつ普遍的な存在として措定されている。けれども、現実の近代市民社会を構成する市民は年齢、性、身体的状況、能力、職業、社会的地位などを異にする多様な人びとである。そして、そのなかには多数の、自力でみずからの生活を維持しえない生活無能者が含まれている。近代市民社会の生活原理を建前どおりに適用するならば、そうした人びとの生存の余地ははなはだしく制限されざるをえないであろう。しかしながら、近代市民社会といえどもそのような生活無能者の存在を否定し去ることはできない。近代市民社会も一つの人間共同の社会である。共同体社会をそれとして維持していくためには生活無能者もまた社会の一員として包摂していく何らかの契機が必要となる。そして、もしこの契機が近代市民社会の要素それ自体のなかに存在しないのであれば、それは別の原理によって与えられなければならないであろう。

実際、これまでの人類の長い歴史を通じて、いかなる社会であれ未成熟の子、老齢者、傷病者、障害者などの生活無能者が含まれていなかったというためしはなく、生産力の乏しさに由来する棄老などの一時的・例外的な措置を除いて、これらの人びとはいつでもその通常の構成員として社会のなかに包摂・統合され、何らかのかたちでかれらの生活の維持が図られてきた。このような人間社会のありようを生み出してきたもの、それは社会の基底にあって人びとを互いに結びつけてきた血縁的愛情関係や地縁的結合からくる共同体的な感情であった。この感情は時代と場所によってさまざまの外皮と内容を与えられる。しかしながら、それはいわば歴史を越えて人間の社会に底流する感情であり、もっともプリミティブな社会統合・維持の原理である。近代市民社会といえどもこうした共同体維持原理を動員することなしには一つの歴史的社会として存立しえないであろう。

ただし、近代市民社会はあくまでも封建的・共同体的な紐帯や束縛からの個人の解放を標榜する社会である。それゆえに、共同体維持原理を直接的に近代市民社会の秩序のなかに取り入れることは必要最小限度にとどめられなければならない。おのずと生活無能者の維持救済もできるだけ近代市民社会的秩序の周辺部において、事実的・実態的な課題として処理されるのでなければならないのである。

共同体維持原理が直接的かつ積極的に近代市民社会の法秩序に組み込まれた数少ない例として、まず民法典による扶養義務の規定がある。近代市民社会は、夫婦や親子、きょうだいなどの愛情や血縁による関係を拠り処として、夫（父親）たる市民に一定の範囲の生活無能者の扶養を義務づけている。義務の及ぶ範囲は夫婦、未成熟な子と親、兄弟姉妹、成熟した子と親、祖父母と孫というのが一般的である。なかんずく、夫婦、未成熟な子と親のあいだの扶養は「相手方の生活を己の生活として保持する」生活保持義務として他に優先する義務とされる。

このような措置は近代市民社会本来のそのあり方と矛盾するものといってよい。近代市民社会形成の論理からいえば、家父長主義的な温情と服従＝依存の制度は温存の対象ではなく、むしろ解体されるべき存在だからである。それにもかかわらず、近代市民社会がこのような措置を講じるのは、国家や政府が生活無能者の生活維持にたいする責任を直接的・全面的に引き受けた場合に予想される厖大な経費と事実的扶養（身辺介護）の負担を回避しようとするものとされる。しかも、同時にそれは、近代市民社会においても家族を保全しておくことが労働力の世代的な再生産を家族による子の産出という私的営為に依存するほかはない産業資本の要請にも沿う措置でもあったという事実に留意しておく必要があろう。夫婦・親子間の生活保持義務が生活扶養義務よりも優先される所以である。

　いずれにせよ、こうして近代市民社会の生活原理のもとにおいても一部の生活無能者の生活の維持は夫婦・親子関係を中心とする近親者の責任として処理される。近代市民社会はむしろ家族とその生活を国や政府など第三者の介入の許されない私的な領域に属するものとして処理することによって、生活無能者の生活維持にたいする責任が国家や政府に及んでくることを回避する道を開いたといってもよい。こうして近代市民社会においては生活無能者にたいする扶養の義務が倫理的な価値としても強調され、他の生活維持手段に優先されるべきものとされることになる。

　次に、より一般的な生活困窮者の場合はどうか。その生活の維持が扶養義務者による扶養によって実現されえない生活困窮者の場合である。かれらの生活はまず慈善事業や共済事業によって維持されることになる。慈善事業にも宗教的な色彩の強いものから、中産階級の贖罪意識によるもの、さらには売名目的のものから娯楽的なものまで、さまざまな動機と形態がみられる。共済事業も職人や上層労働者たちによる大規模な友愛組合から地方の家父長主義的な色彩の濃いものまで多様である。しかし、いずれにせよ、慈善事業も共済事業もその根源にあるものは共同体的な血縁的愛情関係や地縁的結合の自発的・外延的な拡大である。共同体維持原理の直接的発動そのものといってよい。近代市民社会は、このようないわば市民法的秩序の埒外における実態的な救済活動については、寛大であるだけでなく、むしろこれを奨励し、友愛組合の場合のように、そのための立法措置すら講じてきた。

　すなわち、近代市民社会においては人びとはまず自助による生活の維持に努め、次に近親者による扶養に期待する。それも不可能な場合には、人びとは共済事業に加入して将来の風雪に備えるか、慈善事業による救済に依存することになる。しかしながら、共済事業や慈善事業にも限界がある。前者は日常生活のなかに将来のために一定の金銭を控除するだけの余猶のあることが前提となる。後者は救済を行う側の論理を優先させ、救済の可否やその内容についての判断も恣意的であることが多かった。ここに、近代市民社会においても、最後的に人びとの生活を維持するための装置としての公共的な救済制度の設立が不可避的な課題とならざるをえない。救貧法がそれである。

救貧法は近代市民社会にとっての最後の防波堤であり、安全弁である。救貧法は一部の生活困窮者についてはその生活維持にたいする個人責任を解除し、それを社会公共の事務として引き受けようとするものである。いうまでもなく、救貧法の存在は、論理的には、近代市民社会の生活原理である生活個人（自己）責任の原則と真正面から対立する。したがって、救貧法は近代市民社会の法原理から直接的には引き出されえない。それはもともと共同体維持原理の発現として歴史的・実態的に存在してきた救済活動を公共的な事務としてオーソライズし、近代市民社会の法秩序のなかに組み入れたものといってよいであろう。救貧法にたいする近代市民社会の姿勢はきわめて否定的・消極的なものとならざるをえないのである。それは近代市民社会の建前を貫く立場からいえば一種の異物であって、しかも完全に排除してしまうことも許されないという、扱いにくい、やっかいな存在であった。

そのことは近代市民社会成熟期の一八三四年救貧法をめぐる議論の経過やその内容をみれば、おのずと明らかであろう。ただし、ここで留意しておかなければならないことがある。それは同じ生活困窮者の生活維持といっても乳幼児、老齢者、傷病者、障害者などの救済についてはそれほど大きな反発がみられなかったという事実である。生活困窮者の救済にたいする厳しい姿勢で有名な一八三四年救貧法委員会報告においても労働不能な生活困窮者にたいする批判的な言辞はほとんどみられない。むしろ報告書は「労働することができないかそれによって生活資料を獲得することのできない」困窮者（インディージェント）にたいする義務的な救済は健全で明確な原則をもってすれば現状よりもうまくいくはずだ、という。すなわち、労働不能な困窮者についてその救済を社会が引き受けることはむしろ当然のこととされていたといってよいのである。もとより救済の内容は最低の生活水準におしとどめられていた。けれども、かれらが近代市民社会的秩序のいわば縁辺部分にあって実態的・事実的に救済を受けることについては、近代市民社会といえどもほとんど抵抗を示さなかったのである。

しかしながら、労働能力のある生活困窮者にたいする近代市民社会の反応はこれとはまったく異なっていた。かれらにたいする救済は労役場による劣等処遇——独立して自活する最底辺の労働者の生活水準をさらに下回るような救済——に限定されるべきであった。かれらにたいしては近代市民社会の生活原理が厳格に適用され、みずからの生活にたいする責任とそれを全うする自助努力が厳しく追及された。一八三四年の救貧法の改正はあげてこの目的を達成するための措置であったといってよいのである。慈善事業の場面においては労働能力のある生活困窮者にたいする対応はさらに厳しいものとなった。生活困窮者たちは、慈善事業家たちから、怠惰、浪費、飲酒など、勤勉、努力、節約、節制などの市民社会的価値とは相いれない行動の様式や習慣に転落し、市民社会的な基準・枠組から脱落した第二級の市民として扱われた。慈善事業は、生活困窮者を「価値のある貧民」と「価値のない貧民」とに区分し、前者のみを救済の対象とした。そこには慈善事業家たちの貧民観がいかに道徳主義的なものであったかが、顕著に現れている。しかしながら、それでも慈善事業は救済を全面的に拒否したわけではない。「価値のある貧民」については熱意をもって救済にあたり、かれらに道徳的感化を及ぼし、市民として求められる生活の様式や習慣を習得させようと努めたのである(2)。

もともと共同体的なものの否定のうえに成立したはずの近代市民社会においても、生活困窮者の生活維持という限られた領域においてであるとはいえ、共同体維持原理への依存は排除しがたいものであった。夜警国家や安上がりの政府を期待した振興産業家たちといえども、最終的には近代市民社会が共同体社会であることを否定することはできなかったのである。近代市民社会としての発展が逆に共同体社会的な要素、すなわち救済制度への依存を抜きがたいものとする。これは一つの偉大なパラドックスであった。けれども、そのような共同体維持原理に依拠する施策も近代市民社会の前面に出ることはない。それはあくまで近代市民社会的秩序の周辺部において機能する脇役であった。それが近代市民社会の前面に立ち現れて新たな制度を醸成し、機能させるまでには、一般市民でも困窮脱落市民でもない、労働者という新たな社会的範疇の形成とその生活実態にたいする社会的な関心の拡大が必要であった。

四　労働者階級の宥和と維持——階級宥和原理

これまでみてきたように、近代市民社会的な秩序のもとでは、人びとの生活維持の実態——人びとが家産や家業によって生計を維持しているのか、あるいはその唯一の資産としての労働力を販売することによって生活を維持しているかは国家の直接的な関心事とはなりえない。生活困窮者の問題も基本的には近代市民社会的秩序の周辺部分で事実的・実態的に処理すれば、それでなんとか事は収まってきた。

しかしながら、イギリス資本主義が発展期の盛りを過ぎて変質期前期＝古典的帝国主義期を迎える頃から、状況は著しく異なってくる。長引く不況のなかで失業が構造化し、貧困が蓄積するなかで、市民法的秩序の抽象的・建前的なありようにたいして厳しく疑問が投げかけられ、その公平性・公正性が根底から揺すぶられはじめる。この新しい潮流の主役となった人びとは抽象的な市民としての外皮を脱ぎ捨て、みずからの生活維持手段の実態に即して発言し、行動しはじめた労働者たちであった。近代市民社会にたいしてその経済的な基盤を準備した産業資本は、他方において工場制度の普及を通じて多数の労働者を産業拠点に集中させ、かれらにみずからのおかれた労働と生活の実情について情報を収拾し、分析し、認識を深め、状況の改善を求めてみずからを組織化し、労働組合運動や社会主義運動への道を切り開いていく機会を提供した。こうして、いまや近代市民社会はその内側に労働者階級という強力な体制批判勢力を抱え込むことになったのである。

かつて近代市民社会の主役を務めた自由で平等な行為者という普遍的・抽象的な市民像は後背に退き、資本家と労働者という二大範疇とその厳しい階級的対立という構図が社会の表面に浮上してきた。生活困窮者の生活維持という問題も近代市民社会の網の目から抜け落ちた、あるいは脱落した個別的な脱落市民とのそれとしてではなく、労働者の、さらには労働者階級の問題として捉えられはじめるのである。

明らかに、近代市民社会の法秩序は、資本家（である市民）たちにとって好都合な制度であった。そこにおいては資本家と労働者とのあいだに取り結ばれる労働契約は、互いに自由で対等の立場にある市民どうしによる任意の民事上の契約として処理される。しかしながら、この抽象的かつ一般的には公正で合法的な装いをもつ労働契約も、そこで売買されるものが労働者の肉体的・精神的能力の一部である労働力という生身の商品であるというその一点において、いつでも資本家に有利なものとなった。労働者は生活を維持していくためにはその唯一の資産としての労働力を、限られた時間のうちに販売することに成功しなければならない。しかも、その周辺に同様の状況にある多数の仲間が存在するという事実は労働者間に別の競争を強いる。労働者は限られた雇用を求めて相互に競争しあい、労働力商品の売買はいっそう資本家の側に有利に展開することになる。資本家は近代市民社会の法秩序そのままに人びとの自由と平等を強調することによって、何ら身分的あるいは物理的な影響力を動員することもなく、資本家と労働者という階級関係を恒久的に維持再生産していくことができるのである。

しかしながら、やがて労働者たちは抽象的な市民法的規範の抽象性と虚構性を認識し、労働条件の改善や就労機会の拡大を求めて社会的示威運動やストライキなどの直接的行動に訴えるようになっていった。こうした行動は当初資本家やそれに連なる支配的階級の反作用を招いた。労働者たちにたいして、直接、間接の、政治的な、また時には物理的な、圧力が加えられ、後者もまたこれに抵抗して直接的・物理的行動に頼るという緊張した関係が続いた。しかしながら、そうするうちにも労働者階級の勢力は拡大を続け、資本家その他の支配的階級のなかにも抗争の不毛性とそれがもたらす社会不安を除去する必要性についての認識が深まっていった。こうして、試行錯誤を繰り返しながら、徐々にではあるが、市民法的秩序のなかに階層間の利害を調整し、労働者階級を宥和し、維持するためのさまざまの装置が組み込まれていくことになる。

一九世紀の後半にはじまる労働者たちへの選挙権の拡大、団結権・団体交渉権・争議権の法認などがその内容であった。ただし、これらの措置は労働者の生活維持に直接的に資することを目的とした施策ではない。それはいずれも自由権的＝市民権的な諸権利を労働者（である市民）たちにとって実質的に意味のあるものとし、かれらの資本家階級にたいする競争力を強化するというねらいをもつものであった。労働者たちの立場を幾分かでも資本家と対等のものに近づけようとするものであった。近代市民社会的な秩序の部分的な補整による労働者たちの政治的・経済的な同権化への道が開かれはじめたのであった。

けれども、そのような措置も零細事業所の労働者、失業者などにたいしては実質的な成果をもちえない。そのため、これらの人びとにたいしてはより直接的に、国家を通じて労働条件や賃金の最低限を設定し、あるいは公共的に就労の機会を創出し、提供するなどの別の措置が講じられることになる。老齢のために労働市場から引退した退職労働者については、生活の直接的な維持を目的とする無拠出制の老齢年金制度が創出された。また、さらに進んで、雇用関係にある労働者や一時的な失業者にたいしても、疾病や失業による所得の中断や支出の増加に由来する窮乏をあらかじめ予防するという目的のもとに、新たな生活保障のシステムとして健康保険および失業保険からなる社会保険の制度が導入された。

このような労働者保護施策が当面の資本主義的生産関係を安定的に維持していくうえで重要な意味をもったことはいうまでもない。しかしながら、資本主義の将来を展望したうえで資本主義的生産関係の安定化を考えるとすれば、労働力の世代的再生産、すなわち一定の子ども人口の確保やその体位に関する配慮が欠かせないものとなる。子どもたちは次の世代の労働者であり、また帝国主義的膨張政策をその最前線において支える兵力の源泉であった。ここに健康で優秀な労働力と兵力の確保をめざす学校保健サービスや学校給食サービスを含む児童保護事業の制度の成立する余地が与えられる。労働者階級の宥和と維持は、次の世代の労働力の源泉である子どもたちの健全な育成の施策をそのうちに含めてはじめてその課題を全うしうるのである。これに加えて、ほぼ時を同じくしながら着手しはじめられるスラム一掃事業や住宅政策なども生活の外枠的環境条件の整備を通じて労働者階級の維持再生産に貢献することになった。

このようにして、古典的帝国主義期には、資本主義発展期を特徴づけた共同体維持原理にもとづく伝統的な生活保障システムとは別に、資本家と労働者という二大階級間の緊張を緩和し、その要求の一部を容認しつつ、労働者を宥和することを目的とする階級宥和的な原理に依拠する生活保障システムの発展がみられた。こうした転換が生まれるについては、とりあえず二通りの理由が認められた。第一には、古典的帝国主義期における社会問題は自由主義期を支えた共同体維持原理による生活保障システムの対応能力をはるかに超えていた。民間の自発的な生活保障システムである慈善事業や共済事業によって大量かつ慢性的な失業や低賃金、老齢や傷病による窮乏の蓄積という帝国主義期に特有の社会問題に対処するには、組織的にも財政的にも、また救済技術的にみても、そこに限界のあることは明らかであった。こうして、一八三四年に抑制的な方向に大幅に改正されていた救貧法も時代の流れには逆らえず、一九世紀も末期になると現実的な対応策を取り入れるようになってきていた。けれども、一九〇五年にはじまる救貧法改革の挫折にも象徴されるように、旧救貧法以来の地方（教区）主義、自由主義的・道徳主義的貧民観、守旧的官僚主義に支配された救貧法行政に大量の失業や貧困問題の解決を期待することはできなかった。

第二に、慈善組織協会に結集する慈善事業家や救貧法官吏を含む支配的階級の人びとは古典的帝国主義期の社会問題についても、資本主義発展期＝自由主義期におけると同様に、共同体維持原理にもとづく抑制的な方策によって対応しようとした。しかし、古典的帝国主義期の失業者や貧困者は自分たちが近代市民社会的秩序の埒外にあるもの、すなわち脱落層した生活困窮市民として、実態的に処理されることに強い抵抗を示し、従来の慈善事業、共済事業や救貧法とは別の解決の方法、制度を創出することを強く要求した。古典的帝国主義期において、伝統的な共同体維持原理に依拠する生活保障システムの外側に、それまでとは別の原理――階級宥和原理にもとづく多数の生活保障システムが新たに創設されていった所以である。

もとより、こうした状況のなかで従来の生活保障システムも旧態依然のままであり続けたわけではなかった。慈善事業は発展期以来の自由主義的・道徳主義的貧民観に固執し、改革を求める時代の潮流には乗りえなかった。しかしながら、慈善組織協会活動のなかで芽生えてきた機関・施設の組織化、社会調査、友愛訪問など救済に関わる新しい方法や技術は、経験の蓄積とともに洗練され、専門的な社会的技術として発展し、やがては慈善事業を近代的な家庭福祉事業に脱皮させる契機となった。救貧法も在宅救済の拡大、労役場などの施設における分類処遇の促進、保護的要素の拡大など各所に発展の兆しがみられはじめた。友愛組合に代表される共済団体の実施した事業のうち年金給付は無拠出老齢年金制度にその席を譲り、医療給付は認可団体による事業として健康保険制度のうちに継承され、いずれも階級宥和原理に依拠する生活保障システムの一つとして再生させられることになった。

二〇世紀の初頭、資本主義社会における生活保障システムは、それまでの救貧法、慈善事業、共済事業から、社会保険を中心とするものに大きく転換した。共同体維持原理に依拠する伝統的な救貧法や慈善事業、共済事業は脇役に退けられ、生活保障システムの主役の座は階級宥和原理に依拠する社会保険によってとってかわられたのである。もとより、すでにみてきたように、救貧法、慈善事業、共済事業もそれなりに自己変革を経験し、またその周辺に発展した保健サービスや児童虐待防止事業、少年審判所制度などと合流し、ここにいわゆる社会事業とよばれる範疇の成立をみることになる。社会事業は相対的には独自の潮流を形成しながら、社会保険との関係でいえば、これを代替・補充するという位置関係をもつことになる。そして、このような社会保険と社会事業との位置関係は、二〇世紀の後半一九七〇年代まで受け継がれることになるのである。

このような一九世紀末から二〇世紀初頭にかけての生活保障システムの変化を、もう一度、こんどは対象の側面から要約し、確認しておきたい。この時期の生活保障システムの主要な対象は労働者（階級）である。この時期の中心的な生活保障システムである社会保険の対象は、もはや伝統的な生活に困窮する市民あるいは一般的な基準から脱落背離した落層市民ではない。社会保険の対象は、自己に属する唯一の資産である労働力を販売して自己の生活を維持し、その労働力を再生産するという特有の経済的・社会的な位置とそれにともなう諸々の属性をもつ労働者にほかならない。社会保険の対象、すなわち保険給付の潜在的ならびに顕在的な受給者はまさにいわれるところの「経済秩序内的」な存在としての労働者である。そして、その社会保険を代替補充する位置関係にある社会事業の対象は、基本的には「経済秩序内」に存在する困窮労働者とそれに何らかのかたちで連累する人びと、たとえば失業中の労働者、引退した困窮労働者、将来の労働者である棄児や貧窮児童であった。

さらに、それと同時に、社会事業の対象のなかには、零細な自営者や無業者、労働市場に参入しえない傷病者や障害者、困窮老齢者など、総じていえば微小所得、無業、低賃金、老齢、傷病、障害などにより生活に困窮し、生命や労働力の再生産の危機に直面させられている自営者たちやその家族が含まれていた。こうした社会事業の対象は、かつての自由主義期の救貧法や慈善事業の対象にみられたような、一般的な市民としての生活の水準や様式から著しく脱落背離した単なる実態的な脱落落層市民層ではない。この時期、社会事業の対象のなかには、顕在的・潜在的に生活に困窮する労働者（階級）の一部と基本的に労働者やその階級に連累する生活状況にあって生活上の困難や障害を共有していた自営者層の一部が同時的に含まれていたのである。

生活保障システムの対象が、顕在的・潜在的に困窮する労働者（階級）とそれに連累する状況にある自営者からなる特定の範疇としてではなく、広く「国民」あるいは「国民一般」として認識把握されるようになるためには、もう一つの原理、すなわち体制効用原理による両者の媒介と統合とが必要であった。

五　国民の生存権とその保障——体制効用原理の展開

第二次世界大戦から一九七〇年代の中葉にいたるまでは、イギリスに範をとる福祉国家の建設は先進資本主義諸国に共通する政治理念であり政策目標であった。そのような福祉国家の支柱である社会保障および社会福祉は、すでにみてきたような共同体維持原理や階級宥和原理に依拠する生活保障システムの継承と新たな原理——体制効用原理によるそれらの拡充整備と統合を前提として成立した。

ここにいう体制効用原理とは、資本主義体制をそれ以外の体制——社会主義体制に対峙し、かつそれに優位する体制として、維持存続させていこうとする現代資本主義期に特有の社会的意思の表出である。現代資本主義期にそのような原理が形成され、福祉国家の基盤が醸成されていく過程においては、以下にみる四通りのできごとが重要な意味をもった。すなわち、再度にわたる世界大戦、その間隙を縫うようにして勃発した世界恐慌、そして一九六〇年代の高度経済成長である。

まず、第一次世界大戦は一九一七年のロシア革命にその契機を与え、社会主義を思想の世界から現実の世界に移し替えた。資本主義諸国は、地球上に初めて出現した社会主義体制に対抗し、資本主義体制の存続とその優位性を確保するために、国際と国内の両方において労働者の政治的・経済的同権化への道程を一挙に前進することになった。第一次世界大戦後、多くの資本主義諸国において、労働者の政治参加の機会が大幅に拡大され、労働三権の承認や労働条件の規制が進んだ背景には、国外における社会主義国ロシアの存在と国内における社会主義勢力の成長があった。労働者の同権化のなかでも、生活保障システムの発展に関わって格段に重要な意味をもったもの、それは第一次世界大戦後に成立したドイツ・ワイマール共和国憲法に社会権的生存権に関する規定が導入されたことである。この生存権規定はなおプログラム的なものにとどまっていたとされる。けれども、それは伝統的な市民権的＝自由権的諸権利の抽象性・形式性を批判し、その克服をめざす社会権的生存権を確立しようとする社会的な意思の最初の憲法的表明であった。社会権的生存権の意義は、単にそれを労働者の同権化政策の延長線上に位置づけるだけでは十分にこれを理解したことにはならない。その重要性は、社会権的生存権の規定が、その内容が最終的な手段でありかつまた最低限度のものであったとはいえ、国家が労働者のみならずかれらを含む国民一般の生活について直接的にそれを保障する責任を負う用意のあることを明らかにするものであったという事実にある。

一九二九年秋、ニューヨークのウォール街の株式市場の崩落にはじまる世界的な大不況に直面させられ、それに対応する方策施設を闇夜の手探り的に模索するという苦汁に満ちたアメリカの経験は、国家の役割に関する国民の認識を大きく、そして明確に、転換させるきっかけとなった。F・D・ローズベルト大統領による一〇年余に及ぶニューディール政策の展開は、従来の夜警国家観や安上がりの政府観を払拭させ、アメリカ国民のあいだに国家、より具体的には連邦政府にたいして経済や国民の生活にたいする最終的な責任を負う守護神としての役割とそのための大幅な権限の行使を広く容認する新たな思想を定着させることになった。[(3)]状況は資本主義発展期のそれとはまったく逆の様相を呈することになった。発展期の資本主義は、その自律性を強固に主張し、経済過程にたいする国家の介入を極力排除しようとして闘った。しかし、世界恐慌後には、その資本主義は本来の自律性を喪失してしまい、経済過程への国家の介入を前提としてはじめてその体制が維持されうるものに転化していったのである。アメリカにおいては逸早く金本位制が廃止され、管理通貨制を根幹とする補整的財政政策を導入することによって長期的かつ深刻な不況を克服し、資本主義体制の維持存続を図ろうとする一連の試行錯誤的な政策が展開された。そして、そのようなニューディール政策に範をとるケインズ主義的な国家政策のありようは、第二次世界大戦後、先進資本主義諸国において広く採用されるところとなる。

しかしながら、もとより資本主義国のすべてが、ケインズ主義的な施策によって世界的な不況を乗り切ろうとしたわけではない。アメリカやイギリス、さらにはフランスとは違い、国内的に不況を克服することができず対外的な膨張政策にその脱出口を求めたドイツやイタリア、そして日本の利害は、前者の国々と鋭く対立し、世界はふたたび世界大戦に突入することになった。ファシズムにたいして自由と民主主義を守るための戦いとして位置づけられた第二次世界大戦は、それ以前の戦争とは異なり、職業軍人のみならず銃後の労働者、農業労働者、自営者、女性など国民諸階級・諸階層を動員する国を挙げての総力戦となった。このため第二次世界大戦は、その一面において、資本家と労働者、上流階級と庶民、富者と貧者のあいだに架橋し、国民的な統合と合意を形成するうえで重要な契機となった。イギリスは第二次世界大戦の最中、来るべき戦後社会において労働者たちの生活を支えるべき生活保障システムのありようについての青写真を構想するベバリッジ委員会を設置した。[4]それは、戦争にたいして労働者階級の協力を取りつけるための方策手段であった。総力戦遂行のために国民的統合と政策選択についての合意をつくりあげるという、この経験がなければ、戦後イギリスにおける福祉国家体制の構築は容易なことではなかったであろう。

社会主義体制と対峙し、かつそれに優位する体制としてみずからを維持しようとする戦後資本主義社会のありようを特徴づける福祉国家体制は、このような諸契機によって準備された。第二次世界大戦後、先行する共同体維持原理や階級宥和原理に依拠する多様な生活保障システムは体制効用原理のもとに整理統合され、さらにその後の高度経済成長のなかで、その対象を階級や階層としての困窮労働者やそれに連累する自営困窮者層ではなく、広く「国民」あるいは「国民一般」として把握する新しい生活保障システムとして練り上げられていくことになる。そのような新しい生活保障システムを構成する方策施設、それがほかならぬ所得保障の制度としての社会保障と福祉サービス保障としての社会福祉であった。

このような新しい生活保障システムが形成されていく第一の方向は、階級宥和原理に由来する生活保障システムとしての社会保険の適用範囲の拡大である。適用範囲の拡大はまず受給資格の拡大として現れる。当初保険給付の受給資格者は被保険者に限定されていたが、やがて被保険者の扶養する家族（被扶養者）まで包摂されるようになった。次に制度自体の適用範囲の拡大がみられた。失業保険はいうまでもなく、年金保険も健康保険も、社会保険は当初は労働者階級を対象とする施策として成立した。けれども、それはやがて、農林業者、商業者、家内労働従事者、自由業者、主婦などを適用範囲に包摂する包括的な施策として、水平的・外延的な方向にも発展しはじめる。すなわち、社会保険は、世紀転換期の慢性的・構造的な失業や貧困に予防的に対処することを目的に、まず職域保険として登場した。しかしながら、やがて社会保険は、当初の労働者のみならず大小の事業経営者や農林漁業者、商業者、自由業者などの国民諸階層をその適用範囲に取り込み、地域保険としての展開をみせはじめる。こうして、社会保険は、第二次世界大戦以後になると、職域保険と地域保険としての性格をあわせもつようになり、広く国民一般を対象とする所得保障、つまり社会保障制度の主柱に発展していった。

このような発展の一方において、それまで伝統的に社会保険と並存する独自固有の制度として継承、維持されてきた社会事業の潮流にも変化がみられはじめた。まず第一の方向は、第二次世界大戦以後、年金保険の制度が整備されるにつれ、救貧法に淵源をもつ公的扶助はしだいにその独自固有の貧困救済制度としての存在意義を縮減していき、やがて年金保険を補足する制度として統合され、新たな展開をみせはじめた。第二の方向は、自由主義期の救貧法や慈善事業に淵源し、帝国主義期の社会事業のうちに継承されてきた各種の非金銭的ないし現物給付的諸サービスの著しい拡大である。一九六〇年代にはじまる高度経済成長期以降、今日われわれが個別的社会サービス（イギリス）、第六のヒューマンサービス（アメリカ）、福祉サービスないし対人福祉サービス（日本）とよぶ固有の方策施策の急速な発展がみられた。これらの施策は、救貧法や慈善事業による施設収容保護のなかに淵源をもち、世紀転換期以後、貧困対策が在宅による金銭給付を中心とするものに転換するなかで、在宅保護によりがたい児童、障害者、高齢者など一部の貧困者にたいする施設保護や地域の貧困・低所得階層にたいする相談指導や保健サービスなどを中心に、独自の施策の体系を発展させてきていたのである。これらの施策が、高度成長期以後、その対象を貧困・低所得階層からさらに一般階層にまで外延的に拡大させ、通階層的に児童、障害者、高齢者など広く国民のなかで生活上に障害をもつ人びとを受給者として措定する包括的な福祉サービスに発展したのである。

このような発展をもたらした契機の一つは、すでにみてきたように、所得保障としての社会保障制度が発展するなかで、それまで伝統的に社会福祉の中核部分に位置してきた公的扶助の制度が社会保険との結びつきを強め、逆にそこに福祉サービスが独自固有の制度として発展していく余地が生まれてきたことである。第二の契機は、高度経済成長期以降における家族や地域、生活様式の著しい変化と、それらが生み出してきた福祉ニーズの多様化・高度化・複雑化がそれにみあうような福祉サービスの強化拡大を必要としたことである。

こうして、第二次世界大戦以後、かつて歴史的に共同体維持原理や階級宥和原理に依拠して成立し、継承されてきた諸方策施設は、現代資本主義を特徴づける体制効用原理のもとに、新たな生活保障システムとしての展開を画期することになったのである。

新しい生活保障システム——社会保障と社会福祉の特質として重要なのは、次の諸点である。第一に、新しい制度の名宛人は、もはや抽象的・法的人格としての市民や社会の網の目から脱落した脱落市民でも、労働力商品主体としての困窮労働者、あるいは困窮自営者という特有の範疇でもない。それらのすべてを包括し、かつ新たな視点から捉え直された国民あるいは国民一般、これが新たな制度の名宛人である。ここにいう国民は、財産権、自由権、平等権などの市民権(自由権)的基本権の主体であるだけでなく、その抽象的・形式的な性格に由来する弊害の除去をめざす社会権的諸権利、なかんずく社会権的生存権の主体である。

第二に、国民にたいする生活の保障は、単なる共同体的相互扶助の実態的・消極的な追認、あるいは慈恵的・階級宥和的などの諸施策としてなされるものではない。国民は社会権的生存権の主体である。新しい生活保障システムのもとにおける所得の給付や福祉サービスの提供は、そのような国民に固有な権利を国家の責任において保障すべき方策施設としてなされるものである。もとより、現行制度のもとにおいて社会権的生存権の保障がどの程度実現しているのか、あるいは実現しうるのか、そこには多くの問題が残されている。わが国の関連制度には、総論の水準ではともかく、各論の水準では権利保障としての効力をもちえていないものも多く、行政面での制約はさらに否定しがたい。しかしながら、それでも、国家あるいは社会が直接的に国民一人ひとりの生活を保障するという思想は、人びとの生活維持に関する自己責任を最終的には解除しようとするものであり、およそ近代市民社会の基本原理である生活自助原則とは一八〇度その方向を異にするものである。第一次世界大戦以後における資本主義社会の展開のなかで、われわれは、部分的にであれこのような思想を是認する制度を採用せざるをえないような状況に直面させられてきたのである。この事実の重みは大きいといわなければならない。

第三に、現代の生活保障システムは基本的には国家の政策として、国家の責任において、その行政機構を通じて、運用管理される。今日では、かつて階級間の利害調整を目的として国家による媒介と国庫負担を前提として形成されてきた諸施策はもとより、共同体維持原理に淵源する施策も、実態的あるいは消極的にではなく、新しい社会保障システムの不可欠かつ重要な一部分として位置づけられるようになっている。また、共同体維持原理のもっとも直接的発動ともいえる民間生活保障システム――民間社会福祉もそのほとんどが国家による財政の保障、その引換え条件としての国家による監督規制のもとにあり、国家による政策の実現過程を担う組織として組み込まれるにいたっている。

第二次世界大戦以後の資本主義社会における国家が資本主義発展期における夜警国家でないことは、ことあらためて指摘するまでもない。また、それはもはやかつての帝国主義期において資本家とそれに連なる支配階級の意志を総括し、それを対外的には膨張政策によって、対内的には社会改良政策によって、硬軟両様の姿勢をみせながら実現してきた古典的な権力装置でもない。現代の国家は、国民諸階級・諸階層を国民として統合し、その利害を調整し、最終的には国民個々にたいして最低限度の生活の保障に責任を負う国家、いわば共同体の共同事務を遂行する共同体国家として機能するように期待されるようになってきたし、そうなることが一個の社会体制としての国家を維持していくうえでの避けて通れない選択であった。

もとより、現代国家といえども、それは資本主義体制のもとにある国家である。夜警国家への志向や階級国家としての性格を完全に放棄してしまったわけではない。今日においてなお、国家は支配階級に奉仕する権力的装置であることを放棄したわけではない。しかしながら、現代の国家は、さまざまな階級や階層を内包する社会を一つの全体的な体制として統合し、国民のあいだに体制にたいする求心力を生み出し、それを維持強化していくために、相互に競合しあるいは拮抗しあう諸利害を調整・整序し、充足していくための共同事務処理機関としての性格を強めてきた。国家は、そのもとで体制としての資本主義社会を維持するためには、ときとして資本家や高額所得者の利益を損うような施策、たとえば累進性の高い所得税や企業活動にたいする課税政策の導入でさえ、あえてしてきたのである。国民を社会権的な生存権の主体として認め、その保障を国家の責務とする生活保障システムの導入は、そのような国家の効用化ないし有用化を前提として初めて可能であった。

六　生活保障システムの転型――多元協同原理

こうして、資本主義社会の生活保障システムは、国家独占資本主義期においてようやくその社会制度的な地位を確立しえたように思えた。実際、第二次世界大戦直後イギリスにおいて最初に具体化した福祉国家体制は、その後しばらくのあいだ、少なくとも一九七〇年代中頃までは先進資本主義諸国に共通する政策理念となり、プラス・シンボルとして歓迎されてきた。しかしながら、それも資本主義経済に翳りが目立ちはじめ、スタグフレーション、すなわちインフレと不況の同時的存在という前例をみない事態が出現するまでのことであった。資本主義経済は長期的な経済停滞の時期を迎え、福祉国家はかつてのプラス・シンボルとしての地位を喪失し、経済的停滞を引き起こした主要な原因とみなされ、かえって否定的に扱われるようになった。福祉国家は必然的に財政の肥大、課税の増大、投資意欲と就労意欲の減退をもたらすものとして非難の対象となった。福祉国家に代わって国民の自助努力と相互扶助の重要性、民間活力導入の必要性が強調されはじめたのである。

このような欧米諸国にはじまる政策動向は新保守主義とも新自由主義ともよばれることになるが、状況はわが国においても共通していた。欧米に比べて成長局面から不況局面への転換が遅れたとはいえ、一九七三年のいわゆるオイル・ショックを契機としてわが国もまた低成長の時代に入った。それまでキャッチアップの対象であった福祉国家は一転して西洋的・非東洋的な産物であり、先進国病の原因であるとして、ある意味では欧米における以上に、強い批判と非難の的にされた。西洋的所産としての福祉国家は退けられ、伝統的な三世代家族や隣保相互扶助的地域共同体の残存を前提とする日本型福祉社会の構築が提唱されることになったのである。かつてわが国において非近代的なものとして批判の対象となってきた伝統的な家族（的扶養）は、ここにおいてかえってこれをわが国特有の福祉における「含み資産」として高く評価されるような状況すら生み出されてきたのである。

わが国の場合を含めて、先進資本主義諸国の生活保障システムは、経済成長の時代であった一九六〇年代から七〇年代の初頭にかけて顕著に拡大し、その後における不況と低成長の時代の到来とともに停滞ないし後退の局面を迎えた。現代の生活保障システムは、それを必要とする不況の時期になってむしろ停滞し、後退しはじめたのである。戦後社会において、生活保障システムは資本主義を堅持し、その社会体制としての優位性を対外的・対内的に誇示するための方策施設として位置づけられてきた。六〇年代から七〇年代初頭にかけての先進資本主義諸国は、その高度な経済成長の果実であるパイを多様な生活保障システムを通じて国民一般に広く配分し、かれらに資本主義の社会体制としての優位性を印象づけることに成功を収めてきた。しかしながら、そのような生活保障システムの拡大もオイル・ショックとそれに引きつづく不況とともに終わった。現代の生活保障システムといえども、その位置は決して確固不動というものではありえなかった。低成長の時代の到来は、そのことをあらためて想い起こさせることになったのである。

一九七九年のイギリスにおけるサッチャー政権の成立、八一年のアメリカにおけるレーガン政権、そして八二年のわが国における中曽根政権の成立は、生活保障システムの歴史に新しい画期が訪れたことを象徴するものであった。新保守主義あるいは新自由主義による福祉国家批判がはじまったのである。国民の勤労意欲の減退や投資の減少をもたらした福祉国家政策こそが経済停滞の原因であるとみなされ、近代社会の生活原理や共同体維持原理をなまのかたちで再浮上させるかのように、自助努力や相互扶助の必要性と重要性が強調されはじめた。また、自由競争を前提とする市場メカニズムの優位性をあらためて強調するかのように、民間活力の導入、国有事業の再民営化が推進されはじめた。生活保障システムの領域も例外ではありえなかった。

一九八〇年代は、先進資本主義諸国にとって「福祉改革」の時代となった。イギリス、ドイツ、フランス、アメリカ、そしてわが国においても、福祉予算の削減、国民による費用負担の拡大、中央政府権限の縮減、地方政府への権限の委議、第三セクターや民間団体による福祉サービスの活用など、それまでの福祉国家政策の行き過ぎをあらため、肥大化した政府をふたたび縮小化しようとするようなさまざまの施策が導入されていった。

わが国の生活保障システムについてより具体的にいえば、まず社会保険の領域においては、年金保険を中心に主婦にも年金権を賦与するなど制度の再編成が推進されたが、他方では拠出の引上げ、給付の引下げ、自己負担の拡大が導入された。社会福祉関連では、一方において公的扶助の適正化が推進されるとともに、他方において福祉サービスの適用範囲の拡大と受益者負担の強化、中間施設（老人保健施設）の設置、在宅福祉サービスの拡大、福祉公社などの第三セクターや協同組合、住民参加団体、当事者団体などによる福祉サービスの供給、有料老人ホームなどの営利的生活サービスの育成などの措置が矢継ぎ早に講じられていったのである。

このような八〇年代福祉改革は、一方において行財政改革主導による社会福祉制度の改悪、後退として強い批判を受けることになった。たしかに、行財政改革主導の側面がないわけではない。改革当初の時期における諸制度改正の方向と内容にはその印象が強い。しかしながら、他方において、八〇年代福祉改革の後半部分には、七〇年代の後半にはじまる施設収容主義批判、八〇年代におけるノーマライゼーション思想や自立思想、地域主義などの強い影響をみてとることができる。八〇年代の末期になると、福祉改革を、行財政主導というよりは、むしろ地域における生活の多様性や継続性の尊重、多様な属性をもつ人びとによる共生の実現、住民主体の協同による福祉サービスの実現という観点からあらためて捉えなおし、そのいっそうの推進を図ろうとする議論も生み出されてきた。そして、そのような傾向のなかで、国家責任主義ないし体制責任主義の論理を第一義的に設定し、国民としての当然の受益という観点から福祉サービスの拡充整備を要求するという伝統的な社会福祉論のなかにも一定の変化が生まれ、一方においては新しい自治型・協同型ともいうべき社会福祉論の萌芽的な展開もみられはじめてきたのである。

八〇年代はまさに世界史的転換の一〇年間となった。八〇年代は資本主義体制内部の新保守主義改革とともに幕開けし、その当時おそらくは誰一人として予想しえなかったと思われる社会主義体制の内部的自己崩壊とともにその幕を閉じることになった。八〇年代末の東欧社会主義体制の崩壊、さらに九一年のソ連社会主義体制の崩壊とソ連邦の解体は、資本主義体制内部の保守改革の趨勢とも重なりあい、市場メカニズムと自由主義を基盤とする資本主義体制の無謬性と優位性を証明するものとみなされた。しかし、そのような資本主義体制の無謬性と優位性の主張がいかにむなしい神話であるに過ぎないかは、先進国であると途上国であるとを問わず、資本主義体制をとる国々において多種多様かつ深刻な社会問題が存在し、それらの国々においてその解決のための終わりのない戦いにいかに多大のエネルギーが注ぎ込まれているかを思い起こしただけで十分に理解されうることである。この社会問題にたいする戦いは、おそらく今後ともほぼ恒久的に継続されなければならないであろう。

それどころか、社会主義体制の自己崩壊による冷戦体制の終焉は、これまた思いもよらないような問題を生み出してきた。冷戦体制の終焉はイデオロギー対立の時代の終焉を期待させた。たしかに、資本主義と社会主義という巨大イデオロギーどうしの対立は歴史の背景のなかに後退していったかにみえる。しかしながら、それによってイデオロギーの対立が終わったわけではない。むしろ、冷戦体制が解除され、戦後世界を支配してきた旧秩序の崩壊が進むにしたがい、東欧やソ連邦などかつて社会主義体制のもとにあった国々・第三世界に属する国々・地域を中心に、それまで抑圧されていた宗教、人種、民族、部族その他の利害による政治的・文化的、さらには軍事的な葛藤や緊張が一挙に噴出してきた。資本主義体制をとる国々においても、徐々にエネルギーを蓄えつつあった人種的・民族的差別の撤廃、マイノリティの権利擁護、自然環境保護、宗教の自由、フェミニズムなど多様なイデオロギーをもつ文化的・社会的・政治的な運動が影響力を強め、体制の不安定流動化をもたらすとともに、政治、社会、文化などあらゆる分野にわたって多元化の傾向が加速されていったのである。

さらに、こうした世界的規模での体制の不安定化や多元化の進行は、すでに先進資本主義諸国と途上国とのあいだで労働力の移動を中心に急速に進行しつつあった社会のボーダーレス化、グローバル化の趨勢と重なりあうことによって、先進諸国における政治的難民の増大、外国人労働者の低賃金や失業など労働条件の深刻化、外国人による窃盗、傷害、麻薬販売などの社会問題の増加、子どもの国籍取得や扶養をめぐる問題、人種的民族的な緊張や排斥運動の拡大など、従来にない、多数の深刻な社会問題を生み出してきているのである。冷戦構造に代わるべき国際秩序の創出は容易なことではないであろうし、先進資本主義諸国を含めて、全世界の国々が近々のあいだに国内的な安定を達成するということはさらに望みがたい。かりに安定がもたらされたとしても、それはもはやかつてのような一元的・一枚岩的な安定ではありえない。安定がもたらされるとしても、それは、国際的にも国内的にも、多元的で、多様かつ不安定な利益集団間の不断の葛藤と調整のうえになりたつ、短期的な流動と均衡との繰返しとしての安定であろう。まさに、国際社会は八〇年代をその転換期として、人びとがこれまで経験したことのないような、新しい未知の段階にさしかかっているというべきであろう。

第二次世界大戦後の冷戦構造のもとで発展させられてきた先進諸国の社会保障や社会福祉は、等しなみに資本主義体制のもとにありながらも、一部の例外を除けば、明示的にか黙示的にか、国境や国籍による制約の存在を承認しあうことを前提にしてきた。社会保障や社会福祉は、多様な国民をいかに体制のもとに収斂させ、一元化させるか、そのことを最終的な目的としてきたのである。端的にいえば、社会保障や社会福祉は、一国体制を基本として、その体制としての求心力を強めるための政策であった。今日のような国際社会のボーダーレス化や多元化、流動化を射程に入れた装置ではありえなかったのである。

これからの社会保障や社会福祉には、これまでみてきたような、九〇年代を特徴づけている国際社会、国内社会を通じてのボーダーレス化、多元化、多様化の拡大を前提に、それらが生み出してくる多種多様な生活上の困難や障害について、国際的にも、国内的にも、あらゆる水準の政府的あるいは非政府民間的な諸機関・団体を糾合し、相互にその主体性や自主性、固有性を尊重しあう地域社会の一員であり、同時に国際社会の一員でもある、すべての生活者の参加と協同のもとに、それらの効果的かつ効率的な解決や緩和に貢献しうるような内容、すなわちそのための適切なしくみと技術を備えた方策施設の体系として発展していくことが期待されているのである。

〔註〕

(1) たとえば、一番ヶ瀬康子は資本主義の展開過程と社会福祉の発展過程との関係をつぎのように対応させている。すなわち、初期資本主義（原始的蓄積段階）——救貧法、盛期資本主義（産業資本主義段階）——最低の救貧法・慈善組織化、末期資本主義前期（金融独占期）——社会改良活動・社会事業、末期資本主義後期（国家独占期）——社会保障・社会福祉事業・専門技術（一番ヶ瀬康子『社会福祉事業概論』誠信書房、一九六四年、九一ページ）。

(2) 一九世紀後半のイギリスにおいて慈善組織協会に結集した慈善事業家たちの思想と行動については次のものを参照されたい。Bosanqet, H., *Social Work in London* 1869–1912, Kelly, M. Augustus Publishers.

(3) ニューディール期の救済政策の動向と意義については、拙稿「ニューディール期の救済政策」（右田紀久恵・高澤武司・古川孝順編著『社会福祉の歴史』有斐閣、一九七七年、所収）を参照されたい。

(4) ベバリッジ委員会の報告については、山田雄三監訳『社会保険および関連報告』（至誠堂、一九六九年）を参照されたい。

第7章

国際比較の意義と方法

はじめに

わが国社会の国際化が進むにつれて、社会福祉の領域でも社会福祉の国際比較、あるいは比較社会福祉にたいする関心が増大しつつある。

周知のように、比較という方法を拠り処とする社会諸科学には比較法制史、比較文化史、比較教育制度史などの例があり、それぞれに長い研究史と成果を誇っている。社会福祉の領域においても海外には比較社会福祉（史）の先行研究がいくつかみうけられる。しかしながら、わが国においては、これまで比較という方法に本格的に取り組んだ社会福祉研究はほとんどみられなかったように思われる。それにはそれなりの理由が存在する。そうした事情も含めて、社会福祉の比較研究の必要性やその方法をめぐる諸問題をあらためて取り上げ、若干の検討を試みておきたい。

一　比較の意義

1　比較の効用

自明のことではあるが、議論の性格上、比較という視角の効用について、いくつかの例示を試みることからはじめることにしよう。

たとえば、従来の社会福祉史研究において、わが国の社会福祉史に特有のものと観念される傾向の強かった歴史的事象の一つに感化救済事業がある。わが国では社会福祉の展開過程を慈善事業→感化救済事業→社会事業→（戦時厚生事業）

↓社会事業↓社会福祉という画期によって把握するのが一般的である。[1] わが国では感化救済事業は慈善事業と社会事業との中間に存在してそのいずれにも属さない、わが国の社会福祉史にのみ固有の施策・事業とされている。しかしながら、わが国で一定の時期の慈善事業を感化救済事業とよぶのと同様の現象は、イギリスにおいてもアメリカにおいても、その存在が認められるのである。それは、いずれの国においても自由主義的な救貧事業から社会事業への移行期に登場してきた反動的な自由主義的・道徳主義的慈善事業であり、その特徴は、私的救済の優位性の強調とそれへの固執、そしてその半面における公的救済にたいする強固な反発にある。彼我の間に異質性のあることも事実である。欧米においてこのような反動的救済政策を支えたのは、経済自由主義とプロテスタント的な生活倫理や道徳観であった。わが国の場合には、おそらくは儒教的生活倫理や天皇制イデオロギーの援用を強調しなければなるまい。それでも、感化救済事業が自由主義期から帝国主義期への移行期における慈善事業の反動的形態であることに変わりはない。特別に、それをわが国に固有の事業形態として位置づけなければならない理由はどこにも存在しないのである。

ところで、この自由主義的反動において重要な役割を担ったのは、いうまでもなく慈善組織協会である。この慈善組織協会の歴史的役割についての評価は容易ではない。よく知られているように、わが国ではこれをケースワークやコミュニティ・オーガニゼーションなど、慈善事業の科学化の母胎として高く評価する傾向が強い。それは、おそらくは、わが国の慈善組織協会についての議論が、専門的な社会福祉援助技術の発展に重きをおくアメリカ的な慈善組織協会認識を前提的に受け入れてきたことに由来するもの、とみてよいであろう。たしかに、その発祥の地であるイギリスよりもむしろアメリカにおいて、よりよく発展したといいうる慈善組織協会は、その活動のなかで慈善事業の「組織化」、「科学化」、「専門職化」を達成し、慈善事業の転型、すなわち社会事業の成立に大きく貢献した。しかしながら、わが国ではあまり知られていないことであるが、その慈善組織協会はそうした貢献の半面において、二〇世紀初頭の公的院外救済制度の発展にたいして強固な抵抗を試みたのである。そのような慈善組織協会運動の二面性は、アメリカにおける運動の中心的な存在の一人であったM・リッチモンドの思想にも色濃く見出される。こうした慈善組織協会の思想と行動における二面性という問題は、少なくとも慈善事業の組織化、科学化、専門職化への貢献という側面にのみ留意するという把握方法によっては、十分に了解されえない課題であった。[(2)] 慈善組織協会運動の二面性は決してアメリカだけのものではなかった。そのことについては、C・S・ロックを中心とするイギリス慈善組織協会運動の、二〇世紀初頭の救貧法改正問題にたいする根強い抵抗を指摘するだけで十分であろう。ちなみに、アメリカにおいて、このような慈善組織協会の二面性に光があてられはじめたのは一九七〇年代以降のことであった。[(3)]

いま少し今日的な問題を例にとろう。一九七〇年代後半以降、わが国の社会福祉は「施設福祉」型から「地域福祉」型へ大きく変化してきたといわれる。そして、その傾向は、八〇年代のいわゆる「福祉改革」によって一挙に拍車がかけられた。このような推移の背景に、オイルショック以後の低成長とそれにともなう福祉予算の削減、日本型福祉社会建設の提唱、在宅福祉の強調、というわが国特有の経緯の存在したことはあらためて指摘するまでもあるまい。その限りでは、七〇年代後半以降における「施設福祉」型から「地域福祉」型への移行は、あるいはわが国独自の現象ともいいうるかもしれない。しかしながら、わが国よりも時期は多少早くなるが、イギリスやアメリカにおいても同様の変化が生まれていた。イギリスにおける補足給付制度の導入による所得保障制度の統合と連動するかのような個別的社会サービス（パーソナル・ソーシャル・サービス）の成立、アメリカにおける補足的保障所得制度と連動するタイトルXX（社会保障法第二〇章）の成立がそうである。

すなわち、われわれは、海外に視野を広げることによって、わが国の七〇年代後半以降における社会福祉の動向のなかに、イギリスやアメリカに共通するような変化を見出すことができるのである。そうして、われわれは、そのようなイギリスやアメリカにおける社会福祉の変化とその背景に関する適切な知識をもつことができるならば、当時におけるわが国の福祉サービスがなお、貧困層・低所得層対策という、社会保障制度審議会の五〇年勧告以来の階層対策的な性格を内在的に十分に払拭しえないままに、外側から、いわば外在的に「地域福祉」型への移行が求められるようになっていった状況をより明確なかたちで認識することができるかもしれないのである。[(4)]

2　比較の欠落

いささか議論を先行させ過ぎたかもしれない。これ以上の例示は必要ないであろう。しかし、それにしても、これまでのわが国の社会福祉研究において比較研究、なかでもその方法についての議論が俎上にのせられることの少なかったのは何故であろうか。

もとより、ある意味では、わが国の社会福祉の先行研究のなかにも、決して少なからぬ数の比較社会福祉研究、すなわち社会福祉の国際比較を主題とした研究とみなしうるような業績を見出すことができる。たとえば、われわれはイギリスやアメリカにおける社会福祉史の分析を試みた数多くの先行研究の存在を指摘することができる。そして、それらの研究はすべて比較社会福祉研究としての性格を備えているといってよいのである。けれども、そうした先行研究の多くが黙示的ないし結果的に比較社会福祉研究としての性格をもつとはいえ、必ずしも意識的・目的的に社会福祉の国際比較を意図したものとはみなしがたいように思われる。

また、他方において、イギリスやアメリカにおける、そして近年ではノルディック諸国における、社会福祉の現況に言及した論説の数も年々増加してきている。だが、その多くは、それぞれの国における社会福祉の制度やそれに関連するトピックスについての紹介ないし論評に終わっている。意識的に彼我の施策制度の比較研究やそれを通じてのわが国社会福祉の現状分析や理論構築が課題になっているような例は稀である。

事柄を比較社会福祉史研究に限定してみよう。わが国ではイギリスやアメリカの社会福祉について歴史的な研究を試みた先例は多い。ある意味ではわが国の社会福祉研究は欧米社会福祉史の研究からはじまったといって過言ではない。しかしながら、イギリスやアメリカの社会福祉の歴史的経緯についての紹介に終始しているようなものは別にしても、欧米社会福祉史研究は必ずしも厳密な意味での比較研究にはなっていないのである。欧米社会福祉史の研究に彼我の比較を国際比較として明確に意識し、その視点からわが国社会福祉の特質、さらには社会福祉の普遍的特質の解明に進むという問題意識を期待することはむずかしい。むしろ先行研究の多くは、イギリスやアメリカにおける社会福祉の歴史を一つの理念型的モデルあるいは典型とみて、そこからわが国における社会福祉の歴史と現状を逆照射し、そこにみられる封建性や非近代性を克服すべき課題として剔抉《てっけつ》するという問題意識と研究の方法によって先導されていたといってよいであろう。

そのような研究姿勢は、イギリスやアメリカの社会福祉の歴史を単純に逸早く到達すべき理想像として評価し、その歩みのなかから直接的にわが国にとっての教訓を引き出そうとする立場にも、またそれらを批判の対象、反面教師として位置づける立場にも共通するものであるように思われる。後者の立場においては、イギリスやアメリカの社会福祉、とくにアメリカのそれが批判され克服されるべき存在として描かれている。しかしながら、それでも、そこにおいてはイギリスやアメリカの社会福祉は、黙示的には、わが国がいつかはキャッチアップしなければならない、そのような目標として位置づけられている。そのことに変わりはないのである。

このような国際比較研究の問題意識や研究方法のあり方にある種の刺激を与えたのは、一九七〇年代後半から八〇年代にかけての世界的な福祉国家偶像の凋落ぶりであった。なかでも、サッチャー政権成立以後のイギリスにおける福祉国家政策の大きな転換――むしろ後退というべきであろうか――は、わが国における福祉国家観にも大きな変化をもたらした。イギリスに代表されるようなヨーロッパの福祉国家はその偶像性を喪失し、相対化された。この福祉国家の相対化は、その過程において日本型福祉社会論という一種の反動的奇型を生み出しながら、わが国の社会福祉研究、とくに欧米社会福祉についての歴史研究や現状分析のあり方にかつてない刺激をもたらした。

すなわち、一九七〇年代後半以降の福祉国家の相対化は、わが国の国際社会福祉研究に比較という方法とその意義についてあらためて検討する契機を与えるものであった。わが国は、ある意味では、ようやく欧米諸国とそこにおける社会福祉を単なるキャッチアップの対象としてではなく、相対的にはみずからと同列、同水準にあるものとして、水平的ないし横断的な比較の対象として認識しうる段階に到達しえたのである。けれども、水平的ないし横断的な位置関係において彼我を比較するという事態は、わが国の社会福祉の研究にとってかつてない経験であった。わが国の社会福祉やその背景の特異性についての過大な評価と過信は、不慣れな水平的国際比較という状況のなかで、いかにも陥りやすい陥穽であった。日本型福祉社会論はそこに咲いた仇花であったといえよう。

これまでのわが国の社会福祉研究においては、明らかに「国際比較」という視点が希薄であった。八〇年代以降、わが国では「福祉改革」の必要性が強調され、われわれは戦後改革以来の岐路に立たされている。将来への選択を誤らないためには、「福祉改革」の必要性をわが国のみの事情や経緯に帰するのではなく、わが国社会福祉の過去と現在をつねに世界史的な文脈のなかに位置づけ、可能な限り客観的に分析し、評価する視点と方法をもたなければならない。わが国の社会福祉研究において比較社会福祉という接近方法があらためて問われなければならない所以である。

二　比較の方法

1　方法としての比較

われわれは、先に、比較という方法に重きを置いてきた社会科学の例として、比較法制史、比較文化史、比較教育制度史を挙げた。しかしながら、もとよりこれらの諸領域のみが比較ということをその主要な研究の方法とするのではない。意識されているか否かを別にすれば、比較は、その前提ともいうべき分類という操作とともに、諸科学に共通するものとして研究方法の出発点に位置している。端的にいえば、比較とは異なったいくつかの事象について、それらを相互に比較校量し、それらに共通する側面や要素、相異なる側面や要素の存在とその意義を明らかにすることである。われわれは、そのような操作を通じて、われわれの捉えようとしている事象を客観化し、相対化し、その事象を構成する基本的な要素を確定し、さらにはその運動を支配する法則の解明にいたるような端緒に接近することができる。われわれは、そのような比較という方法を援用することなしに思考を展開することは不可能なのである。

実際、われわれは日常的な生活においてすでに、比較を試み、その操作を通じてものごとを認識し、互いに意見を交換しあっている。まさしく、比較は、特定の科学における研究の方法という以前に、日常的な認識と思考において、その一般的・普遍的な道具となっている。しかしながら、比較という営みをあらためて研究の方法として位置づけるということになると、事柄はそれほど簡単ではなくなってくる。比較という研究の方法がそのもっとも厳密な形態において活用されているのは、いうまでもなく自然科学の領域であろう。そこでは、比較は、文字通りに実験室的な状況のなかで、厳密な統制のもとに行われる。ある事象がさまざまに条件を変化させた複数の状況のもとで観察され、その結果が比較校量される。そこでえられた知見は、何回となく同一の条件のもとで再現され、検証されるのである。

ひとの心理や行動の研究においても、比較は重要な方法となっている。発達心理学や実験心理学では、さまざまな能力や行動様式について、それを規定する要因を確定するために比較研究法が採用されている。この領域における比較に自然科学における実験室的な統制を期待することは必ずしもつねに現実的だとはいえない。しかし、それでも比較の方法はかなり厳密なものである。たとえば、知能がどの程度遺伝的要素の影響のもとにおかれているかを解明するにあたって、一卵性双生児と二卵性双生児との知能の類似度の比較が試みられる。二卵性双生児よりも一卵性双生児のほうが知能の類似度が高いという結果が得られれば、その結果は知能の発育の程度を規定する因子として遺伝的要素が相当に大きな比重をもつという事実を示すものと解釈される。学習過程の解明にあたっては、一定の方法によって一定の刺激を与えられた実験群とまったく刺激を与えられなかった統制群との比較が行われる。両群の学習過程に何らかの相違が生起するとすれば、その結果は実験群に特別に与えられた刺激の産物であると解釈されよう。しかしながら、ひとの複雑な心理や行動には実験室的な操作に馴染まない部分が存在する。全体としてはそのような部分の方が多いかもしれない。

研究の対象が社会的事象になるとどうか。比較に自然科学や実験心理学と同様の意味での厳密性を求めることは、まずはじめから不可能であるか、きわめて困難な場合が多い。経済現象や政治現象などは、その規模が大きいだけでなく、一つの変化を確認するのに長い年月を要することが少なくない。特定の事象を規定すると思われる要因は多数存在しており、原因と結果の関係を特定することは容易ではない。そこに実験室的な統制を期待することなどまず不可能であるように思われる。また、歴史的事象などのように、一回性や不可逆性が強く、もともと人為的統制に馴染まないという領域も存在する。

しかしながら、それではひとの複雑な心理や行動、社会的事象や歴史的事象には比較という方法は馴染まないのであろうか。たしかに、ひとの心理や行動、さらには社会的事象や歴史的事象の研究に、実験室的な、あるいはそれに近い状況を設定したうえでの比較を試みようとすれば、その期待が完全に満たされることはまずないであろう。けれども、それらが実験室的な統制に馴染まないという事実は必ずしも比較という方法の適用を退けるものではない。むしろ、ひとの心理や行動、あるいは社会的事象や歴史的事象が実験室的な統制に馴染まないという事実そのことが、逆に比較という研究方法の導入を要請したといってもよいのである。

すなわち、研究の対象が実験室的統制に馴染まないがゆえに比較という方法が意図的に採用され、その場合にのみ、比較という用語が、そこで用いられる主要な研究の方法とその領域を指し示す用語として、採用されてきたのである。研究対象の実験室的統制が困難なとき、それに代替する有力な方法の一つは、研究の対象となっている事象を類似の動物や他の社会や国家にみられる同様の現象と比較するということであった。たとえば、人間の発達や行動についてそれを他の動物と比較して研究する特有の領域が成立し、比較心理学とよばれるようになった。他の社会や国の同様の事象との比較を通じて文化や法制の基本的性格に接近する研究の領域として、比較文化史や比較法制史が成立した。これらの科学は、いずれも比較をその主要な研究の方法とする固有の分野として成立しているのである。

2　比較の類型

こうして、比較研究は多くの科学で重要な研究方法の一つとして位置づけられ、さまざまの成果を生み出してきた。しかしながら、ひとくちに比較研究といっても、そこでとられている比較の方法は多様である。たとえば、あらかじめ設定しておいた課題との関連において比較の対象となる社会や国の選択のされ方を軸に比較研究の類型化を試みてみよう。

これまでさまざまな領域で試みられてきた比較研究の方法を整理すると、それは大きく、⑴比較の対象に未開社会や開発途上国が選ばれている場合（原初事例比較型）、⑵比較の対象により先進的とみなされる社会や国が選択されている場合（先進事例比較型）、⑶ほぼ同等の状況にあるとみなされるいくつかの社会や国が相互比較の対象として選ばれている場合（同列事例比較型）に分類することが可能であろう。これら三通りの比較法のうちいずれの類型が選択されるかは、いうまでもなく研究の主題とそこで設定されている仮説によって異なってくる。

たとえば、第一の類型が選択されるのは、未開社会の社会構造や行動様式のあり方のなかに現代社会の構造や行動様式のあり方に通じるプロトタイプ、原型を見出そうとしているような場合である。そこでは、明示的にであれ黙示的にであれ、比較のもとになっている社会と比較の対象とされている社会とのあいだに直接的な類似性、あるいは共通性を求める必要性は存在しない。むしろ、比較の対象は、できるだけ構造が単純で、プリミティブな社会組織や行動様式をもっている社会や国であるほうが研究の目的にかなう場合が多い。人類学の成果にこの種の比較研究によるものが多いことはよく知られているところである。

第二の類型が選択されるのは、ある種の社会的制度や事象について先行先進的な状況にあるとみなされる社会あるいは国とそうでない社会あるいは国とを比較し、先行先進性のもたらされた背景や要因を解明し、そこから後者にとっての何がしかの教訓を引き出そうとするような場合である。後進国型の比較研究といってもよいであろう。あらためて指摘するまでもないことであるが、わが国の欧米諸国についての研究は長らくこの類型にとどまっていた。

第三の類型が選択されるのは、単なる紹介や教訓の提示を超えて、一定の社会事象や歴史事象について、比較の対象になっている社会や国の客観的・相対的な位置を確定することや、より一般的・普遍的にそれらの事象を規定している要因やその機制を解明することが課題になっているような場合である。たとえば、各国の教育制度や教育政策とそれぞれが形成されてきた背景を比較し、それぞれの国の教育制度や教育政策の特色を明らかにしながら、さらにそれらを規定する要因を一般的・普遍的に解明しようとするような研究がそうである。この場合、研究の目的にもよるが、比較の対象には比較的同質な社会や国が選択されることが多い。そのことによってより統制された環境のもとでの比較が可能となり、得られた結果についての解釈の信頼性や妥当性もまたより高くなることが期待されうるからである。

以上のような比較方法の類型を社会福祉の研究にあてはめてみよう。

社会福祉研究の領域においては、第一の類型に属する比較研究が意味をもつ可能性はまずありえないであろう。たとえば、未開社会における相互扶助行動ないしそのための組織のあり方の研究が試みられたとしよう。そのような研究をまったく荒唐無稽のものとして決めつけることは研究の姿勢として公正・適切を欠くことになろう。しかしながら、さりとてそのような研究が今日の社会福祉のあり方を検討するうえで直接的に有効性をもつとも考えがたいであろう。

従来、わが国の比較社会福祉研究は第二の類型をとることが多かった。日本社会福祉史に関する研究が物語るように、たしかにわが国の社会福祉は、一定の限定をつければ、イギリスの社会福祉の歴史に比肩しうるような、そしてアメリカに比べればずっと古い、古代社会以来の伝統を承け継いできている。けれども、明治維新という近代への出発点において彼我の状況を比較すれば、わが国の社会福祉は、イギリスはいうまでもなくアメリカと比べても、明らかに大きく遅れをとっていた。それは争いようのない事実であった。その限りでは、明治期以来のわが国の社会福祉研究が長らく第二の類型を採用してきたことは、それはそれとしてやむをえないことであったといわなければならないであろう。

しかしながら、今日では状況は大きく変化してきている。先進欧米諸国の社会福祉をモデルとして位置づけ、それへのキャッチアップを喫緊の課題としてきたわが国の社会福祉研究は、七〇年代中葉以降の低成長期において福祉国家偶像が顚落し、「福祉見直し」の必要性が強調されるなかで大きなインパクトを経験することになった。その経緯については、すでに一部指摘しておいた通りである。

こうして、今日のわが国の社会福祉研究にとっての焦眉の課題は、むしろ第三の類型にみられるような視点と方法をとる比較社会福祉研究を推進し、世界史的なグローバルな視野においてわが国の社会福祉を再評価し、捉え直していく作業を試みること、そのことである。しかしながら、そうした研究を実りあるものにするためには、さらに重要な、いくつかの前提的な方法論上の問題についての議論が必要である。

三　比較の基準

1　比較の基盤

将来、国際社会の時間的な距離がいっそう短縮され、国際交流の度合いが深まるにつれて、社会福祉の研究においても国際比較研究の必要性と意義はますます重要性を高めることになろう。しかしながら、国際比較といっても、ただあれこれの国について比較校量を試みれば、それで自動的に目的が達成されるというものではない。比較の対象としてどの国を選択するのか、どのような国々を相互に比較するのか、そこに一定の作業仮説にもとづいた選択がなされていなければならない。そのことは比較研究を実りあるものにするための共通の基盤、最低限の前提条件であり、比較対象の選択の方法それ自体きわめて理論的な問題なのである。

国際比較が課題になるとき、まず誰しもが直面する難問は、社会体制の異なる国をどのように扱うかということである。今日世界各国はそれぞれの歴史的その他の状況に応じてさまざまの社会体制をとっている。いうまでもなく、社会福祉研究にとっては、そうした社会体制の分類学は直接の課題ではない。けれども、世界にはさまざまの社会体制が存在し、われわれが社会福祉とよぶ特有の方策施設もそのような社会体制のもとで、その規定を受けながら展開してきているという事実とその意味をいま一度確認しておく必要があろう。

今日、世界における支配的な社会体制といえば、それは資本主義体制ということになろう。今日、社会主義体制を堅持しているといいうる国は中華人民共和国、朝鮮民主主義人民共和国、キューバなど少数である。旧ソビエト連邦や東欧諸国は社会主義体制をすでに離脱している。しかしながら、そうはいっても旧ソビエト連邦や東欧諸国を今日の段階で資本主義体制をとる国と同列に扱うことは早計に過ぎる。市場経済化の歩みは実に遅々たるもののようである。旧ソビエト連邦や東欧諸国については、現状では旧社会主義体制という範疇を設定しておきたい。それが妥当なところであろう。当然、資本主義体制と旧社会主義体制とのあいだには、経済、政治、社会いずれをとってみても、相当の開きが存在する。また、現在第三世界において資本主義を標榜している国にしても、その実態は多様である。社会の産業化の程度や民主主義の定着の度合いは決して一様ではない。第三世界のなかで社会主義を標榜している国々についても事情は類似している。むしろ、第三世界の国々には、かつて先進資本主義諸国による植民地支配を経験していること、独立後もなお旧宗主国の政治的・経済的影響下におかれ、国内的にも資源の不足、科学技術の停滞、民族問題など多くの不安定要素を抱えていることなど、標榜する体制の違いを超えた共通性のほうが色濃く認められるのである。その意味では、国際社会の理解のためには、北側における先進資本主義諸国と旧社会主義諸国、南側における開発途上諸国という分類軸を導入するのが妥当であるともいえよう。それと同時に、われわれは、その一方において開発途上諸国のなかでも韓国、台湾、香港、シンガポールなどの国・地域が新興工業国としてあらたな集団を形成しつつある事実にも留意しておかなければならない。

こうした国際社会理解の枠組は、社会福祉の国際比較には一見無縁にみえて、実はきわめて重要な意味をもっている。さて、先ほどの議論を継承し、ここでは比較研究の対象国として、(1)先進資本主義諸国、(2)旧社会主義諸国、(3)新興工業諸国、(4)開発途上諸国という四通りの類型を設定してみよう。これらいずれの類型をとってみても、そこに包摂される国々には、みずからの生活上のニーズを家族や市場機構という通常の経路によっては十分に充足することができず、その生活維持を親族、友人その他の第三者、援助団体、そしてさまざまな水準の社会や国家に依存せざるをえないような人びとが存在しているであろうし、そのような人びととの生活保障を目的とした社会的な制度も何らかのかたちで存在しているであろう。その意味では、どの国をとってみても、われわれのいわゆる福祉ニーズが存在し、公的扶助や福祉サービスの制度が存在するといってよいのかもしれない。また、その限りでは、どの国を対象とする比較社会福祉研究であっても、それはそれとして、それなりの成果と意義を期待しうるのかもしれない。

しかしながら、現実的・実際的には、先の四通りの類型のうち、いずれかの異なった類型に属するいくつかの国をただ横並び的に、無作為あるいは任意に取り上げ、それらを比較校量の対象になりうる同一の線上にあるものとして研究を試みてみたとしても、そこに十分な成果を期待することは不可能であろう。それぞれの類型ごとに、そしてそれぞれの類型を構成する個々の国々のあいだにおいても、いうところの福祉ニーズも社会福祉の制度も、あるいは微妙に、あるいは基本的・根源的に異なっており、それらをそれぞれの類型やそこに含まれている個々の国々を特徴づけている経済的、政治的、社会的、文化的などの諸条件を捨象したところで比較校量してみたとしても、そこから得るところは決して多くはないであろう。

ここでみやすい例として第二の類型を取り上げてみよう。刊行物その他の標題にソ連邦の社会保障・社会福祉、中華人民共和国の社会保障・社会福祉、という用語例をみる機会は必ずしも少なくないし、そのような用語法に違和感をもつ人もそれほど多くはないようである。旧社会主義諸国にも、われわれのいう社会保険、公的扶助、福祉サービスに類似する制度が存在することはたしかである。それらの制度について国際比較的な研究を試みることによって裨益することもありうるであろう。けれども、資本主義体制下の社会福祉と社会主義体制下における類似の制度とを単純に同列において比較するということについてはやはり疑問なしとしない。そして、その疑問は、結局のところは、われわれが社会福祉というものをどのように把握するのかという、もっとも基本的で理論的な課題に帰結するのである。

社会体制との関係において社会福祉を把握する方法については、これまでにおおまかにいって二通りの方法が提起されている。その一つは、社会福祉を一定の展開の段階に到達した資本主義の固有の所産として理解しようとする方法である。いま一つは、社会福祉を一定の産業化（工業化）を達成した社会に等しく共通する所産として把握しようとする方法である。この後者の方法は、社会のあらゆる事象はその産業化とともに体制の違いを超えて一つのものに収斂すると主張する理論に親和性をもっている。前者の社会福祉理解の方法からいえば、資本主義諸国の社会福祉と旧社会主義諸国のそれに類似する制度は基本的にその性格を異にする存在であり、両者の直接的で単純な比較校量はおよそ無意味な試みであるとみなされよう。後者の方法からいえば、社会福祉の成立と発展にとって決定的な意味をもつ要因は、社会体制の違いではなく、むしろそれぞれの社会の産業化の程度である、ということになろう。なるほど、社会の産業化は社会福祉を規定する重要な要因である。同じ資本主義体制下にある国であっても、一般的には、それぞれの国の産業化の程度によって社会福祉のありようが異なっている。この事実は、産業化の重要性を裏書きしているといえなくはない。しかしながら、それでも、資本主義社会と旧社会主義社会の基本的な組成の違い、その生産と生活の様式を支配する原理の違いは、現在のところ、社会福祉にとって産業化の程度以上に決定的な影響を残しているように思われる。

社会福祉の比較研究において第三、第四の類型に属する国々を対象に選択することの意義について詳しくふれるだけの余裕はいまはない。第一類型と第二類型を構成する国々のあいだにおける社会体制の違いや第三、第四の類型に属する国々にみられる発展段階の違いを超越した比較研究がまったく意義をもちえないというわけではない。第二、第三、第四の類型に属する国々を対象とする比較研究にも、それぞれに何らかの意義を見出しうるはずである。しかしながら、そのような比較研究を意義の深いものにするためには、われわれは、分析の対象として設定する国々のあいだの社会体制や発展段階の違いをどのように処理し、比較研究の結果から何を引き出そうとするのか、そのことをあらかじめ慎重かつ明確に検討しておかなければならないのである。

2 比較の対象

以下、議論の範囲を第一の類型に属する国々を対象とする比較研究の問題に限定しよう。この類型を構成するのは、世界で最初に資本主義を発展させた国としてのイギリスから先発資本主義諸国による植民地化を経験せずに自力で資本主義化することのできた最後の国としてのわが国までを含む、欧米大陸を中心とし、わが国を例外とする、いわゆる先進資本主義諸国である。周知のように、従来のわが国における比較社会福祉（史）の研究の多くは、この類型に属する国々を対象にしてなされてきている。

そのような先行諸研究における比較研究の方法をみると、そこには大きく二つの範疇を考えることができる。第一の範疇は、何らかの意味で典型となる国が設定され、それを中心に比較校量がなされている場合である。第二の範疇は、いくつかの特徴によって他と区別される複数の国々が対象国として設定され、相互間の比較校量を手掛りとして研究が展開されている場合である。

第一の範疇は、すでにみてきたように、歴史的には後発資本主義国に属するわが国の比較社会福祉（史）研究に一般的な方法である。この方法をとる比較社会福祉（史）研究において典型国とみなされている国は、いうまでもなくイギリス——やや厳密にいえば、連合王国のうちからスコットランド、ウェールズ、北アイルランドを除く、イングランド——である。その前提には、イギリスは、中世ヨーロッパ世界の辺境にありながら、そしてそのことの故に、もっとも早くかつもっとも純粋なかたちにおいて、資本主義体制を発展させてきた典型的な資本主義国であり、したがってまた社会福祉もそこにおいてもっとも典型的な発展の過程を経験してきたとする仮説が横たわっている。けれども、この仮説には実は難点も存在する。イギリスが資本主義体制の典型国であることは経済史家の広汎に認めるところであるとして、はたしてそのことと同様にイギリスをもって社会福祉の発展における典型国であるとみなしうるのであろうか。周知のように、この問題はこれまでほとんど自明の命題として処理されてきている。しかしながら、事柄を多少とも厳密に取り扱おうとすれば、「資本主義の典型国としてのイギリスすなわち社会福祉の典型国としてのイギリス」という命題にも、比較の主題や対象とする時期についての限定が必要となってくる。

実際、イギリスを社会福祉発展の典型国として設定する先行比較社会福祉（史）研究のなかでも、主題や時期によって副次的な典型国を設定するという一種の補強的な修正が施されてきている。たとえば、社会福祉のなかでも援助技術の体系としてのソーシャル・ワークの研究については、イギリスではなく、アメリカがそのような分野を典型的に発展させてきた国として扱われることが多い。また、アメリカにおけるニューディール政策、なかでもその一環として成立した社会保障法は、国民の最低生活の保障という問題に関連する国家ないし中央政府の役割の変化やその意義について研究を進めるうえでの恰好の素材となった。そして、第二次世界大戦以後におけるアメリカの国際社会にたいする経済的・政治的な影響力の拡大がそのような比較研究の意義をいっそう際立たせてきたのである。

もとより、第二次世界大戦以降、社会福祉の典型国としてのイギリスの位置が一挙に低下したというわけではない。資本主義経済の牽引国としての地位はアメリカに譲ったものの、イギリスは社会保障や社会福祉の制度的発展という側面では先導的な役割をとり続けた。アメリカは、ソーシャル・ワークという技術的な側面ではともかく、制度的な側面においてはなお後進国であった。実際、第二次世界大戦前夜のイギリスは、一方において失業保険の建直しを敢行し、他方においては伝統的な救貧法を実質的に廃止し、近代的な公的扶助制度を成立させた。第二次世界大戦後になると、イギリスは戦時下において準備されていたベバリッジ委員会報告を矢継ぎ早に具体化していき、短期間のあいだに福祉国家体制とよばれる独特の政治的・社会経済的体制を確立した。そして、周知のように、この福祉国家体制こそが、わが国を含む先進資本主義諸国のなかで、模範とすべき政治的・社会経済的体制として長らくキャッチアップの対象とされてきたのである。

しかしながら、それでもイギリスがまがりなりにも社会保障や社会福祉における典型国としての位置を保持しえたのは、一九七〇年代の中頃までのことであった。七〇年代の後半、スタグフレーションとよばれる景気低迷が続くなかで急速に勢いを増してきた新保守主義や新自由主義という政治的潮流のなかで、イギリスは社会福祉の先進国・典型国としての地位を急速に喪失していった。一九七九年に成立したサッチャー政権はイギリス経済低迷の原因を戦後以来の福祉国家政策に求め、国民にたいし自助努力の強化を訴えるとともに、福祉予算の削減や民間化政策を推進した。福祉国家政策の退潮は八一年に成立したアメリカのレーガン政権によって増幅され、中曽根政権下のわが国にも及んだ。

さらに、八〇年代末にはじまる東欧・ソビエト連邦の解体は、社会福祉の研究にたいして福祉国家批判に劣らず、あるいはそれ以上に、深刻な影響を与えるものであった。従来の社会福祉研究は、明示的・黙示的に、国外における社会主義諸国と国内における社会主義勢力の存在を前提にしながら進められてきた。端的にいえば、一部社会福祉の研究はこれを社会主義に対峙することを目的に資本主義体制の内部で発展させられてきた方策施設の体系とみなすことを前提に進められてきたのである。東欧・ソビエト連邦における社会主義体制の崩壊は、このような前提をその根底から揺り動かすものであった。周知のように、社会主義体制の崩壊は、一方において社会主義的諸理念の転落をもたらし、他方においては資本主義体制の保守化をもたらした。さらに社会主義体制の崩壊は、民族問題や宗教問題、環境問題などに関わって政治的対立の激化をもたらすなど広く多元主義的な状況を生み出した。

このような国際的、国内的な状況の顕著な変化のなかで、比較社会福祉研究にたいしても従来の典型国中心の接近法にかわるあらたな視座と方法が求められるようになるのは、ごく当然の成り行きであった。そして、典型国中心の接近方法にかわるべき比較研究のあり方を求めるとすれば、それはおのずと一定の基準にもとづいて複数の対象国を選択し、それらを相互に比較するという方法にならざるをえない。そうだとすれば、われわれは一体どのような基準によって対象国を選択すればよいのか。残念ながら、社会福祉研究の領域では、こうした方向での議論は、これまでほとんどなされてきていないように思われる。ここでは、そのような数少ない、貴重な比較社会福祉の先行研究の一つになっているA・J・カーンとS・B・カマーマンによる『社会福祉サービスの国際的展望――第六番目の制度』(5)を取り上げ、そこにおける比較対象国選択の方法について垣間見ておくことにしよう。

カーンとカマーマンは、その比較社会福祉研究のなかで比較の対象国として、アメリカ、カナダ、イギリス、フランス、西ドイツ、ポーランド、ユーゴスラビアならびにイスラエルの八カ国を取り上げている。対象国の選択は理論的ならびに実際的な見地からなされたが、カーンとカマーマンはその基準について、(1)連邦、州、地方という三段階の相対的に分化した政治的権力体から構成された連邦共和制をとる国と実質的には二段階の政治的権力体からなる、どちらかといえば中央集権的な国、(2)社会福祉サービスの発展の程度を異にし、かつ社会福祉サービス組織にたいする基本的な接近方法に違いのある国、(3)社会主義体制に属する国と自由主義体制に属する国を選択した、としている。これら三通りの基準のうち、(1)の基準、すなわち三段階の政治体制をとる国と二段階の政治体制をとる国との比較という視点は、この研究がアメリカの研究者によってアメリカ政府の後援のもとになされていることからすれば当然の関心事であろう。(3)の基準についていえば、この研究が実施されたのが東欧やソビエト連邦の崩壊以前のことであったことに留意しておかなければならない。さらに、カーンとカマーマンが対象国のなかから新興工業国や開発途上国との比較を排除していることにも留意しておきたい。もっとも進んだ国とそうでない国の両極端を比較してみても多くの成果は期待しえないというのがその理由である。

比較社会福祉研究にとってもっとも関心が深いのは(2)の理由である。カーンとカマーマンの意図は十分に理解することができる。しかし、選択された国をみるかぎり、社会福祉の「発展段階の違い」、「基本的接近方法の違い」の内容は必ずしも確定的なものではないようである。カーンとカマーマンも選択の基準にそれほど自信があるわけではない。カーンとカマーマンは、われわれの社会福祉についての知識がもっと増え、もっといい理論が生み出されるまでは、比較の対象としてより適正な国を選択することも、実質的な議論の焦点を定めることも不可能だと指摘している。(6)

今日においても、この指摘を大きく修正することはできそうにもない。しかしながら、われわれは、いま一歩を踏み込むことができるかもしれない。たとえば、社会福祉のあり方を、イギリス連邦型(イギリス、オーストラリア、ニュージーランド）、ノルディック型（スウェーデン、デンマーク、ノルウェーなど）、（ヨーロッパ）大陸型、北米型、そしてあえていえばわが国や韓国などからなる東アジア型、さらには旧植民地型、旧社会主義体制型などの類型を設定してみることも不可能ではないであろう。しかしながら、こうした類型論もいまのところ、試論の域を出ていない、あるいはそれ以前の段階にある議論というべきであろう。むしろ、類型化の試みそれ自体が、逆に、比較研究のある程度の蓄積を前提として初めて可能になるという性格のものなのである。

四　比較の枠組

1　社会福祉の範囲

社会福祉における国際比較研究が容易に進展しないことには、このほかにもさまざまの理由が考えられる。その最たるものは、われわれが比較しようとしている社会福祉それ自体がたいへん把握しにくい社会的事象だという周知の事実である。われわれは一様に社会福祉というが、実はその内容は国によって著しく異なっているのである。イギリスやアメリカの場合を一瞥しただけでもそのことは明らかである。イギリスではわれわれのいう社会福祉は広汎な社会サービスのごく一部分である。W・E・バフは、イギリスの社会サービスについてこれをいとも簡略に「ニーズ（それは必ずしも金銭のニーズに限らない）をもつ人びとにたいして社会によって提供されるサービス」と定義したうえで、その主要な領域として、①国民保険、②補足給付、③児童給付、④家族所得補足、⑤待機手当、⑥国民保健サービス、⑦地域ケアサービス（パーソナル・ソーシャル・サービス）、⑧児童サービス、⑨教育サービス、⑩青少年サービス、⑪雇用サービス、⑫住宅政策、⑬都市計画、⑭更生保護サービスをあげている。(7)これにたいして、前出のカーンとカマーマンは、アメリカの社会サービスについて、①教育、②所得移転、③保健、④住宅政策、⑤雇用訓練、⑥パーソナル・ソーシャル・サービスをあげる。(8)

このように、イギリスやアメリカの社会サービスの範囲・構成は、わが国の社会福祉と大きく異なっている。こうした社会福祉の範囲ないし構成の相違を捨象したかたちでの比較研究はまったく意味をなさないであろう。比較研究を厳密にしようとすればそれだけ、比較対象の限定に細心の注意を払うことが必要になってくる。たとえば、イギリスやアメリカの社会サービスをかなり絞り込み、両国においてパーソナル・ソーシャル・サービス（個別的社会サービス）とよばれているものを抽出し、それらをわが国の福祉サービスと対置させるという場合を考えてみても、具体的な内容に少なからぬ違いのでてくることは明らかである。結局のところ、比較研究を試みようとする研究者がそれぞれ何らかの基準によって比較の対象、その範囲や構成を限定し、結果についてもそのことを前提に解釈するということにならざるをえないであろう。

すなわち、比較社会福祉研究にとってまず重要なことは、比較すべき対象の範囲をできるだけ共通にすることである。その場合にも、最近のわが国社会福祉の動向を考慮にいれれば、次の二点についての配慮が必要であろう。わが国の社会福祉は、高度成長期以降、徐々にその国民生活における機能を拡大し、相対的に固有独自の領域としての発展をみせてきた。この間、わが国の社会福祉は「選別的福祉」から「普遍的福祉」へ移行してきたという指摘はその一面を捉えたものといえよう。けれども、それは事柄の半面というべきであろう。わが国の社会福祉は、他方において、ますます社会保険、雇用、医療、教育などの隣接する諸領域との接触を強め、交錯の度合いを深めつつある。そのことを考慮するならば、国際比較を試みるにあたっても、わが国における社会福祉の伝統的な規定にこだわることなく、むしろイギリスの社会サービスの規定にならって逆にわが国の社会福祉を捉え直すという視点をとってみることも必要であろう。わが国には社会福祉の固有性、独自性を強調しようとするあまり、社会福祉をできるだけ限定的に捉えようとする傾向がみられる。そのことによって、かえって社会福祉をわかりにくくしている側面もあるように思われるのである。

いま一点は、経済のサービス化の一側面として社会福祉類似サービスにたいする営利的事業体の参入が拡大してきている事実と関連している。営利的事業体による社会福祉類似サービスを社会福祉の範疇に含めることを許容するか否かという問題は、社会福祉にとって基本的な争点である。しかしながら、社会福祉類似サービスを社会福祉とみなすかどうかという問題とは離れて、わが国の社会福祉は、すでに事実問題として、この側面を視野に入れた比較研究を必要とする状況にあるというべきであろう。従来わが国の社会福祉研究は、欧米において一部の託児事業（チャイルドマインダー）や有料老人ホーム（ナーシングホーム）が伝統的に営利的事業体によって経営されてきたという事実にたいして食わず嫌い的に眼を閉じ、十分関心を払ってこなかったきらいがある。われわれは、そうした側面を考慮に入れた比較社会福祉研究を通じて、社会福祉類似サービスの功罪両面についてより適切な情報を獲得することができるはずである。

2　社会福祉の規定要因

ところで、社会福祉の比較研究という場合、議論のあり方として二通りの類型が認められるように思われる。一つは、社会福祉を総体において捉えつつ、比較研究を通じてその発展を規定した要因の解明に向かう議論である。いま一つは、比較研究を通じてそれぞれの国の社会福祉の政策・制度、行政、財政、利用者、給付内容等々、社会福祉を構成する要素や側面について、その類似点や相違点、それらが生み出されてきた背景や結果などについて、個別に解明をしていこうとする議論である。

まず、前者の議論について取り上げる。このグループに属する研究には現状分析という形態とともに歴史研究的な展望をもつものが多い。社会福祉がいかなる経済的、政治的、社会的、文化的等々の要因の規定を受け、どのように形成されてきたかを明らかにすることは、いうまでもなく社会福祉研究の最終的な関心事である。そのような研究の一つに、社会保障の発展を規定する要因として経済的要素の重要性を強調するH・L・ウィレンスキーの研究がある。ウィレンスキーは定量的な手法による国際比較の結果として、各国における社会保障の発展を規定するものは媒介的には高齢化に代表される人口構造の変化と官僚機構の増分主義を背景とする制度の自己肥大化の傾向であると指摘する。そして、その両者は、最終的にはいずれも一国の経済水準のいかんに帰結するという。もとより、ウィレンスキーは社会体制や社会構造、政治体制、イデオロギーの違いにも注目する。しかしながら、それらはいずれも、媒介的要因を置けば経済水準の違いによって説明が可能であるという。[9]ウィレンスキーはある種の収斂理論の立場をとっているのである。そのような収斂理論を受容するか否かを別にすれば、社会保障の発展を一元的に経済水準によって説明するウィレンスキーの理論は、ある意味では魅力的である。しかしながら、そこでは逆に難点も多くなる。たしかに、経済水準の向上は社会保障や社会福祉の発展の基ことである。社会保障に限らず、社会的事象の説明に要する要因が少なければ少ないほどそれは歓迎されるべき盤である。そのことは新興工業国や開発途上国の状況を考えれば誰しもが納得しうるところであろう。分配すべきパイの大きさがある範囲を超えなければ、再分配の手段としての社会保障や社会福祉の発展は望みえないのである。その意味では経済水準は社会保障や社会福祉の発展の基底的な要因である。そのことに疑いをさしはさむ余地はない。

しかしながら、経済水準の向上が自動的に社会保障や社会福祉の発展をもたらす訳ではない。たとえば、よく引きあいにだされる事実であるが、社会保障の一部を構成する社会保険が世界で最初に成立したのは一九世紀末のドイツにおいてであった。しかしながら、周知のように、当時後発資本主義国としてのドイツの経済水準はイギリスに大きく遅れをとっていた。そのドイツが、イギリスの一九一一年の国民保険法の成立に際して社会保険制度の構成と運用のモデルを提供したのである。また、今日世界最高の経済発展を誇るアメリカは「不承不承の福祉国家」[10]（J・ヒギンズ）とよばれ、あるいはみずから「半福祉国家」[11]（M・B・カッツ）と称するように、福祉政策の立ち遅れが目立ち、ウィレンスキー自身もアメリカがなお「福祉後進国」にとどまっていることを認めざるをえない状況にあった。そのことでいえば、自由世界第二位のGNPを誇るわが国も、ウィレンスキーの指摘を待つまでもなく、まさしく「福祉後進国」[12]である。経済水準は必ずしも社会保障や社会福祉の発展を規定する単独唯一の要因ではないのである。

社会保障や社会福祉の発展を経済的要因以外にも多くの因子を考慮しながら解明しようとしたのはU・リースである。リースは社会保障や社会福祉の規定要因を、主として国内的なものと、主として国際的なものとに分類した。そのうえで、リースは前者、国内的要因として、①人口的要因、②経済的要因、③社会構造的要因、④政治的要因、⑤圧力集団的要因、⑥制度展開的要因、⑦社会心理的要因をあげ、後者、国際的要因として、①文化普及的要因、②技術発展的要因、③国際的標準化および技術援助的要因、④国際協力的要因をあげている。[13] これらの要因のうち、リースが社会保障や社会福祉の「環境的」要因としてもっとも重要視したのは、政治的要因であった。リースは、人口的、経済的、社会構造的、社会心理的などの他の要因の重要性を否定するものではないが、結局すべての要因は社会保障や社会福祉を支える骨格について立法的判断のなされる場としての政治の水準に移調することができると主張する。リースの主張は、政治的要因の重要性の指摘とともに多様な要因の影響を考慮にいれながらも、いたずらに羅列主義に陥る危険性をうまく切り抜けようとしているという意味で、興味深い議論になっている。

J・ヒギンズは、このリースの政治的次元の強調を継承しつつ、さらにその内容を深めるため、比較の柱として、①国家の役割、②宗教の役割、③労働と福祉、④公私の福祉システム、の四点をあげている。[14] このうち社会福祉政策の規定要因として取り扱われているのは①と②であり、労働倫理と福祉の関係や福祉における公私分業問題に関わる③と④の柱は、やや副次的な、社会福祉政策の運用面に関わる論点として位置づけられている。ここはヒギンズの研究の全体について評価を試みる場所ではないが、宗教が社会福祉政策の二大規定要因の一つとして位置づけられることに注目しておきたい。従来社会福祉研究において宗教が問題になるのは慈善事業の母体としてであることが多く、政策としての社会福祉の規定要因としてこれを正面から扱った例はあまりなかったように思われる。わが国の社会福祉政策研究においてなおざりにされてきた視点として参考になろう。

3　構成要素間の比較

ところで、最後の、そして比較社会福祉にとってもっとも重要な課題は、社会福祉の何を、どの側面ないし要素を比較するかという問題である。

社会福祉を対象、主体、方法、そして運動という各要素に分解して議論するという伝統的な社会福祉研究のあり方からすれば、比較社会福祉研究もそれぞれの要素について国際比較を試み、各国間の異同やその背景、意義などについて分析を試みればよいということになろう。たしかに、社会福祉の対象となる生活問題やその担い手、あるいは社会福祉の消費者や利用者について国際比較を試み、それぞれの特質やそれに対応する施策のあり方について検討することも興味深い課題である。また、各国の社会福祉運動のあり方やその社会福祉政策にたいする影響について明らかにすることも重要である。しかしながら、そうした角度からの研究はむしろ前出の総体としての社会福祉の規定要因に関する研究の領域に属するものであろう。

社会福祉それ自体の内的構成要素どうしの比較という、ここでのわれわれの課題からいえば、対象、主体、方法、運動というそれぞれの要素はこれを個別に扱うのではなく、主体と方法を中心に供給体制（デリバリー・システム）という観点から捉え直し、相互に関連づけて扱うのがいいように思われる。その場合には、社会福祉の対象は供給体制に対置される利用者として、運動は供給体制への要求や批判、また参加の問題として位置づけられ、その範囲に入り込む限りにおいて、比較の対象となってこよう。

供給体制という観点から社会福祉を捉えれば、それは供給のための組織およびその運用のあり方と供給される給付それ自体から成り立っているとみることができる。このことを念頭におきながら、以下箇条書的に社会福祉の比較研究において比較の課題とされるべき重要な側面ないし要素と考えられるものを列挙してみよう。

(1) 社会福祉における公的責任のあり方
1 政府の役割と自助・相互扶助との関係
2 政府の役割と民間福祉機関との関係
3 政府の役割と営利的サービス企業との関係
(2) 社会福祉における国―地方関係のあり方
1 国と地方自治体との事務分担
2 地方自治体のイニシアティブおよび裁量の範囲
3 地方議会の関与の程度と範囲
(3) 社会福祉における財政のあり方
1 財源調達方式
2 国庫補助の方式と程度
3 利用者負担の有無、程度、方式
(4) 社会福祉における政策決定機構のあり方
1 政策決定の水準
2 政策決定の機構と手続き
3 利用者参加の方式
4 住民参加の方式
(5) 社会福祉における給付体系のあり方
1 給付(資源)配分の原理
2 給付の種別

3　受給の資格と手続き

(6)　社会福祉における施設体系のあり方

1　施設体系化の原理

2　施設の種別と形態

3　在宅福祉サービスの種別と形態

(7)　社会福祉における処遇のあり方

1　処遇観

2　処遇技術の種類と適用

3　関連領域との連絡、調整、協働

(8)　社会福祉におけるマンパワーのあり方

1　専門職の種別、水準、資格

2　専門職養成の機関と課程

3　ボランティアの導入形態、規模、募集、養成

(9)　社会福祉における意識のあり方

1　供給主体の社会福祉意識

2　利用者の社会福祉意識

3　国民（納税者）の社会福祉意識

………………………………………………

(10)　以上の総括としての社会福祉の達成度

1　定量的評価

2　定性的評価

3　総合的評価

社会福祉の内容に直接的に関わって比較の対象とすべき事項なり要素は、ここで取り上げたもののほかにも多数存在するであろうし、整理のしかたも試論的な域を出るものではない。なかには国際比較としては無意味な事項も含まれているかもしれないし、また社会福祉の比較研究といえどもつねにそのすべての側面や要素について万遍なく比較する必要はないであろう。実際の個別的な研究においては、あらかじめ設定された仮説にそって結果を期待しうる部分のみに集中的に検討を加えるという比較の方法も当然ありうることである。

さらに、各事項別の比較の総括としての各比較対象国の達成度いかんということになると、事柄はさらに困難の度合いを増すことになる。達成度の評価基準をどのように構成するかが、あらたに問題になってくるからである。周知のように、世界各国の社会福祉にたいする取組み方を示唆する指標として国民の納税額と社会保障拠出額の合計としての国民負担の比率が引合いに出されることがある。これはこれで評価の一定の目安になりうるのであるが、間接的に過ぎ、社会福祉の内容・細部にわたる比較校量には届きにくいように思われる。この分野では諸外国の研究を参考にしながら、さらにいっそうの工夫が必要であろう。

いずれにせよ、社会福祉の国際比較には、比較という方法それ自体につきまとう困難さに加えて社会福祉という領域のもつ研究のむずかしさが重畳してくる。つねに各国社会福祉の、そしてそれを包摂し規定している当該社会の全体像を視野に収めながら、個別的に研究を積み上げていくという分析の視座を明確にし、分析の方法や手続きを精錬していくことが重要であろう。さらに、国際比較の前提に、比較の対象として設定された国々の自然的地理的条件、人種や民族の構成、経済や政治、社会や文化、生活様式、宗教、心理的特性などにおよぶ深い知識と洞察が求められることは、ここであらためて指摘するまでもないことであろう。木をみて森をみないなどというような誤りがあってはならないからである。

社会福祉の研究方法は多様でありうる。ここでは、そうしたなかで、社会福祉の国際比較ないし比較社会福祉の領域における研究方法論の問題に課題を限定しながら若干の検討を試みてきた。課題を限定したとはいえ、いうまでもなくそこには実に広範な論点が含まれており、そのすべてに言及しえたわけではない。しかしながら、議論の要点は、社会福祉の国際比較といい、あるいは比較社会福祉といい、恣意的・無原則的にあれこれの国を取り上げ、各国についての経験的・記述的な知識をただ横断的に並べて比較を試みたというだけでは研究目的の達成は期しがたいということである。

また、社会福祉の国際比較ないし比較社会福祉の成果を確実なものにするためには、一定の仮説と手続きにしたがって海外諸国の社会福祉についての統計的その他の客観的な資料や知識を収集し、分析するという接近方法がまず重要である。しかし、その成果をよりいっそう総合的・体系的なものにまとめあげていくためには、その一方において社会福祉についてのグローバルで理論的な接近の方法が援用されなければならない。どちらか一方の接近方法だけでは十分な成果は期待されえないのである。

世界的にグローバル化が進展し、ボーダーレス化が現実化していくにつれ、社会福祉の国際比較ないし比較社会福祉への実際的ならびに理論的な要請は今後ますます拡大していくことが期待されている。社会福祉の国際比較ないし比較社会福祉は社会福祉の重要な研究の領域として発展していくことになろう。しかし、そのような期待を現実のものに転化していくためには、一方において試論的・実際的な研究が積み重ねられていくと同時に、他方において社会福祉の領域における「比較という方法論」の探究それ自体に少なからぬ時間が投入されなければならない。それがあって初めて、われわれは、国際比較ないし比較社会福祉に社会福祉の重要な研究の領域の一つとしての実り豊かな発展を期待しうるのである。

〔註〕

(1) たとえば、わが国におけるもっとも標準的な日本社会事業史のテキストの一つである吉田久一『日本社会事業の歴史』(新版、勁草書房、一九八一年)における感化救済事業の位置づけがそうである。

(2) アメリカの慈善組織協会運動の二面性について、われわれはかつて別のところで論じたことがある。拙稿解説論文「解説＝アメリカ社会福祉史の方法をめぐって」(W・E・トラットナー、古川孝順訳『アメリカ社会福祉の歴史』川島書店、一九七八年、所収)を参照されたい。

(3) 慈善組織協会運動の二面性について正面から論じた文献の初出は、おそらく、トラットナー『アメリカ社会福祉の歴史』(前掲。原題は『救貧法から福祉国家へ』)であったといって差し支えないであろう。それ以前の文献においては、わが国のそれも含めて、慈善組織協会は社会事業の萌芽、慈善事業の社会事業化を先導するものとして、その組織化、科学化、技術化というわば積極的・進歩的側面にのみ脚光があてられてきたように思われる。

(4) 戦後日本における福祉サービスの展開過程とその特質については、拙稿「戦後日本における社会福祉サービスの展開過程」(東京大学社会科学研究所編『福祉国家日本の社会と福祉』東京大学出版会、一九八五年、所収)において論じておいた。

(5) Kahn, A. J. & S. B. Kamerman, *Social services in international perspective : The emergence of the sixth system*, Transaction Books, 1980.

(6) Kahn, A. J. & S. B. Kamermann, *op. cit.*, Preface.

(7) Baugh, W. E., *Introduction to the social services*, Macmillan, 1983, pp. 1-2.

(8) Kahn, A. J. & S. B. Kamermann, *op. cit.*, Preface.

(9) H・L・ウィレンスキー『福祉国家と平等』下平好博訳、木鐸社、一九八四年、九八ページ。

(10) Higgins, J., *States of welfare:comparative analysis in social policy*, Basil Blackwell & Mart Robertson, 1981, p. 61.

(11) Katz, M. B., *In the shadow of the poorhouse : A social history of welfare in America*, Basic Books, 1986.

(12) ウィレンスキーは「福祉先進国」としてオーストリア、ドイツ、スウェーデン、オランダ、ベルギー、フランスをあげ、「福祉後進国」として日本、アメリカ、カナダ、スイス、オーストラリアをあげている(ウィレンスキー、前掲書、六ページ)。

(13) Rys,U., The sociology of social security, *Bulletin of the International Social Security Association*, Jan./Feb. 1964, pp. 14-34.

(14) Higgins, J., *op. cit.*, p. 47.

第8章

現状分析の視座と枠組

はじめに

社会福祉研究に限らず、われわれの社会科学的研究の最終的な目標は、われわれの対峙する諸問題についての理解、すなわち現状についての理解と課題の解決方法についてなにがしかの示唆をうることにある。歴史研究や理論研究の領域は、研究における手続き的分業の結果として成立するに過ぎない。しかも、そのような歴史研究や理論研究にしても、つねに現実と接点をもち、そこから研究のエネルギーを吸収し、問題意識を精錬することなしには、十分なかたちでは展開されえないものである。

ここでは、議論の素材として八〇年代福祉改革を取り上げ、その分析と評価を通じて、社会福祉における現状分析の視座や枠組に注意を向けてみたい。現状分析をより成果のあるものにするためには、既存の理論体系をそのまま機械的に適用し、分析し、記述するということでは不十分である。場合によっては、現状分析という具体的な課題の必要にあわせて、理論の抽象度を調整し、あるいは視点を移動させ、さらには適切な分析の枠組をあらたに設定するというような処理のしかたも必要になってくる。

以下、まず八〇年代福祉改革問題にたいするわれわれの視座を明らかにする。八〇年代福祉改革については、よく知られているように、多様な、しかも相互に鋭く対立し合う立場をとる人びとによって、さまざまな議論が提唱され、論争が展開されてきた。そうした議論のありようについて整理することを通じて、われわれは八〇年代福祉改革問題についてのわれわれの固有の視座を設定する。次に、八〇年代福祉改革問題を戦後の社会保障・社会福祉をめぐる国際社会ならびにわが国社会の動向のなかに位置づけるとともに、一定の枠組を設定しながら、その多様な側面についての概略的な整理を試み、現段階において八〇年代福祉改革を評価するうえでの手掛りを模索する。

一　福祉改革問題への視座

八〇年代福祉改革についてはさまざまの議論が展開されてきた。大づかみにいえば、それはまず積極的福祉改革論と消極的福祉改革論に二分される。そして、前者はさらに外在的福祉改革論と内在的福祉改革論に区分することが可能である。外在的福祉改革論はいわゆる行革路線の福祉改革論であり、内在的福祉改革論とは社会福祉の内側からの福祉改革論である。後者の消極的福祉改革論は、これら二通りの福祉改革論に批判的、または否定的な議論である。

1　積極的福祉改革論

外在的福祉改革論

外在的福祉改革論の系譜は、福祉見直し論にはじまり行革路線に引き継がれる、行財政改革論の立場からする福祉改革論である。この路線に底流する基本的シェーマは、財政支出の削減による財政危機の克服、すなわち「増税なき財政再建」論である。外在的福祉改革論は財政主導型の福祉改革論であり、必然的にそこでは、財政再建に資する限りにおいて福祉改革が論じられる。

外在的福祉改革論の社会福祉にたいする認識はきわめて消極的なものであった。その第一の理由は、外在的福祉改革論が財政危機の主要かつ直接的な原因の一つに高度成長期における社会保障・社会福祉費の膨張をあげ、その大幅な削減を財政再建の主要な方策として位置づけていることに由来する。第二の、そしてより基本的な理由は、外在的福祉改革論が新保守主義の世界的潮流のなかにあり、過去の自由主義的・抑制主義的・道徳主義的な救貧政策と同列の選別主義的社会福祉観を有することにあった。

外在的福祉改革論の具体的方策は、①自助努力と民間活力の活用によって社会福祉への依存を抑制すること、②社会福祉受益者の低所得層・貧困層への限定、適正化、受益者負担の引上げなどを通じて社会福祉費を抑制すること、③社会福祉行政の地域化、簡素=効率化、総合化によって社会福祉費の削減に努めることである。(1)

このような外在的福祉改革論には容認しがたい議論が多かった。まず、そこに、あたかも高度経済成長期における社会保障・社会福祉費の膨張が直接的に財政危機をもたらしたかのような主張がみられることである。たしかに、わが国の社会保障・社会福祉は高度経済成長期に急成長を遂げた。けれども、社会保障・社会福祉費の増加と財政危機を直結する議論は、科学的でもなければ現実的なものでもない。財政危機をもたらした主要な原因は、オイルショック以後の経済の低成長化とそれにともなう歳入の欠陥にこそ求められるべきであったろう。わが国の社会保障・社会福祉は当時ようやく欧米先進諸国の水準にキャッチアップしえたという段階であるに過ぎず、高福祉高負担が話題になるような状況には程遠かったはずである。それにもかかわらず、外在的福祉改革論は、逸早くわが国は欧米流の高福祉高負担型社会を志向するものではないと明言した。

また、外在的福祉改革論は、先進国病なるものを引き合いに出し、欧米福祉国家諸国では国民のあいだに国家にたいする依存心が生まれ、そのことが経済的停滞をもたらしたと主張した。しかし、これとて確実な科学的な根拠を明示したうえでのことではない。人びとのうちに潜む道徳主義的性向や差別的感情に訴えて福祉国家理念からの離反を謀ろうとするイデオロギー色の強い議論であったといえよう。

このような外在的福祉改革論の抑制的・選別主義的な社会福祉観は、近代以来の歴史に逆行し、資本主義社会における社会福祉の存立意義、その発展の経緯と成果を過小に評価するものであり、およそ容認されうるものではない。

内在的福祉改革論

内在的福祉改革論は、このような特徴をもつ外在的社会福祉改革論にたいして、社会福祉を擁護し、その内側からの改革を提起した。そのような内在的福祉改革の立場は、社会福祉基本構想懇談会の『社会福祉改革の基本構想（提言）』（一九八六年、以下『基本構想』）に象徴的に要約されている。(2)

一九八六年、行革審による高額補助金削減の余波のなかで策定された『基本構想』は、まず社会福祉の将来について、①社会福祉の普遍化・一般化、②在宅福祉の推進、③福祉供給システムの再編、④新しい公共の立場にたつ社会福祉、⑤総合化の推進というそれぞれの観点から展望する。そして、そのうえで、福祉改革の基本的課題として、①国と地方の役割分担、②国の役割、③地方公共団体の役割、④民間の役割の四点を指摘した。

このような提言の前提にあるのは「わが国の社会福祉は、いま重大な転機にさしかかっている」という状況認識である。『基本構想』は、「昭和二〇年代中頃につくられた社会福祉制度の基本的枠組を、三〇数年を経過した今日、そのままのかたちで維持・存続させることが困難となり、その見直しと再編が求められている」だけでなく、「諸外国に例をみないほどの急速な高齢化が進行しており、二一世紀の本格的な高齢社会のなかで生まれる新しい福祉課題に対し適切に対応することが求められている」のだと主張する。

内在的福祉改革論は、こうして「昭和二〇年代中頃につくられた社会福祉制度の基本的枠組」から離脱する必要性のあることを力説する。そのことは、戦後福祉改革の所産の一つである公私機能分担原則に関する議論のあり方に端的に示されている。『基本構想』は社会福祉の基調の変化にともない、公私分離原則それ自体を再検討することを要請し、結論的に「公私機能分担に代わる公助・互助・自助の関係について、新しい体系を確立する必要がある」と明言する。

内在的福祉改革論の論点は、公私機能分担問題にとどまらず、多岐にわたる。しかしながら、議論の行きつくところ、あるいは逆に、その出発点となるのは、社会福祉の現状が改革を必要としているという状況認識であり、改革の方向は戦後社会福祉の基本的枠組にとらわれることのない新しい体系の確立でなければならない、とする主張である。それゆえに、内在的福祉改革論にたいする批判もまた、この認識と主張のありように関わってくるのである。

2 消極的福祉改革論

行革路線と福祉改革論の交錯

消極的福祉改革論(3)は、外在的福祉改革論の論理は財政主導の行革路線そのものであり、内なる改革を主張する内在的福祉改革論もまた、畢竟するところ外在的福祉改革論に奉仕する存在にほかならないと強く批判する。消極的福祉改革論の核心は、この一点に帰結するといって過言ではない。

内在的福祉改革論は、福祉改革が「財政再建に名を借りた福祉水準の切下げ」になるのを避けるには、これを外在的に批判するだけでなく、財政当局に影響力を及ぼし、「正しい意味での社会福祉の制度改革」を実現しなければならないと主張する。『基本構想』は、前年度の緊急提言『社会福祉関係予算の編成にあたって』(一九八五年、社会福祉基本構想懇談会)は一九八六年度の「政府予算編成にもある程度反映された」と位置づけ、『基本構想』自体にもこれと同様の影響力をもつことを期待している。

消極的福祉改革論が内在的福祉改革論を行財政改革(外在的福祉改革論)との関係において把握し、内在的福祉改革論や福祉改革の実態をその観点から評価しようとするのも必ずしも的はずれの議論ではない。実際問題として、内在的福祉改革論の影響を想定しうるような各種政府関係審議会の提言のなかに、消極的福祉改革論の危惧を裏づけるような論理展開のみられることも事実である。たとえば、一九八七年一二月の厚生省福祉関係三審議会合同企画分科会の意見具申「今後のシルバーサービスの在り方について」にみられる公私責任分担論の内容がそうである。

しかも、消極的福祉改革論が強調するように、公私責任分担論には単なる機能分担論ではなく、社会福祉そのものの存立意義や発展の根幹に関わる争点が含まれている。消極的福祉改革論が、戦後福祉改革の重要な成果の一つである公私分離(公的責任)原則を拠り処にしながら内在的福祉改革論批判に邁進するのも決して理由のないことではないのである。

こうして、消極的福祉改革論は戦後改革の所産としての戦後社会福祉の基本的枠組からの離脱を説く内在的福祉改革論と真向から対決することにならざるをえない。しかし、それでは内在的福祉改革論の説く福祉改革は、それ自体としてみた場合にも、不急不要のものとして全面的に否定されるべきものであろうか。

積極的展開の欠落

消極的福祉改革論といえども福祉改革の要不用に関心がないわけではない。しかし、消極的福祉改革論にとってそれ以上に重要なことは、福祉改革を支持し、方向づけようとする内在的福祉改革論の存在とそのあり方である。

消極的福祉改革論の核心は、外在的福祉改革論を「自助と民活」によって戦後社会福祉の基本的枠組とその所産を否定するものとして位置づけ、それに奉仕する内在的福祉改革論の理論的・実践的誤謬を批判することにある。そのことの結果として、消極的福祉改革論は、戦後社会福祉の基本的枠組とその展開としての現状を擁護する、少なくともそのようにみえやすい論理構成にならざるをえない。そのために、消極的福祉改革論は、福祉改革に「反発する余りに、旧態依然たる要素を残している現行の社会福祉制度を結果的に維持・存続させるのに手を貸すような動きもみられる」、と逆に内在的福祉改革論の側から反批判を受けることにもなってくる。

いうまでもなく、このような内在的福祉改革論による反批判は、消極的福祉改革論にとって不本意ではあっても、痛痒とするにはあたらないものであろう。消極的福祉改革論の立場からすれば、かりに社会福祉の現状に「旧態依然たる要素」がみられたとしても、その改革が社会福祉の本質を損なわせるような結果を招く恐れがあるとすれば、福祉改革はまったく不急不要の提案であるに過ぎない。内在的福祉改革論の提言は、消極的福祉改革論によってまさにそのような議論として批判されているのである。

3 批判的福祉改革論

福祉改革の内在的必然性

しかしながら、福祉改革は、消極的福祉改革論の批判するように、全面的に不急不要の課題として退けられるべきものであろうか。外在的福祉改革論のそれを含めて、積極的福祉改革論の諸説には少なからず傾聴すべき部分も含まれている。

たとえば、社会保障・社会福祉費の拡大が財政危機の直接的かつ主要な原因になったとは到底いえない。しかしながら、かりに往時の高度経済成長がさらに持続したとしても、社会保障・社会福祉に関する費用負担の問題は、早晩社会問題化することにならざるをえなかったであろう。その意味では、外在的福祉改革論の問題提起は、その方向と内容を別にしていえば、これまで財政問題に関心を払うことをしなさすぎた社会保障・社会福祉関係者、さらには社会福祉の潜在的・顕在的利用者たる国民にたいする警鐘としての意味をもっていた。

また、外在的福祉改革論の行政の分権化、脱規制化、効率化への要請などについても同様である。たしかに、行財政改革の第一義的なねらいは財政の再建におかれており、分権化も脱規制化も、そして効率化はいうまでもなく、そのための措置であった。しかしながら、いまはそのことを措いていえば、社会保障・社会福祉には、六〇年代におけるその急激な成長のなかで施策の輻輳《ふくそう》・乱立化、管理組織の肥大化・中央集権化・官僚主義化、申請経路の錯綜など、早晩何らかの改革を必要とするような状況が生み出されてきていたのである。

内在的福祉改革論は、このような社会福祉の状況の変化をその認識の枠組のなかに積極的に取り込み、そこから福祉改革の必要性と重要性を強調する。これにたいして消極的福祉改革論の状況認識には、現実には改革を必要とする状況は存在していない、しかしそれにもかかわらず、外在的福祉改革論はそれがあたかも存在するかのような議論を外側からもち込み、内在的福祉改革論が内側からこれに迎合しているといういかにも図式的な理解が紛れ込んでいるように思われる。しかしながら、いずれにせよ、高度成長期以降のわが国の社会福祉に、戦後福祉改革の過程において形成された社会福祉の基本的な枠組に収まりきらないようなさまざまの変化が生じてきていたことは誰の目にも明らかであろう。社会福祉の普遍化傾向、地方自治体による社会福祉単独事業の拡大とそれにたいする国庫補助制度の導入、在宅福祉サービスの萌芽的拡大、供給組織の多元化といった諸変化は、たしかに伝統的社会福祉の基本的な枠組の予定していなかった展開である。

福祉改革をどのように論じるにせよ、まずこの事実を認めることが前提になる。

批判的福祉改革論のスタンス

ただ、それにしても内在的福祉改革論の歴史認識や社会福祉の本質理解をめぐる議論のあり方については疑問を残さざるをえない。そのことでは消極的福祉改革論の批判には傾聴すべき部分も多いのである。

内在的福祉改革論は、戦後改革期に形成された社会福祉の基本的枠組からの離脱を主張する。なるほど、いうところの基本的枠組が現実の社会福祉の変化に適合しにくくなってきていることは事実である。けれども、内在的福祉改革論の社会福祉の伝統的枠組にたいする評価の仕方はあまりにも一面的というべきであろう。内在的福祉改革論は、高度経済成長期以来の社会福祉の変化と福祉改革の必然性を強調しようとするあまり、社会福祉の伝統的枠組が戦後改革期における社会福祉の近代化と民主化の所産として成立した事実の意味と意義をその立論のなかから追放してしまっている。これは、どうみても福祉改革を歴史的な課題として位置づけようとする内在的福祉改革論のとるべき立場ではない。内在的福祉改革論が幅広く受容されることを期待するのであれば、福祉改革論は二一世紀を展望するだけでは不十分である。それは、戦後福祉改革以来の過去の資産を十分に継承するものでなければならないはずである。

さらに、内在的福祉改革論の一部はシルバー産業に代表される、いわゆる福祉産業をも社会福祉の一翼をなすものとして位置づけようとする。この点についても消極的福祉改革論の批判は、基本的に妥当なものである。少なくとも、福祉産業そのものを社会福祉に包摂しようとする立論は伝統的な社会福祉理解から大きく逸脱するものである。

しかしながら、さりとて消極的福祉改革論の立論を全面的に受容することもむずかしい。先の公私責任分担論も福祉産業の取扱いに関する議論もいずれも社会福祉の本質に関わる議論である。消極的福祉改革論は、まさにそのような社会福祉の本質に関わる問題として公私責任分担や福祉産業を論じようとする。そのことに異論はない。けれども、消極的福祉改革論の難点は、福祉改革に関する議論のすべてを本質論の一点に収斂させて論じようとするところにある。具体的な制度やそこでの処遇のあり方について論じることに決して積極的ではない。逆に、内在的福祉改革論には、そのような消極的福祉改革論の本質論がらみの議論を正面から受けて立とうとする素振りもない。こうして福祉改革をめぐる議論は、ただいたずらに空転するだけである。

八〇年代なかばに福祉改革をめぐる賛否両論がはじまってすでに一〇年弱、福祉改革はすでに既定の路線となっている。消極的福祉改革論と内在的福祉改革論との論議は、この間に後者の影響力が拡大してきた分だけ、いっそう空転の度合いを深めてきたように思われる。今日の社会福祉研究の手詰まり、閉塞状況の背後には、この空転が存在する。ここに、既存の福祉改革論の効用と限界を乗り越える福祉改革の理論、われわれのいわゆる批判的福祉改革論の構築が必要となってくる。

二 福祉改革の歴史的性格と諸側面

一九八〇年代は福祉改革の一〇年であった。おそらくは、将来、福祉八法改正の実施された一九九〇(平成二)年は、わが国の社会福祉史のなかで、歴史的な年として記憶されることになろう。九〇年は、戦後社会福祉の展開過程において戦後福祉改革に次ぐ大規模かつ根源的な制度改革となった八〇年代福祉改革の最後の年度となった年であり、また同時に新しい地域福祉型社会福祉の展開が期待される九〇年代を展望する記念すべき年となった。この年が在宅福祉元年とよばれることがあるのは、まさしくそのことを物語っている。

しかしながら、実際に一九九〇年が社会福祉の新しい時代、地域福祉型社会福祉の時代の幕開けを準備する年になりえたかどうかは、八〇年代福祉改革がいかなるものとして認識され、どのように継承発展させられていくかにかかっている。

以下、八〇年代福祉改革について、まず、それを戦後の国際社会およびわが国における社会保障・社会福祉の展開過程のなかに位置づけ、その歴史的な位置と性格を明らかにすることを試みる。次に、八〇年代福祉改革の多様な側面について整理し、将来におけるその総合的な評価のための枠組の設定を試みておきたいと考える。

1　福祉改革の歴史的位置

わが国における福祉改革は、一九七三（昭和四八）年のオイルショック、それに引き続く低成長期の到来を契機としてはじまり、八一年以降の八〇年代において本格的に展開されることになった。しかしながら、社会福祉や社会保障など福祉国家体制の機軸的部分を構成する諸政策にたいする国家支出の削減や給付要件の引締め、受益者負担の引上げなどをその内容とする「改革」は、サッチャリズムやレーガノミックスによる福祉国家批判や福祉予算の削減というかたちで、イギリスやアメリカにおいて、わが国よりも一歩先行してはじまっていたのである。

国際社会の動向と福祉改革問題

一九六〇年代は、「黄金の六〇年代」という流行語すら生み出されたように、先進資本主義諸国は高度な経済成長の恩恵を享受し、当該諸国の社会保障・社会福祉諸施策にも六〇年代の中頃から七〇年代の中頃にかけて、みるべき改善が試みられた。

福祉国家の祖国イギリスでは、一九六六年の補足給付法の成立、六八年の家族手当法の改正、七五年の児童給付法の制定、さらには七五年から七六年にかけての障害者関係無拠出給付法の制定によって所得保障制度の整備が図られるとともに、七〇年には地方自治体社会サービス法が制定され、関連行政窓口の統合やコミュニティベイスド・ケアの推進など福祉サービス（個別的社会サービス）の歴史にも新しい画期がもたらされた。これと類似の展開はアメリカでもみられた。「セミ福祉国家」アメリカにおいても、六〇年代のなかば以降いわゆる「偉大な社会」の建設が推進され、さまざまの社会保障・社会福祉関係立法が制定され、あるいは改正された。七二年には成人扶助（老齢年金・盲人扶助・永続的障害者扶助）が連邦の制度に格上げされ、補足的保障所得制度として統合実施された。また、七四年には社会保障法タイトルXX（第二〇章）が成立し、福祉サービスが公的扶助から分離されるとともに、その拡充が図られることになった。

しかしながら、先進資本主義諸国における福祉国家政策の整備拡充は、結局はこの時期までであった。六〇年代中頃から七〇年代の中頃にいたるまでのイギリスやアメリカにおける制度の改善や新たな追加は、戦後福祉国家体制の頂点を画するものであった。すでに、六〇年代末このかたその兆候を示していた資本主義経済は、七三年のオイルショックを契機に一挙に停滞が進み、やがてスタグフレーションとよばれる歴史上前例のないような経済不況に陥ってしまった。六〇年代以降、戦後福祉国家体制の発展を支えてきた経済の高度成長は、急速に失速し、戦後世界の冷戦構造のなかで資本主義体制の優位性を誇示する最大最善の象徴とみなされてきた福祉国家政策は失墜し、一夜にしてポジティブ・シンボルからネガティブ・シンボルに転落してしまった。福祉国家の故郷イギリスにおける一九七九年のサッチャー政権の成立とその福祉国家批判を機軸とする一連の政策は、戦後体制の軌道修正がもはや決定的なものであることを全世界に向けて宣告するものであった。八一年に成立したアメリカのレーガン政権によるウェルフェア・カット（福祉予算削減）政策の導入もまた、このような新しい保守的な時代の到来を物語るものであった。(4)

けれども、このような政策転換にたいする各国国民の反発は予想されたほどには根強いものにならなかった。福祉国家の発展を生みだし、支えてきたとみずからも主張し、福祉国家批判にたいする最大の防波堤を構築するものと期待されたイギリス労働党も、その背後に位置する労働組合も、また市民運動諸団体も、福祉国家批判に対処するに十分なだけの批判的エネルギーを動員することができなかった。世界最初の社会保障法を生み出したF・D・ローズベルトのニューディール政策や「貧困戦争」を宣言したJ・ジョンソンの「偉大な社会」政策を支えてきたアメリカ民主党や、かつての草の根民主主義や公民権・福祉権運動の伝統をもつ市民運動もまた、批判的エネルギーの動員に失敗した。

この背景には次のような事情があった。六〇年代における高度経済成長は、資本の蓄積を拡大し、上層階級への富のいっそうの集中をもたらした。それは同時に、賃金の上昇や新規雇用の拡大を通じて中間階層(一般階層)の所得を押し上げ、さらには貧困低所得階層の生活水準を引き上げることにも貢献した。また、高度の経済成長は、イギリスやアメリカについてみてきたように、その膨大な果実の一部を投入することによって所得保障や社会福祉の諸制度を整備し、雇用を通じて高度成長の利益を享受することの困難であった社会的弱者階層の福祉ニーズを充足することに貢献した。六〇年代を通じて、いうなれば国民のすべてを高度経済成長の受益者とする体制内化現象が進行していたのである。

けれども、七〇年代、なかでも七三年のオイルショック以降、さしもの高度経済成長にもかげりがみられるようになると、その恩恵にあずかり、大幅な所得の上昇を経験してきた上流階層や中間層、なかでも中間層のうちでも中から下層に属する人びとは、租税や社会保障拠出による負担(国民負担)の増加を忌避し、むしろ高度経済成長期に手中にした資産や既得権を維持することにたいして強い関心を示すようになっていった。かれらは、しだいにかつての貧困低所得階層にたいする寛大さを喪失していき、自助的な生活原理と勤勉、節約、節制などのかつての自由放任主義的・道徳主義的な諸価値の遵守を要求する保守的な姿勢を強めていった。すなわち、中間層は不況が長期化するなかで租税や社会保障拠出についての負担感をつのらせ、負担を欠き、受益のみを求め、ただ社会保障や社会福祉の恩恵に依存している(ように思われた)貧困低所得階層にたいする批判的姿勢を強めていった。このような、中間層に属する人びとを中心にしだいに国民のあいだに浸透していった貧困低所得階層にたいするいわば近親憎悪的な敵対感情は、そこに人種偏見的な要素が介在するとき、一段と激しく、ときとして不条理ともいえるようなものに発展していったのである。

サッチャリズムやレーガノミックスに象徴されるような新保守主義（あるいは新自由主義）的思想と政策を下支えしてきたのは、このような保守化した中間層にほかならなかった。イギリスやアメリカでは、かつての一九世紀を思わせるような自由放任主義的思潮の拡大するなかで国民の自助努力、民間活力の活用、脱規制化、均衡財政などを重視し、国有企業、政府による補助金や規制などを強く批判する諸政策が展開された。福祉制度の改革や福祉予算の削減が、このような政策の一環として推進された。それは、自助原理の復活を強調し、受給資格の引締め、受益者負担の拡大、公的福祉サービスの民間化などを機軸とするものとなり、しかもそれほどの混乱もなくそれが実現されていったのである。

このようなサッチャリズムやレーガノミックスを受容し、福祉国家政策の保守主義的改革を支持する人びとを生み出してきたもの、それははからずも戦後を通じほぼ一貫して拡充が図られてきた福祉国家政策そのものであった。戦後自由主義社会の繁栄を象徴してきた福祉国家政策は、一方において国民所得の上昇をもたらし、他方において最低限度の生活を約束することを通じて広く国民生活の安定に寄与してきた。しかしながら、福祉国家政策は、その同じ過程を通じて、みずからの維持存続に疑念をもつ人びとを生み出してきていたのである。それは、福祉国家の大いなるディレンマであった。

八〇年代におけるわが国の福祉改革もまた、このようなイギリスやアメリカにおける社会経済的・政治文化的な潮流の変化、そしてそれを前提とする保守主義的福祉改革と基本的には軌を一にするものであった。しかしながら、われわれは、そのわが国における福祉改革について言及する以前に、同じ八〇年代の末期から九〇年代の初頭にかけて生起し、その後の社会保障や社会福祉のあり方にも重要な影響を与えることになる二つの世界史的なできごとに留意しておかなければならない。

その第一は、サッチャリズムやレーガノミックスの後退である。サッチャリズムやレーガノミックスは、一時期広く国民のあいだに浸透し、財政赤字を引き締め、短期的には経済の回復、社会の活性化、国家的威信の回復に成功を収めたようにみえた。けれども、サッチャリズムやレーガノミックスの成功とみえたものは、いずれも短期的・一時的な現象に過ぎなかった。新保守主義改革の端緒となった国家財政問題についてはその改善の目途すら見出すことができず、貧富の格差は著しく拡大し、イギリスにおける人頭税導入の強行にたいする反発やアメリカにおける膨大なホームレス人口の形成などにみられるように、新保守主義改革にたいする不満やそれにともなう深刻な社会不安の拡大に直面させられることになった。一九九〇年の秋には、すでに任期満了で退場していたレーガン政権に続いて、堅牢を誇ったさしものサッチャー政権も国民のあいだにくすぶるようになった強い不満の前についに退陣を迫られることになった。こうして、七〇年代後半以降揺るぎの度合いを強める資本主義体制のなかで、かつての一九世紀的な市場的資本主義と自由放任主義への回帰を旗印に、タフな資本主義を再生させることにそのすべてを賭けてきた一つの時代が終わりを告げたのである。

第二に、八〇年代の末期から九〇年代の初頭にかけての数カ年間は、第二次世界大戦以降の冷戦構造のもとで資本主義体制と対峙してきた社会主義体制が釣瓶落としの勢いで崩落に向かった時代として世界史に記録されることになった。一九一七年のロシア革命から数えて七十有余年、東欧社会主義体制の成立から数えて四十有余年、ソ連・東欧型の剛構造社会主義体制の急激な凋落は何を物語り、国際社会にたいしてどのような影響をもたらすことになるのか。それは、最終的には歴史の審判に待つほかはない。けれども、ソ連・東欧社会主義体制の崩壊は、少なくともただちに資本主義経済やそれを基盤とするヨーロッパやアメリカ、オーストラリアやニュージーランド、さらにはわが国など先進資本主義諸国の社会体制の優位性や無謬性を物語るものではないであろう。ソ連・東欧社会主義体制がかつてないほどに深刻な、歴史的転機に直面させられてきたことは否定しがたい事実である。だが、すでに指摘しておいたように、資本主義の母国であるイギリスも、さらには戦後冷戦構造のなかで長らく資本主義経済の牽引車としての地位にあり、そのことを自負してきたアメリカにしても、多様かつ深刻な、経済的・政治的な停滞と混乱、さらには社会的、文化的、民族的などの、人間性の根幹に関わるような危機に直面させられている。わが国もまた、そのことにおいて例外ではありえないのである。

しかも、社会的な公正や公平の確保、国家あるいは社会による最低限度の生活の保障などの福祉国家の理念やそれが前提としてきた諸価値は、かつて社会主義的諸理念の一部分として、あるいはそれとの拮抗関係のなかで成熟させられてきたものであり、それがいまでは資本主義体制のなかにその重要かつ不可欠な要素として組み込まれている。その資本主義にたいするカウンター・バランスとしての意義は今日においても決して軽々に否定されうるものではない。ソ連・東欧社会主義体制崩落の背景には、近代的市民社会において本質的な意味をもつ自由権や平等権、自主的・主体的な行動や民主的な法的行政的な手続きなどが、長期にわたって政治的・権力的に抑制され続けてきたという深刻な事情がある。端的にいえば、ソ連・東欧社会主義社会の変化は、中央集権的で強権的・剛構造的な社会主義体制の行きづまりを示すものであった。

このような東西両社会体制の動向は、われわれがこれまでの社会福祉のあり方について再検討し、これからの社会福祉のあり方を展望していくうえにおいて、実にさまざまの教訓を提供しているのである。

戦後社会福祉の展開と八〇年代福祉改革

わが国における八〇年代福祉改革について論じるにあたって、ここでも二つの点に留意することからはじめることにしよう。まず第一には、すでにみたように、わが国の場合においても、八〇年代福祉改革の当初の契機は、社会福祉の外側から、具体的には第二次臨時行政調査会の答申を論拠にしながら、外在的に与えられたということである。第二臨調以前の段階から、六〇年代、七〇年代における高度経済成長のなかで、急激に、そしてそれだけにややもすれば増分主義的・無原則的に拡大してきた社会福祉にたいして、そのあり方をめぐる議論がさまざまに展開されてきていた。そうした議論の多くは、オイルショック以来の「バラマキ福祉批判」や「福祉見直し論」に与するものであった。そして、その一方においては、そのような外在的な社会福祉批判にたいして徹底的に反批判を加え、既存の制度的な枠組を堅持しつつ、しかもいっそうの量的な拡大と質的な向上も求める議論が存在していた。第二臨調の答申の段階では、福祉改革をめぐる論議は、外在的で社会福祉に批判的な福祉改革推進論と福祉改革不要論とが真正面から衝突し、対峙するという構図のもとに展開された。第二に、しかしながら、福祉改革をめぐる議論の一部はほどなくして内在化の方向をたどることになった。社会福祉の内側から福祉改革の必要を説く議論が生まれてきたのである。第二臨調による行財政改革主導の福祉改革の推進という外圧に直面させられた社会福祉界は、当初はとまどいをみせ、社会福祉にたいして従来の予算配分の継続を求めるなど、福祉改革にたいして防衛的・防御的な姿勢を示した。けれども、このような外在的な改革圧力はやがて社会福祉の自己改革の好機として捉え直される。社会福祉界の議論は、福祉改革をそれまでの長年の懸案事項を一挙に解消し、新しい社会福祉のあり方を積極的に追求する好機として捉え直すという方向に全面的に転換されることになった。社会福祉界は、第二臨調答申を拠り処とする行財政主導の外在的な福祉改革圧力にたいして、専守防衛的な姿勢から自己変革を前提に新しい社会福祉の実現を期すという指針のもとに、大きく戦略の転換を企てたのである。(5)

わが国の八〇年代福祉改革の発端にこうした経緯が内包されていたことや福祉改革の必要性を強調するために高齢化社会の重圧が錦の御旗のごとくに引き合いにだされ、また本来もっとも現実的であるべき改革論の一部に高踏的・文明論的な推進論が不用意にもち込まれるということもあって、福祉改革をめぐる賛否両論のほとんどは、相互に噛み合うこともないままに、むなしく空転することになってしまった。結果的に、既存の社会福祉のどこを残し、どこを改革するべきかについて冷静に議論を積み重ねる機会も時間も確保されないままに、社会福祉関係審議会その他の答申やそれに依拠する行政府主導の福祉改革構想が確実に具体化されていくことになったのである。

八〇年代福祉改革問題をできるだけ過不足なく評価するためには、われわれは、これまでみてきたような福祉改革をめぐる議論の経緯を前提に、それを戦後社会福祉展開史のなかに適切に位置づけ、あらためてその歴史的な性格を捉え直しておかなければならない。八〇年代福祉改革の直接的端緒的な契機は、先にもふれたように、第二臨調の答申に依拠する行財政改革によって与えられた。しかしながら、行財政改革は、福祉改革にとって重要ではあるが、しかしながらあくまでもその直接的・端緒的な契機であるに過ぎない。それとは別に、わが国の社会福祉のなかには、それに固有の行財政問題を含めて、遅かれ早かれ福祉改革を必要とするような状況が徐々に生み出されてきていたのである。そのことがあればこそ、外在的にはじまった福祉改革にもその内在化がありえたのである。

時期と概要

戦後社会福祉の展開過程は、まず大きく三通りの時期に区分される。第Ⅰ期は、一九四五（昭和二〇）年から五九年までの時期であり、戦後社会福祉の定礎期、いわゆる骨格形成期にあたる。第Ⅱ期は、六〇（昭和三五）年から七三年までの時期であり、社会福祉の拡大期にあたる。第Ⅲ期は、七四（昭和四九）年から九〇（平成二）年にいたる時期であり、転型期とよぶことにする。このうち、第Ⅰ期（定礎期）はさらに、一九四五年から五一年までの第Ⅰ期前期（社会福祉の骨格形成期）と五二年から五九年までの第Ⅰ期後期（社会保障の骨格形成期）に区分される。第Ⅱ期（拡大期）は、六〇年から六四年までの第Ⅱ期前期（福祉サービス法制整備期）と六五年から七三年までの第Ⅱ期後期（福祉サービス拡充期）に区分される。第Ⅲ期（転型期）は、七四年から八〇年までの第Ⅲ期前期（調整期）と八一年から九〇年までの第Ⅲ期後期（福祉改革期）に区分することができる。

第Ⅰ期前期（社会福祉の骨格形成期）は、生活保護法（一九四六〈昭和二一〉年成立、五〇年大幅改正）、児童福祉法（一九四七年）ならびに身体障害者福祉法（一九四九年）からなる福祉三法および社会福祉事業法（一九五一年）を軸芯にして戦後社会福祉の基本的な枠組＝骨格が形成された時期である。戦後社会福祉の基本的枠組がＧＨＱによる三原則（無差別平等の原則、公的責任の原則、救済費非制限〈最低生活費保障〉の原則）を受容し、具現化する過程を通じて形成されたことはよく知られている。この過程はいうまでもなく広い範囲に及んだ戦後改革の一環をなすものであり、その意味で戦後福祉改革として位置づけられる。この時期の社会福祉は、国民的規模の窮乏にたいする緊急かつ速効的な対処が求められたということもあり、租税を財源とする生活保護が中心となり、児童福祉も身体障害者福祉も実態的には生活保護の特別立法ともいうべき状況にあった。

第Ⅰ期前期における社会福祉は、敗戦直後の国民的窮乏に対処するための方策施設として発展させられ、その限りにおいては緊急対応政策的な性格の強いものであった。しかしながら、その過程は、同時に、わが国社会福祉の近代化の過程であった。さらに、わが国の社会福祉は、この時期に、国家（中央政府）を中心とする公的責任のあり方、そのもとにおける公私関係の整理、機関委任事務を中心とする国と地方の関係のあり方、国と地方との費用負担のあり方など、戦後社会福祉の基本的な骨格になるような制度のあり方をつくりあげることになった。そして、そのおよそ四〇年後における八〇年代福祉改革の基本的なねらいは、実はほかならぬそのような戦後社会福祉の基本的組成をその後の時代の変遷とその過程において生み出されてきた社会経済的・政治文化的な環境条件の変化、そのもとにおける福祉ニーズ、援助の理念や技術の変化など多種多様な時代の要請に適合しうるものに改組することに向けられているのである。

第Ⅰ期の後期（社会保障の骨格形成期）には、一九五〇（昭和二五）年の社会保障制度審議会の勧告を受けて生活保護の適正化による受給者の抑制とともに、国民の拠出をともない、資本主義社会の自助を根幹とする生活原理により適合的な社会保険制度の拡充が図られた。まず各種の共済組合の設立によって職域保険が拡充され、さらには二通りの地域保険、国民健康保険法（一九五八年）、国民年金法（一九五九年）が追加され、いわゆる国民皆保険皆年金体制が実現した。すなわち、わが国の社会保障の枠組＝骨格が形成されたのである。一方、社会福祉の関連では、この時期には生活保護の適正化政策が推進され、同時に福祉サービスにおいても更生医療、育成医療、世帯更生資金など、いずれも低所得階層の自立助長に焦点をあてた施策が導入された。

戦後間もない時期に、生活保護を中心に国民的な窮乏に対処する緊急救済策としてその成立の契機が与えられたわが国の生活保障システムは、第Ⅰ期前期において戦後社会福祉の制度的な骨格が形成されたあとを受け、第Ⅰ期後期において国民皆保険皆年金体制が確立されるとともに、社会保険を中心とする普遍的施策としての基盤を形成することになったのである。

高度経済成長の第一段階にあたる第Ⅱ期前期（福祉サービス法制整備期）には、一方において生活保護受給者の抑制が続くなかで、福祉サービスの急速な拡充が図られることになった。一九六〇年代前半の五年間という短期間のあいだに精神薄弱者福祉法（一九六〇〈昭和三五〉年）、老人福祉法（一九六三年）、母子福祉法（一九六四年、八一年母子及び寡婦福祉法に改称）が制定された。いずれも、高度経済成長にともなうわが国社会の農業社会から産業社会への変化、あるいは自営者社会から雇用者社会への変化にともなう地域共同体および家族の変化に対処するための立法措置であった。そして、このような福祉サービスの拡充は、生活保護と福祉サービスの分離、福祉サービスの相対的な自立のはじまりを意味していた。養護老人ホームや特別養護老人ホーム、軽費老人ホームの設置を中心的施策とする老人福祉法が生活保護法の保護施設にいう養老施設を継承し、かつそこから分離するかたちで成立したことは、そのことを象徴的に物語っていた。児童福祉サービスの領域では重度の障害児にたいする施設の拡充が図られたが、それとともに、その代替策的な意味をもつ施策として重度精神薄弱児扶養手当法（一九六四年）が制定された。また、家族の重要性が強調され、家庭児童福祉の拡充を図るために福祉事務所に児童相談室（一九六四年）が設置された。

第Ⅱ期後期（福祉サービス拡充期）には、経済の極大成長を追求してきたそれまでの政策運営にたいする反省から経済成長と社会開発の調整と連携の必要性が強調され、社会保障や社会福祉も後者の一環に位置づけられ、拡大の契機が与えられた。各種の公害被害者の司法的ならびに行政的救済が進み、労働力（人口）の都市集中がもたらした過疎過密現象、共同体的近隣関係の崩壊に対処するコミュニティ形成の必要性が主張された。そうしたなかで、福祉サービスの領域ではそれまでの立ち遅れを一挙に解消し、同時に高度経済成長による急激な社会変動にともなって多様化し、一般化してきた福祉ニーズに対処するため、保育所、障害児・者施設、老人福祉施設などを中心に、社会福祉施設の緊急整備が図られた。同時に、一方では障害児・者福祉や老人福祉の領域を中心に、伝統的な施設ケア（レジデンシャル・ケア）に対置するかたちで、在宅ケア（コミュニティ・ケア）の必要性も提起されはじめた。

また、この時期には保革伯仲的な政治状況を背景に、地方自治体による社会福祉単独事業の急速な拡大がみられた。地方自治体による社会福祉単独事業の多くは国の施策にたいする上乗せや横出し的な施策であったが、児童手当制度、老人医療や乳幼児医療の無料化のように独自の施策の創設もみられた。地方自治体による多数の社会福祉単独事業の出現は、伝統的な国と地方自治体との関係に新たな波紋を投じるものであった。多数の社会福祉単独事業のうち児童手当制度および老人医療無料化事業は国の制度に引き上げられ、児童手当法（一九七一〈昭和四六〉年）、老人医療費支給制度（一九七三年、老人福祉法改正）となった。児童手当制度はわが国の社会保障制度に残された最後の課題として懸案になっていたものであり、その実現によってわが国もようやくヨーロッパ諸国並みの福祉国家にキャッチアップしえたとされた。社会福祉の領域では、この時期を通じて生活保護費と福祉サービス費の急速な接近がみられ、一九七四年には両者の位置関係が逆転することになった。

このように、第Ⅱ期においては、基本的には第Ⅰ期に準備された骨格を前提にしながら、福祉サービスを中心に、各種制度の水平的・同心円的な、かつ多分に増分主義的な、整備拡充が図られていった。また、社会福祉、なかでも福祉サービスは、革新自治体を中心に、地方自治の水準においてではあったが、わが国の歴史のなかで初めて政治的なイシューとなり、各種の社会福祉単独事業を生み出した。しかしながら、福祉元年とも称された一九七三（昭和四八）年秋のオイルショックの到来とともに、この時期における社会福祉の拡大はかえって強い批判を受けることになったのである。

第Ⅲ期の前期（調整期）は、バラマキ福祉批判、福祉見直し論、そしてそれらを基調にする見通し的調整の時期であった。一九七九（昭和五四）年には、先進資本主義諸国に範をとる福祉国家政策から日本型福祉社会への転換を主張する新経済社会七カ年計画が策定され、来るべき福祉改革の時代を予告した。しかしながら、実際には、直ちに大幅な見直し、あるいは改革がはじまったというわけではない。費用の側面でみるかぎり、社会福祉予算はオイルショック以後も国債への依存がその限界に達するまでのあいだは、漸増傾向が維持されていた。議論の焦点は、むしろ第Ⅱ期後期に急激に拡大してきた地方自治体による措置費の超過負担や社会福祉単独事業の展開に向けられた。オイルショック以後の歳入の減少を背景に、大蔵省、自治省、財界は、地方自治体による超過負担や社会福祉単独事業を「バラマキ福祉」として批判し、施策の見直しを強く要請した。超過負担や社会福祉単独事業の展開は、国と地方自治体との関係の根幹に関わり、しかもそれらが革新自治体の拡大を背景とするものであったことも与って、バラマキ福祉批判や福祉見直しの要請は、かなり情緒的で声高のものとなった。相当数の地方自治体において、一部の住民や関係者の批判をかいくぐるかたちで、保育料に関わる地方自治体超過負担の引下げ、換言すれば受益者負担額の引上げが実施された。社会福祉単独事業の見直しも実施された。政府や財界主導のバラマキ福祉批判や福祉見直し論にたいして、地方自治体関係者や社会福祉関係者の一部は強い抵抗の意志を示した。その基本的立場は、既成路線の維持と国庫補助金制度への組込みを当然とする主張によって貫かれていた。けれども、地方自治体による超過負担や社会福祉単独事業もそれ自体としてみれば必ずしも計画的、体系的に実施されてきたわけではなかった。その限りでは、バラマキ福祉批判も福祉見直し論も、それなりに一定の根拠をもちえていたのである。しかし、政府は後には、財政的逼迫を背景に、地方自治体がその社会福祉単独事業として先鞭をつけてきた高齢者や障害児・者にたいする在宅福祉施策をむしろ安上がりの福祉施策として位置づけ、地方自治体にイニシアティブをもたせながら、一定の要件に合致する施策が用意された場合にのみ、その必要経費の三分の一を負担するという予算措置事業方式を導入し、その拡大を追求することになる。こうして、政府は、結果的には、第Ⅱ期後期の地方自治体による社会福祉単独事業をみずからの施策の枠組のなかに積極的に取り込むことになるのであるが、そのことはとりもなおさず戦後福祉改革以来の国と地方自治体との関係が実質的に変化しはじめていたことを物語るものであった。それは、いわば八〇年代福祉改革の萌芽的な展開であった。また、一九八〇（昭和五五）年には武蔵野市に福祉公社が設立されたが、これまた来るべき社会福祉供給システムの普遍化、多様化、多元化を予告するものとなった。

第Ⅲ期後期（福祉改革期）は一九八一（昭和五六）年に設置された第二臨調の答申を契機とする行財政主導の費用抑制的改革をもってはじまり、九〇（平成二）年の老人福祉法等の一部を改正する法律（福祉八法改正）の成立をもって終わる。八〇年代はまさしく福祉改革の一〇年間であった。このような第Ⅲ期後期はさらに、八五年前後を境にして費用抑制期および制度変革期の二つの時期に再分割することができる。そして、費用抑制期には、家庭奉仕員派遣制度の有料化、特別養護老人ホーム、身体障害者福祉施設、精神薄弱者福祉施設の費用徴収制度の強化、老人保健法の制定（一九八二年）など主に受益者負担の強化・引上げを意図する改革が実施された。制度変革期には、国庫補助金の削減とそれにともなう機関委任事務の団体委任事務化など戦後社会福祉の基本的枠組に関わるような重要な改革が実施された。そうして、八〇年代最後の年である九〇年には、前年に策定された高齢者の在宅保健福祉施策の拡充に関わる「高齢者保健福祉推進十か年戦略（ゴールドプラン）」の思想を継承し、社会福祉の施設福祉型から地域福祉型への移行を法的に確認することになる福祉八法改正が実施されたのである。

八〇年代福祉改革は、明らかに行財政主導ではじまった。その側面は、福祉改革のその後の展開のなかにおいても、陰に陽に姿をみせている。しかしながら、福祉改革がその後半において地域福祉型の社会福祉というあらたな理念を展開しはじめた事実とその意義については公平に評価しておかなければならない。たとえば、第Ⅱ期の後半にはじまる在宅福祉サービスの発展は、当初においては、施設福祉サービスの不足や欠落を補充する施策としてはじまっている。けれども、七〇年前後にはじまる障害者福祉領域を中心とする収容施設批判や施設設置反対運動の拡大、老人福祉領域における福祉ニーズの拡大や多様化、複雑化は、従来の施設収容主義にたいする反省を生むとともに、在宅福祉サービスの積極的な評価と導入に道を開くことになった。なかでも、八一（昭和五六）年にはじまる国際障害者年を契機とするインテグレーション思想やノーマライゼーション思想、さらには自立生活思想の移入とそれらの一定の定着は、わが国の社会福祉の施設福祉型から地域福祉型への転型を一挙に推進することになった。また、他方、地域福祉におけるいわゆる三本柱であるホームヘルプ・サービス、デイケア・サービス、ショートステイ・サービスの法律措置事業化や在宅介護支援センターの設置は、なお計画の実施過程にあるとはいえ、わが国社会福祉のあらたな展開を示すものといってよいであろう。その最終的な評価は今後の展開のいかんに委ねざるをえないが、八〇年代福祉改革には多様な側面、要素が包摂されており、それらを適切に分類・摘出し、評価していくことが重要である。以下、八〇年代福祉改革の諸側面について検討を進めよう。

2　八〇年代福祉改革の諸側面

八〇年代福祉改革は、これまで再三指摘してきたように、戦後福祉改革によって形成された戦後社会福祉の骨格、根幹に関わるような、大幅な改革となった。以下、さらに、そのような改革の基本的な性格を明らかにするため、福祉改革の諸側面を、①普遍化（一般化）、②多元化、③分権化、④自由化（脱規制化）、⑤計画化、⑥総合化、⑦専門職化、⑧自助化、⑨主体化（参加化）、⑩地域化として整理し、それぞれの側面について改革の状況と論点について検討する。福祉改革の諸側面のうち、①の普遍化（一般化）から⑦の専門職化までは社会福祉の供給システムに関わる側面であり、⑧の自助化と⑨の主体化（参加化）は社会福祉の利用者やその母集団としての地域住民に関わる側面、⑩の地域化は社会福祉の援助の方法に関わる側面である。

普遍化

福祉改革の第一の側面は、普遍化ないし一般化である。普遍化ないし一般化とは、社会福祉が貧困階層ないし、その縁辺としての低所得階層にたいする施策から一般階層をも対象として包括する施策に変化してきた傾向的事実、そのことを意味している。社会福祉は、この普遍化ないし一般化によって、「貧困者にたいする施策」[6]から「貧困者のためだけではない施策」に変化してきたのである。このような方向への変化にたいして最初に理論的な支柱を提供したのは、一九六二（昭和三七）年の社会保障制度審議会の勧告であった。勧告は、福祉サービスを、一般階層にたいする社会保険、貧困階層にたいする公的扶助とならんで低所得階層にたいする防貧的な機能をもつ固有の施策として位置づけていた。さらに、それが個別的な生活のリスクに予防的に対応するという意味で、福祉サービスは一般階層にたいしても防貧的な効果をもちうる施策として位置づけられていた。このような社会保障制度審議会による福祉サービスの位置づけは、今日における福祉サービスの普遍化ないし一般化の傾向に先鞭をつけるものであったといって過言ではない。

今日では、福祉サービスは、防貧的施策というよりもさらに一般的な、すなわち普遍的な性格をもつ施策として位置づけられようとしている。一九六二（昭和三七）年の社会保障制度審議会の勧告は、社会保障の基本的な性格を所得保障制度とする観点から、福祉サービスを防貧策として、すなわち所得保障を補完する制度として位置づけていた。しかしながら、今日では福祉サービスは、所得の高低に関わりなく、属人的な諸要因にもとづき、あるいは社会的・経済的に、また政治的・文化的に生み出されてくる福祉ニーズにたいして個別的に対応する固有独自な施策の体系であるとみなされるようになってきている。

このような福祉サービスの一般化ないし普遍化の傾向は、八〇年代福祉改革の推進過程において著しく促進されてきた。そして、この傾向は必然的に福祉サービスにおける費用負担のあり方という、従来福祉サービスの対象が貧困者に限定されていた時期にはほとんど話題にもならなかった問題を、福祉サービスに関わる重大な争点の一つとして顕在化させることになった。

多元化

福祉改革の第二の側面は、供給体制の多元化である。まず、八〇年代の福祉改革の過程を通じて、戦後福祉改革以来の、伝統的な社会福祉関連諸立法に依拠する（スタチュートリーな）公的ないし公共的福祉サービスの周辺に、福祉公社、当事者組織、相互扶助組織、あるいは生活協同組合や農業協同組合などの協同組合組織を供給主体もしくは提供組織とする任意的福祉サービスが登場してきた。そして、政府は、そのような新しい福祉サービスの登場を容認しただけではない。進んでその拡大を奨励するような諸施策を導入したのである。武蔵野市福祉公社にはじまるいわゆる福祉公社方式は、公益的な福祉サービス提供組織として認知され、やがて財団法人化への道が開かれた。ホームヘルプ協会などの相互扶助組織の一部は行政による補助金の交付を受けるようになり、なかには行政から一部の福祉サービスについて事業経営を受託するという方式も公認されるようになった。社会福祉に民間活力の活用を図る、いわゆる第三セクター方式の導入である。

多元化のもう一つの側面、そしてある意味では第三セクター方式の導入以上に社会福祉のあり方に重要な影響をもたらすことになった側面は、社会福祉の周辺に市場原理にもとづく営利的生活サービス商品供給方式が導入されたことである。福祉サービス類似の生活サービスの商品化に先鞭をつけたのは、ベビーホテル業（有料託児産業）やベビーシッター業などに代表されるチャイルドビジネスであった。しかしながら、政府の奨励政策のもとでチャイルドビジネス以上に国民の生活に大きな影響力をもつ産業に発展したのは、いうまでもなくシルバーサービス（シルバー産業）である。シルバーサービスは、私保険、寝具、警備など多様な企業が参入してきたことによって、有料老人ホームの供給だけでなく、家事代行サービス、入浴サービス、給食サービス、送迎サービスなど、商品化された多様な生活サービスを供給する巨大なサービス産業分野に発展してきているのである。

このような状況のなかで、政府は、シルバーサービス振興室の設置（一九八五〈昭和六〇〉年）や在宅介護サービスガイドラインの策定（一九八八年）などを通じて、シルバーサービスの奨励、指導、品質の管理を目的とする諸施策を展開し、その積極的な育成・拡大を図ってきている。

分権化

八〇年代福祉改革の第三の側面、ある意味でそのもっとも重要な側面は、社会福祉供給システムの地方分権化あるいは分権化である。福祉サービスの供給を、できるだけ国民の生活に近く、その実態を知悉《ちしつ》する機会に恵まれている地方自治体、なかんずく統治の最初の団体である市町村をベースにして実施するように改めようというのが、社会福祉における分権化の意義である。そのような分権化の第一の局面は、国庫補助金の削減としてはじまった。まず、一九八五（昭和六〇）年に臨時的な措置として地方自治体にたいする社会福祉関係国庫補助金が一律一割削減され、翌年の八六年になると、さらに当面三年間の臨時的な措置として福祉サービス分野の国庫負担率が一挙に五割に引き下げられることになった。しかも、この措置は、八九（平成元）年度以降、生活保護については七割五分の国庫負担に引き上げられたものの、福祉サービス部門の負担率は五割のまま恒久化されることになった。福祉サービス部門については、一九八四（昭和五九）年以前との比較においていえば、地方自治体による負担の額は、実に二・五倍に引き上げられたのである。

分権化の第二の局面は、国庫負担率の改定に連動する機関委任事務の団体委任事務への移行である。まず、一九八六（昭和六一）年の地方公共団体の執行機関が国の機関として行う事務の整理及び合理化に関する法律によって、それまで地方自治体の長にたいする機関委任事務として実施されてきた社会福祉に関する事務のうちで、生活保護に関わる事務およびごく一部を除いた福祉サービスに関する事務、すなわち社会福祉施設にたいする入所の措置や在宅福祉サービスの利用決定に関する事務が、地方自治体に委任する団体委任事務に改められた。この措置によって、都道府県、市、および福祉事務所を設置する町村は、福祉サービスについては従来よりもより大きな、固有事務に近い裁量の権限をもつことになった。たとえば、従来国が設定してきた保育所入所措置の基準については、なお国が政令で定めるガイドラインに依拠する必要があるものの、市町村がその条例にもとづき、より具体的で、地域の実情に即応した入所基準を設定することができるように改められたのである。

さらに、一九九〇（平成二）年の老人福祉法等の一部を改正する法律の制定（福祉八法改正）によって、福祉事務所を設置していない町村についても福祉施設入所等の措置権限を行使することが認められた。この改正にともない、九三年四月以降、市町村は従来から実施してきた在宅福祉サービスに加え、施設福祉サービスについても全面的に、その実施の責任を負うことになった。すなわち、分権化の第三の局面である。ただし、この措置は老人福祉および身体障害者福祉の領域に限定されている。児童福祉、母子及び寡婦福祉、精神薄弱者福祉の領域では、従来都道府県に委任されてきた福祉施設への入所措置や福祉資金の貸付に関する権限はそのまま都道府県に残され、在宅福祉サービスのうちでもデイ・サービスやホームヘルプ・サービスに関わる権限のみが市町村に委ねられることになった。

自由化

福祉改革の第四の側面は、供給体制の自由化ないし脱規制化である。たとえば、社会福祉法人の活動にたいする規制の緩和、最低基準の緩和などが、ここにいう自由化ないし脱規制化の例である。規制の緩和ということでは、一九九〇（平成二）年の老人福祉法等の一部を改正する法律の制定によって実施された社会福祉事業法の改正のうち、社会福祉法人に公益事業を実施することを認めた措置や共同募金の寄付金の過半数配分の制限を緩和する措置などがこれに該当する。福祉施設の設立最低定員規模の引き下げ、施設設備の簡易化などは最低基準の緩和にあたっている。

さらには、先に取り上げた機関委任事務の団体委任事務化による地方自治体の裁量権の拡大も、観点を変えれば自由化の一種とみなすことができる。また、福祉公社などの、いわゆる行政関与型福祉サービスの供給や生活協同組合や農業協同組合などによる住民主体型福祉サービス供給の容認も自由化の一側面であろう。いずれも政府による過度の規制を排除し、民間組織を導入することによって福祉サービス供給事業の活性化を図り、あるいはより地域社会の生活実態に即応した柔軟な福祉サービスの供給を可能にするための措置として、自由化ないし脱規制化としての性格を備えている。

計画化

福祉改革の第五の側面は、福祉サービスの計画化である。その事後救済的な施策から予防的な施策への脱皮は、福祉サービスにとって懸案の課題であった。しかしながら、これまで福祉サービスはなかなか事後対応的・課題後追い的な施策としての域をでることができなかった。予算のつけ方でいえば福祉サービスは単年度処理的な施策でありつづけてきたのである。結果的には、福祉サービスは年々その規模や種類を拡大しながらも、総体的には系統性、あるいは体系性に欠け、また時系列的には継承性に欠けたモザイク的な施策に終始するといううらみがあった。

その意味では、一九九〇（平成二）年の老人福祉法および老人保健法の改正にもとづき、市町村および都道府県にたいして老人福祉計画と老人保健計画の策定を義務づける措置が講じられたことは、意義のある制度改革として十分に評価されてよいことである。ただし、その計画化は老人福祉と老人保健の領域に限定され、高齢者施策以外の身体障害者福祉、児童福祉、母子及び寡婦福祉、精神薄弱者福祉の領域ではいずれも計画化への言及はみられない。

総合化

福祉改革の第六の側面は、関連する諸施策との連携化と総合化の追求である。この側面についてもかねてからその必要性が指摘されてきた。老人福祉や障害者福祉の領域では、福祉、保健、医療の連携と総合化が求められ、児童福祉や母子福祉の領域では福祉、保健、教育の連携と総合化が課題となってきた。その点、一九九〇（平成二）年の福祉八法改正によって、関連諸施策との連携化と総合化の必要性が明示されたことは、これまた十分に評価されてしかるべきことである。より一般的・理念的な水準では、社会福祉事業法の新しい第三条が「……その環境、年齢及び心身の状況に応じ、地域において必要なサービスを総合的に提供」することを求め、同じく第三条の二は「……医療、保健その他関連施策との有機的な連携」を図ることを求めている。より具体的な水準においては、老人福祉法と老人保健法は、相互に、老人福祉計画と老人保健計画が一体のものとして、すなわち老人保健福祉計画として策定されるべきことをきわめて明確に要求した。ただし、ここにおいても、老人福祉法および老人保健法以外の福祉サービスの領域では、連携化や総合化についての特段の言及はみあたらない。

専門職化

福祉改革の第七番目の側面は、専門職化である。一九八七（昭和六二）年に制定された社会福祉士及び介護福祉士法によって社会福祉の専門職化が実現した。この資格法の制定は、介護福祉士資格の制定がシルバーサービス、なかでも有料老人ホームによるサービスの品質管理や商品価値の向上と結びつけて論じられたこともあり、多くの議論をよんだ。また、問題を含みながら成立した資格制度それ自体も名称独占にとどまり業務独占を実現していないこと、労働条件の改善などへの直接的な結びつきがみられないことなど、専門職制度としてその効用に疑問を呈する向きもみうけられる。しかしながら、専門職化が社会福祉界にとっての長年の念願であったこと、一九七〇年代はじめの挫折の経験などを考慮にいれれば、社会福祉士及び介護福祉士法の制定は社会福祉の専門職化の過程において一つの画期をなすものといわなければならないであろう。

自助化

福祉改革の第八の側面は、自助化である。臨調行革は、よく知られているように、行財政改革の機軸とされるべき改革の方向として、従来国が密接に関与してきた公共事業の民営化（プライバタイゼーション）や民間活力の活用とともに、国民の自助努力や互助努力、すなわち資本主義社会の生活原理である生活にたいする個人責任原則の再評価と拡大を提唱した。臨調行革は、大幅な所得税の減税や国民負担率の抑制を約束し、自助努力にたいするインセンティブを高め、意識と実態の両面において国民を社会保障や社会福祉にたいする依存から脱却させ、自助の気概を助長しようと試みたのである。

より直接的に社会保障や社会福祉に関わる措置としては、さまざまなかたちでの受益者負担の強化が図られた。たとえば、自治体による超過負担の抑制、受益者の負担にかかる費用徴収基準の引き上げ、新しい負担額決定方式としての収入階層区分方式の導入、老人福祉施設、身体障害者福祉施設および精神薄弱者福祉施設などの成人施設における本人および扶養義務者（納入義務者）による費用負担の拡大と引上げなど利用者の負担を強化するような施策があいついで実施され、自助努力と互助努力の強化が図られた。

また、すでに指摘しておいたように、福祉サービスにおける自助化は、福祉サービスの普遍化ないし一般化の傾向とも結びつけて推進された。たとえば、家庭奉仕員派遣事業では、派遣対象が貧困低所得階層から一般階層にまで拡大され、それとともにいわゆる「有料化」への道が開かれることになった。福祉サービスの有料化は一面において福祉サービスをスティグマの懸念から解放し、利用者の拡大をもたらしたが、他面においてそれは低所得階層の利用を抑制するという思わざる逆進的・逆機能的な結果を生み出してきている。

主体化（参加化）

社会福祉の主体化ということに関連して一時期「与えられる福祉から参加する福祉へ」というキャッチフレーズが多用された。敷衍すれば、その一つの意味は「恩恵として享受する福祉から、参加し、責任を負う福祉へ」ということであろう。民間活力の活用という行財政改革のメッセージをにじませるかたちに言い換えれば、「福祉とはただ一方的に恩恵を受けるというべきものではなく、まず国民みずからが責任をもち、努力し、つくりあげていくべきものである」ということになろうか。社会福祉の主体化のもう一つの意味は、行政によると民間によるとを問わず、社会福祉施策やその内容に関わる計画の策定、実施、評価の過程にたいする住民の参加が極力促進されるべきだということであろう。社会福祉の主体化、あるいは住民参加化は、もとよりそれ自体として歓迎されるべきことである。そして、参加が単なる空間と時間の共有を意味するのではなく、事柄の一部分を引き受け、行動するということを意味するのであれば、そこに責任がともなうのは当然のことであろう。しかしながら、社会福祉の主体化や住民の参加が意思決定過程への参加を忌避し、あるいは形式化させ、実施過程への参加に限定されるようなかたちで推進されるとすれば、それは主体化や参加に値するものとはいえず、自助化の一形態に過ぎないということになろう。

社会福祉の主体化の一形態としての住民参加には、その水準や経路などによってさまざまな類型が考えられる。たとえば、参加の水準による類型には、⑴社会福祉行政への参加、⑵民間社会福祉機関・団体の運営への参加、⑶民間社会福祉施設運営への参加、⑷ボランティア活動への参加、⑸当事者活動への参加、などがある。経路による類型には、①首長・議員などの選挙を通じての参加、②審議会・委員会などの委員としての参加、③民間社会福祉機関・団体・社会福祉施設の理事・監事などとしての参加、④オンブズマンやモニターなどとしての参加、⑤ボランティア活動としての参加、⑥当事者活動としての参加、などがある。これらの参加の形態のうち、福祉改革の主要な側面である分権化や計画化などとの関連を勘案すれば、重要なのは、(1)社会福祉行政への参加、(2)民間社会福祉機関・団体の運営への参加、および①首長・議員などの選挙を通じての参加、②審議会・委員会などの委員としての参加、④オンブズマンやモニターなどとしての参加、であろう。

ところで、社会福祉の主体化というときの主体とは何か。これまでの行論においては、社会福祉の主体はそのまま地域住民として置き換えられている。分権化の時代とはいえ、社会福祉は最終的には国の行政責任に帰属する施策である。その意味では、社会福祉の主体化という場合の主体はすなわち国民というべきであろう。しかし、ここでは、分権化との関連でいえば、それは地域住民である。さらにいえば、地域住民にもいろいろな位相が考えられる。たとえば、①地方自治体の構成員としての住民、②選挙権の所有者としての住民、③潜在的・顕在的福祉ニーズの所有者としての住民、④社会福祉利用者（当事者）としての住民、⑤ボランティア活動参加者としての住民、⑥企業・事業者としての住民、などがそうである。

福祉改革との関連において要請される社会福祉の主体化、あるいは住民参加化は、いつでも形式化ないし空洞化の、そして自助化の可能性と隣合わせている。社会福祉の主体化や住民参加化をそのようなものに矮小化させないためには、参加の水準、経路、住民の類型などについての慎重な分析と検討がなされなければならない。

また、近年福祉サービスの選択権やインフォームド・コンセントの重要性、福祉サービスにおける自己決定権への関心が高まってきている。主体化の重要な側面として留意しておきたい。

地域化

八〇年代福祉改革の最後の側面は、供給システムの地域化である。供給システムの地域化は、これまで取り上げてきた福祉改革の諸側面を総括するという位置にある。福祉改革の諸側面は地域化の一点に向けて集約される、といってもよいであろう。すなわち、端的にいえば、八〇年代福祉改革の最終的な課題は、社会福祉（福祉サービス）の施設福祉（施設ケア）型から地域福祉（地域ケア）型への転型である。福祉サービスの施設福祉型から地域福祉型への転型は、われわれの戦後社会福祉史の時期区分にしたがっていえば、萌芽的には第Ⅱ期後期（福祉サービス拡充期）にはじまり、第Ⅲ期前期（調整期）において大きく前進した。

今日、地域福祉型福祉サービスの中核的な施策となることが期待されているショートステイ・サービス、デイ・サービス、ホームヘルプ・サービスはいずれも一定の要件を充足することを条件に、地方自治体を実施主体とする事業について国が補助金を交付するというかたちではじまり、一九八六（昭和六一）年の地方公共団体の執行機関が国の機関として行う事務の整理及び合理化に関する法律の制定に際して、福祉の措置の一部としてそれぞれ関連する福祉サービス法、すなわち児童福祉法、母子及び寡婦福祉法、身体障害者福祉法、精神薄弱者福祉法、老人福祉法のなかに正式に組み込まれた。それまで付随的な位置づけにとどめられていた在宅福祉サービスが、ここにおいて従来のいわゆる予算措置事業から法律措置事業に改められたのである。しかも、この法改正の意義は、在宅福祉サービスの存在が法的に認知されたというにとどまらない。それによって、福祉サービスの施設福祉型から地域福祉型への転型が法的にも認知されたことを意味しているのである。

そのことに加えて、九〇（平成二）年には老人福祉法等の一部を改正する法律が制定され、福祉サービスにおける市町村の権限はいっそう拡大強化されることになった。福祉サービスの地域化が一段と促進されることになったのである。しかしながら、これらの法改正以上に福祉サービスの施設福祉型から地域福祉型への転型を決定的な路線として確認することになったのは、あらためて指摘するまでもなく、前出の社会福祉事業法第三条の大幅な改正である。従来の社会福祉事業法第三条は、社会福祉事業の趣旨を「……援護、育成又は更生の措置を必要とする者に対し、その独立心をそこなうことなく、正常な社会人として生活することができるように援助すること」と規定していた。九〇年の社会福祉事業法の改正に際して、この第三条は新しく福祉サービスの基本理念を示す条項として全面的に改められた。すなわち、国、地方公共団体、社会福祉法人その他社会福祉事業を経営する者は、法改正以後、「福祉サービスを必要とする者が心身ともに健やかに育成され、社会、経済、文化などあらゆる分野の活動への参加の機会が提供されることをめざし、それを可能にするうえで必要な福祉サービスの地域における総合的・計画的な提供に努める」ように求められることになった。さらに第三条の二には、福祉サービスの供給に際して、「地域に即した創意と工夫」によって地域社会の実情に即応するように配慮を行う必要のあることが明示された。このような社会福祉事業法の改正は、社会福祉（福祉サービス）の施設福祉型から地域福祉型への転型を、理念的にも、制度枠組的にも、既定の路線として最終的に再確認するものであった。

さて、一九九三年八月現在、年度末までの完成を目標に全国各地の市町村において老人保健福祉計画が策定されている。また、同年四月一日を期して福祉事務所を設置しない町村にも老人福祉および身体障害者福祉の領域を中心にした措置権が委譲されており、市町村中心の社会福祉が現実のものになりはじめている。まさに、地域福祉型社会福祉の時代、さらにいえば自治型社会福祉の時代の幕開けである。しかしながら、これまでみてきたように、その方向、内容には課題や問題点も多い。わが国における地域福祉型社会福祉の展開がどのようなものになるのか、福祉改革の意図がどこまで実現され、どこに誤算が生まれることになるのか、一定の期間をおいてあらためて分析を試み、論評する機会をえたいものと思う。[7]

〔註〕

(1) 外在的福祉改革論の見解については、臨時行政調査会「行政改革に関する第一次答申」（抄）一九八一年、同「行政改革に関する第三次答申」（抄）一九八二年を参照されたい（いずれも、全国社会福祉協議会『社会福祉関係施策資料集二』一九八六年、所収）。

(2) 社会福祉基本構想懇談会『社会福祉改革の基本構想（提言）』（全国社会福祉協議会、一九八六年）。

(3) 社会福祉研究者によるまとまった福祉改革（論）批判としては、高島進『社会福祉の理論と政策――現代社会福祉政策批判』（ミネルヴァ書房、一九八六年）がある。

(4) サッチャリズムおよびレーガノミックスを社会保障や社会福祉との関連において分析したものに、つぎの論文がある。いずれも問題を包括的に論じており、多くの示唆を与えてくれる。馬場弘二「レーガン主義の文脈」、毛利健三「サッチャリズムと社会保障――ニュー・ライト下のイギリス福祉国家とファウラー改革――」（いずれも東京大学社会科学研究所編『転換期の福祉国家（上）』東京大学出版会、一九八八年、所収）。

(5) 一九八六（昭和六一）年五月九日付で公表されている全国社会福祉協議会社会福祉基本問題懇談会の「社会福祉改革の基本構想」（提言）は、そのことを象徴的に示すものである。なお、福祉国家をめぐる視点の違いとその整理については、拙稿「福祉改革三つの視点」（『月刊福祉』七二巻三号、所収）を参照されたい。

(6) アメリカのA・J・カーンとS・B・カマーマンは、すでに一九七〇年代半ばの時期において、「貧困者のためだけではない」(Not for the poor alone) 社会福祉制度について論じている。Kahn, A. J. & S. B. Kamerman, *Not For the Poor Alone*, Harper Torchbooks, 1977.

(7) 福祉改革の諸側面についての評価は別の機会にも試みている。さらには、そのあるべき方向や課題についても、主題を児童福祉の領域に限定しながらではあるが、やや詳しく論じておいた。あわせて参照していただければ幸いである（拙著『児童福祉改革――その方向と課題――』誠信書房、一九九一年）。

索引

■さ行

■た行

■わ行

古川孝順社会福祉学著作選集　第3巻

社会福祉学序説

二〇一九年二月二五日　発行

編　著　古川　孝順
発行者　荘村　明彦
発行所　中央法規出版株式会社
〒110-0016　東京都台東区台東三-二九-一　中央法規ビル
営　業　ＴＥＬ　〇三-三八三四-五八一七
ＦＡＸ　〇三-三八三七-八〇三七
書店窓口　ＴＥＬ　〇三-三八三四-五八一五
ＦＡＸ　〇三-三八三七-八〇三五
編　集　ＴＥＬ　〇三-三八三四-五八一二
ＦＡＸ　〇三-三八三七-八〇三二
https://www.chuohoki.co.jp/

装幀・本文デザイン　株式会社ジャパンマテリアル
印刷・製本　株式会社アルキャスト

セット定価　本体四六、〇〇〇円（税別）
全七巻　分売不可
落丁本・乱丁本はお取り替えいたします。